자기계발을 위한 소통과 이미지컨설턴트

자기계발을 위한

소통과 이미지컨설턴트

| 은예린 · 박형근 · 김명숙 공저 |

Communication and Image Consultant for Self-Improvement

동 문 사

머리말

사람은 이 세상에 태어나 죽는 순간까지 끊임없는 인간관계를 형성하며 살아가게 된다. 태어나서는 가족과의 만남, 성장하면서는 학교라는 집단 속에서 시작되는 만남, 학교라는 공간을 벗어나 사회생활을 하면서 겪게 되는 인간관계 등 지속되는 관계 속에서 살아가야 한다. 우선 가장 작은 집단인 가정에서의 부모와 자식관계는 자신의 의지와 상관없는 선택권이 주어지지 않는 관계이지만, 배우자는 전통사회와 달리 자신에게 선택권이 주어져 새로운 인간관계를 형성하게 되어 있다. 이러한 가족집단에서도 사랑과 이해 속에 행복을 추구하려 노력하면서도 때로는 갈등을 겪기도 한다. 또 학교라는 집단에서도 교사와 학생의 갈등, 같은 또래 집단인 친구와의 갈등, 교사는 교사와의 갈등 속에 고민하는 일이 발생한다. 더 나아가 사회로 진출해서도 자신이 종사하는 직업군에 따라 겪게 되는 스트레스와 역할 분담이 주어진다.

사람은 살아가면서 여러 가지 문제에 직면하게 되지만 가장 근본적인 문제는 사람과의 관계이다. 즉 인간관계에서 시작되는 모든 인연의 시작과 마무리로 인해 각종 문제가 발생하고 해결되곤 한다. 사실 사람이 겪게 되는 행복한 일과 불행한 고통과 스트레스 등은 모두 인간관계에서 발생한다고 해도 무리가 아니다. 아무리 값비싼 물건도 마음에 들지 않으면 버릴 수 있는 자유가 있지만, 인간관계는 내 의지에 따라 취사선택이 자유로운 것만은 아니다. 인간관계 속에서 발생하는 고통과 미래의 상황도 예측하고 고려해야 하기 때문이다. 그래서 인간관계를 원만하면서도 지혜롭게 만드는 일은 평생 동안 지속되는 과제이며, 무거운 짐으로 주어진 역할이다.

현대사회는 과거와 달리 이러한 인간관계도 다양한 측면에서 분석되고 연구되며 그 근본을 찾으려 노력하고 있는 자기계발시대이다. 바람직한 인간관계에 대한 성찰과 학습이 무엇보다 절실한 만큼 관련 저서들을 통해 심도 있는 공부를 요구하게 되었다.

사람과의 관계에서 물질적인 풍요와 경제적인 요소만이 최고인가? 그렇지 않다는 답은 이미 알고 있을 것이다. 많은 부와 성공을 이루고도 자살하거나 살인을 저지르는 극단적인 경우가 있고, 정신적인 고통을 겪는 사례들도 언론을 통해 가끔씩 접하곤 한다.

상대방이 값비싼 물건을 선물하는 재력가라 해도, 눈부신 외모를 지닌 사람이거나, 높은 학력을 지닌 사람이라 해도 또는 이 모든 조건을 다 갖추었다고 해도 반드시 그 사람이 성공하거나 인기 있는 매력적인 사람이 되는 것은 아니다. 물론 인생을 살며 이러한 조건들을 보고 사람들이 부러워하고 선망하긴 하지만, 그 모든 훌륭한 조건을 갖추고도 사람들로부터 호감을 얻지 못하고 비난을 받는 사람들을 발견할 때가 많이 있다. 바로 그것은 인간관계를 원만하게 이끌지 못했기 때문이다.

그렇다면 바람직하고 원만하며 아름다운 인간관계를 이루기 위해 필요한 요소는 무엇이며, 우리는 무엇을 고민해야 하는가? 바로 대인관계를 잘해야 하고 인간이 동물과 달리 갖고 있는 소통의 능력을 충실히 발휘해야 하며, 내가 늘 어떤 위치에 있든 리더가 될 수 있다는 희망으로 그 역량을 키워나가기 위해 성실하게 노력해야 한다. 즉 자신의 이미지를 훌륭하게 컨설팅하여 자기관리를 철저히 해야 한다.

화려한 스펙과 남들이 선망하는 직업을 이른 나이에 갖고도 그 조직에서 배척당하는 사람들을 보았다. 또 반듯한 겉모습에도 불구하고 호감을 얻지 못하는 사람도 많았다. 그들은 소통 능력과 대인관계 능력이 부족하기 때문이다. 사람이 사람과의 관계에서 호감을 이끌어 내 편으로 만드는 중요한 능력을 배제한 채, 겉으로 보이는 단순한 사실에만 집착하다보니 늘 실패하는 것이다.

이 책에서는 일생동안 지속되는 인간관계에서 중요한 의사소통 능력에 대해 살펴보며, 의사소통의 중요성과 소통을 통한 지속적인 대인관계를 형성할 수 있는 대인관계 기술을 각종 대중매체 속에 등장하는 사례를 통해 분석해 보았다. 이와 더불어 이미지를 개선하고 발전시킬 수 있는 이미지메이킹 이론과 컨설팅을 통한 자기관리 능력을 향상할 수 있는 올바른 방법을 학습하는 데 목적을 두었다.

우리가 살고 있는 현대사회는 4차 산업혁명시대로 변화되고 있다. 모든 것이 기계화되고 인력이 줄어들며 로봇의 출현으로 편리함과 혼란을 동시에 겪게 되는 우려 속에서도 인간 고유의 영역은 그 어떤 기계도 대신해 줄 수 없다. 특히 신이 창조한 가장 아름답고 위대한 피조물인 인간이란 존재의 역할은 그 누구도 침범할 수 없는 특권이다. 이러한 의미에서 인간은 늘 끊임없이 누군가와 소통하고 관계를 형성하며, 먼 훗날 자신이 훌륭한 리더로 성장할 수 있도록 준비해야 한다.

이 책을 통해 우리 삶에 영향을 미치는 의사소통 이론과 다양한 사례를 통해 함께 생각하고 자신의 견해를 응용해 보도록 하자. 또 대인관계 형성과 발전을 위해 상황별로 지켜야 할 대인관계와 리더십도 함께 고찰해 보도록 하자. 그리고 우리가 쉽게 접하는 대중 문학과 대중 매체에 등장한 사례를 적용하여 살펴보면 보다 효과적인 학습이 될 것이다.

기존에 필자가 집필했던 직업윤리와 인성과 리더십, 창의적 사고와 표현 등의 교재에서 관련 있는 부분을 다시 이곳에 옮겨 보완해 보았다. 이 책을 통해 올바른 대인관계와 활발하게 소통하는 힘을 기르는 데 도움을 받아 매력적인 인간으로 성장할 수 있는 원동력을 얻기를 바란다.

2019년 8월

대표 저자

은예린

차례

Contents

Chapter 4 | 대인관계 능력

Chapter 5 | 자기관리와 이미지메이킹

Chapter 6 | 자기 이해를 통한 이미지컨설턴트

Chapter 10 | 이력서 및 자기소개서 작성법

Chapter 01

인간관계 학습

인간은 일생동안 다양한 사람들과 연결되어 인연을 맺게 된다. 이렇게 형성된 인간관계 속에서 각자의 역할에 충실한 관계망을 형성하며 살아가게 된다. 가정에서는 가족의 일원으로, 사회에서는 그 조직의 구성원으로 연결되어 자신의 위치에서 바람직한 인간관계를 위해 스스로 노력하며 성장해 나간다.

좋은 인간관계를 유지하기 위해서는 무엇보다 자신을 올바로 이해하는 자세가 필요하다. 그런 후에 자신의 좋은 기질을 살리고 부족한 부분을 고쳐나가는 노력을 기울여야 한다. 즉 자기 자신의 기질을 제대로 분석하고 자신의 장점과 단점을 바탕으로 타인의 기질을 이해하려고 노력해야 한다. 그 이유는 자신이 지닌 긍정적인 사고방식과 행동, 불쾌한 태도 등 모든 것이 타인에게 표출되어 작용하기 때문이다. 자신이 마음속으로 꿈꾸거나 느끼는 사고, 타인에 대한 예절과 배려는 모두 내 자신의 모습이며, 타인과 맺게 되는 인간관계의 중요한 척도라는 사실을 명심해야 한다.

여기서는 우선 자기 자신의 존재를 다양한 물음을 통해 파악해 보도록 하자. 자신의 장점과 단점, 흥미요소, 관심 분야 등을 정직하게 알아보고 성장·발전하도록 자기 자신을 이해하는 데 관심을 가져 보자. 나아가 타인을 함께 이해하는 요소를 학습해 보도록 하자. 또 성공적인 인간관계를 이루어 행복한 삶이 되기 위한 기술도 터득하며 실생활에 응용해 보도록 하자.

1) 자신을 이해하기

인간관계는 자신에 대한 이해로부터 시작된다. '나는 과연 누구인가?'에 대한 성찰은 인간의 역사가 시작된 이후 끊임없이 지속되는 의문으로, 오랜 시간이 지난 지금까지도 유효한 질문이다. 특히 과거보다 인간의 직업이 다양화 되고 학력이 높아지며 경제력이 성장한 현대사회에서 더욱 더 절실한 요소로 부각되었다.

자신이 되고자 하는 닮은 사람에 대한 선망, 타인에 대한 호감과 과도한 집착 등 모두 자신의 내면에 숨은 잠재된 욕구의 표출이며, 경험에서 비롯된다고 할 수 있다. 우선 타인과 올바른 인간관계를 맺기 위해서는 자기 자신에 대한 정확한 이해와 사랑이 필요할 것이다.

다음 항목에 자기 자신이 어떤 모습이며, 어떤 것을 추구하고 어떤 삶을 원하며, 어떠한 인간관계를 형성하고 있는지 충실히 답해보고, 자기 자신을 이해하도록 한 발 더 다가서 보도록 하자.

자신을 이해하기

1. 나의 장점을 10가지 적어보시오.

2. 나의 단점을 5가지 적어보시오.

3. 유년시절의 자신과 현재의 자신을 비교해보고 차이점을 적어보시오.

4. 지난 일주일 동안 읽은 독서량을 적어보시오. 최근 읽은 책 3권은 무엇인가?

5. 현재 내가 가장 닮고 싶은 인물은 누구이며 그 이유는 무엇인가?

6. 내가 좋아하는 색깔과 그 이유는 무엇인가?

7. 내가 가장 여행하고 싶은 3곳을 적어보시오.

8. 내가 좋아하는 꽃과 그 이유는 무엇인가?

9. 현재 내가 가장 아끼는 물건은 무엇인가?

10. 하루 중 가장 많은 시간을 보내는 곳과 가장 많이 소비하는 일은 무엇인가?

11. 내 자신이 어떤 일을 할 때 가장 즐거워하는가?

12. 내 자신이 가장 하기 싫어하는 분야와 일은 무엇인가?

13. 내 자신이 스트레스를 해소하는 방법은 무엇인가?

14. 내가 가장 좋아하는 예술 분야는 어떤 것인가?(영화, 연극, 무용, 미술, 오페라, 뮤지컬 등)

15. 현재 내가 가장 배우고 싶은 것은 무엇인가?

16. 내 자신이 고쳐야 할 잘못된 버릇은 무엇인가?

17. 내가 가장 닮고 싶은 리더는 누구인가?

18. 내가 바라는 좋은 리더의 조건 중 가장 중요하게 생각하는 것은 무엇인가?

19. 내가 좋아하는 동물 3가지와 그 이유는 무엇인가?

20. 내가 좋아하는 장소는 어디인가?

21. 내가 좋아하는 음악 장르는 어떤 것인가?(재즈, 클래식, 가요, 팝송 등)

22. 내가 가장 좋아하는 음악 3곡을 적어보시오.

23. 내가 좋아하는 친구 세 사람을 떠올려 보고 그 사람의 장점을 적어보시오.

24. 즐겨보는 TV프로그램의 장르는 무엇인가?(스포츠, 뉴스, 드라마, 시사 등)

25. 내가 용서할 수 없는 사람을 1명 떠올려 보고 그 이유를 적어보시오.

26. 현재 가장 고민되는 문제를 적어보시오.

27. 내 인생에서 가장 후회되는 일은 무엇인가?

28. 내 인생에서 가장 즐거웠던 시간은 언제인가?

29. 부모님과 가장 즐거웠던 시간은 언제인가?

30. 부모님을 비롯해 가족들에게 가장 상처받았던 기억은 무엇인가?

31. 내가 가장 좋아하는 유형(성격)의 친구는 어떤 친구인가?

32. 내가 가장 싫어하는 유형(성격)의 친구는 어떤 친구인가?

33. 내가 사람들로부터 가장 듣고 싶은 칭찬은 무엇인가?

34. 내가 리더가 된다면 어떤 리더이고 싶은가?

35. 내가 가장 되고 싶은 직업과 삶은 무엇인가?

36. 내가 생각하는 인생의 좌우명은 무엇인가?

37. 내가 생각하는 가장 좋아 보이는 직업은 무엇인가?

38. 내 자신에게 어울리는 단어를 3가지 적어보시오.

39. 내 자신에게 어울리는 캐릭터를 창작해보시오.

40. 내가 생각하는 나의 이미지를 간략하게 적어보시오.

2) 타인을 이해하기

나는 타인을 어떤 관점에서 보며, 어떻게 타인과 대인관계를 맺고 있는가? 인간은 자신의 성장과 발전을 위해 사고할 수 있을 뿐만 아니라 동일한 환경이라도 다른 적응방식을 취할 수 있는 능력을 지닌 유일한 존재이다. 자신에 대해 타인에게 소개할 때 또는 타인을 바라볼 때 장점보다는 단점을 더 많이 느낀 적이 있었나? 자신을 어떻게 평가하는가 못지않게 타인을 어떻게 평가하는가도 인간관계를 형성하는 데 무척 중요한 요소이다. 자신을 객관적으로 보지 못하면서 타인에게는 지나칠 정도로 엄격하고, 반대로 타인의 장점만 크게 느껴지고 자신을 초라하게 비하하는 자아감이 낮은 경우도 발견할 수 있다. 어떤 관점에서 제대로 평가하는가에 따라 자신의 행동이나 태도가 달라지고 타인을 배려하는 능력과 사회 적응력이 결정되기 때문이다.

올바른 인간관계를 만들기 위해 자신의 자아개념을 형성하며 긍정적으로 자신을 분석해 보고, 나아가 타인을 보다 더 배려하고 포용하기 위해 어떠한 노력이 필요한지 다음을 통해 살펴보자.

(1) 자아개념 형성

① 긍정적인 자신감

자신의 가치를 높이고 주어진 일에 최선을 다하기 위해서는 모든 일에 스스로 자신감을 심어 주는 일이 필요하다. 우선 일을 시작하기 전에 최선을 다하는 노력 못지않게 잘 할 수 있다는 믿음과 기대감, 확고한 신념을 세워 구체적으로 실행에 옮겨야 한다. 이때 자신을 비롯한 타인에게 부정적인 이미지나 불쾌한 인상을 비쳐지게 일을 진행하지 않도록 각별히 조심해야 한다. 또한 결과에 따라 상반된 이미지를 지닌 이중적인 인상을 보이지 않도록 주의해야 한다.

② 타인과 비교하지 않기

타인을 이해하기 위해 따뜻한 마음과 배려하는 행동이 무엇보다 중요하다. 우리가 인간관계 형성을 위해 자기 스스로 타인을 최대한 긍정적으로 평가하려 노력하는 일도 훌륭한 자세지만, 지나치게 타인과의 비교를 통해 자신을 비하하고 타인만을 무조건적으로 옹호하는 자세도 자존감이 낮은 행위이다. 타인의 좋은 부분을 수용하면서도 자신만이 가진 특별한 개성을 지키고 유지하기 위한 노력은 긍정적으로 자아를 실현하는 데 필요한 요소이다. 그러므로 타인과의 비교로 인해 스스로 불행해지고 우울해져 부정적인 시각으로 자신을 비난하는 사고는 버려야 한다. 진정으로 자신을 아끼고 사랑할 때, 타인에 대한 사랑을 받아들이고 공정한 시각으로 타인을 바라보는 잣대를 기를 수 있기 때문이다.

③ 진실한 인간관계 맺기

무엇보다 인간이 동물과 다른 점은 양육강식의 논리만이 아닌, 따뜻한 관계를 형성하고 공감하며 살아가는 이성과 감성을 지닌 특별한 존재라는 사실이다. 자신에게도 정직하고 타인에게도 믿을 수 있는 존재가 되기 위해서는 진실한 인간관계를 맺기 위해 다가가야 한다. 가식과 위선 가득한 웃음과 행동, 허위와 거짓으로 포장된 자기 자랑 등은 진심으로 타인을 이해할 수도 없고, 타인도 나를 떠나게 하는 행위이다.

타인을 이해하기 위해 진심으로 공감하고 경청하는 자세와 더불어 내 자신을 솔직하고 담백하게 드러내고, 거만하거나 이유 없는 사치와 허영심으로 인해 상대가 나를 신뢰할 기회를 놓치지 않도록 주의해야 한다.

(2) 정서적인 안정감 추구

① 시간의 균형 감각을 익힌다

모든 일을 체계적으로 계획하고 실천하도록 한다. 자신의 일로 인해 상대를 지치게 하고 피해를 주어서도 안 되지만, 타인을 지나치게 의식한 나머지 자신의 역할을 제대로 수행 못하는 것도 어리석은 일이다. 타인의 상황을 잘 판단하고 이해하며 요구사항을 배려해 주어야 하지만, 타인을 이해하는 것이 지나쳐 곤란한 부탁과 공과 사를 구별하지 못하는 지나친 행동은 균형을 잃은 처세로 판단된다. 또한 타인의 부탁을 거절하지 못해 자신이 매듭지어야 할 일을 마무리하지 못하고, 지킬 수 없는 약속을 하는 것도 시간 관리를 못하는 어리석은 행동이다. 따라서 모든 영역에서 자신에게 주어진 시간을 합리적으로 수행하도록 균형 감각을 익히는 일이 바람직한 자세이다.

② 공감 능력을 형성하자

자신의 감정도 중요하지만, 타인의 감정을 이해하려 노력하는 일이 성공한 인간관계 형성을 위한 근본적인 요소이다. 무엇보다 자신의 감정을 드러내는 것보다 상대방의 입장에서 나의 감정을 조절하고 표현할 수 있어야 한다. 그러기 위해서는 상대방과 소통할 때, 서로 공감대를 형성할 수 있는 화제를 삼아 대화하며 성실한 태도로 경청하는 것이 가장 필요한 능력이다. 즉 공감 능력을 형성하기 위해서는 누구나 즐거워 할 수 있는 공통의 관심사에 주목해 반듯한 자세로 듣고 호응하면서 상대방과 지속적인 만남을 이어가도록 노력해야 한다.

③ 자기반성의 기회를 만들자

하루 동안 자기 자신의 언어 사용이나 행동 등을 인식하고 반성하는 시간을 가져 보도록 하자. 내 자신의 사소한 한 마디 말이나, 무심했던 행동으로 인해 타인에게 상처를 입히지는 않았는지, 평생 용서받지 못할 실수를 저지른 것은 아닌지 살펴보고 고쳐 나가도록 하자.

그동안 살아오면서 내 자신을 부정적으로 비난했던 기억을 적어보시오.

자신이 생각하는 자기 자신의 외형 및 내면의 매력에 대해 적어보시오.

그동안 상대방에게 분노하고 질투했던 일을 떠올려 보고, 타인을 이해하기 힘들었던 경험이나 용서하지 못할 일을 기억해 보시오. 그런 마음을 다스려 진심으로 용서하는 화해의 글을 적어보시오.

내 자신이 고쳐야 할 잘못된 습관이나 인성을 찾아보시오.
상대방과의 만남이나 대화에서 실수한 경험과 개선할 점을 적어보시오.

사람들과 교류하면서 첫인상은 무척 중요하다.
사람들에게 좋은 첫인상을 주기 위해 어떠한 자세를 취해야 하는지 적어보시오.

타인과 교류하면서 내 자신의 인간관계(친구, 상사, 이성 등)는 어떠한가?
타인과 교류할 때 내 자신의 좋은 점을 적어보시오.

현재 나를 지배하고 있는 두뇌 속의 생각을 정리해 보시오. 어떠한 감정과 사상이 두뇌 속에 자리 잡고 있는지 분석해 보자.

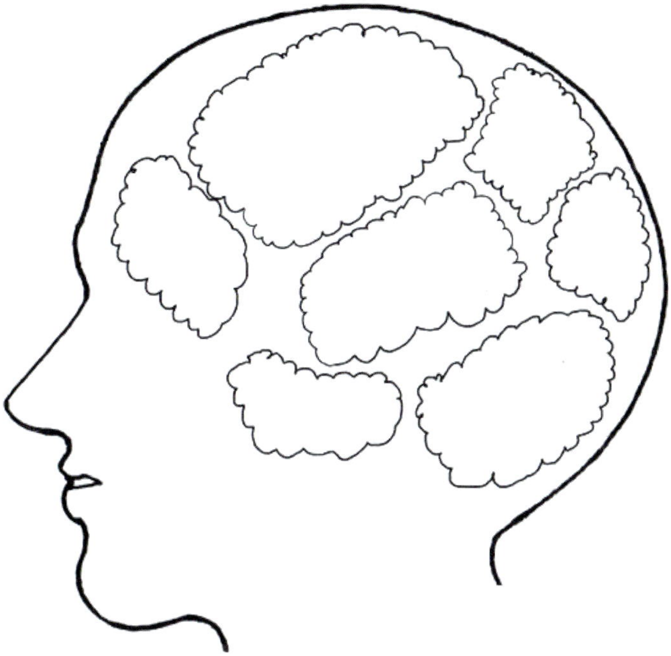

3) 기질 분석

(1) 기질의 이해

기질은 여러 가지 사건과 상황의 변화 속에서 자연스레 드러나는 자신의 행동양식이며 한 개인의 사고방식과 생활양식, 감정의 변화 등을 수반한다. 또 일부 사람들은 선천적인 기질과 후천적인 환경 및 교육에 의해 영향을 받기도 하고, 타인의 기질을 통해 자신의 기질을 변화시키려 노력하기도 한다. 우리는 살아가면서 가끔 사회적으로 유명하고 존경받는 인물의 이중적인 기질이 드러나 충격을 받기도 하고, 평범한 사람이 예측하지 못했던 선행을 베풀고, 남다른 기질을 발휘해 주변을 감동시키기도 한다. 또 겉모습으로 보이는 외적인 모습과 달리, 부도덕한 행위로 주변을 경악하게 만드는 사람들의 내면에 숨은 기질을 보고 실망할 때도 있다. 이렇듯 사람들이 지닌 기질은 쉽게 판단하기 힘든 복잡한 요소를 지니고 있는 듯하지만, 또 쉽게 드러나는 그 사람의 개성과 사고, 감정의 변화 속에 그 기질을 쉽게 파악하기도 한다.

아름다운 꽃들이 제각기 고유한 빛깔과 향기를 지녔듯이, 사람들도 제각기 자신만의 타고난 고유한 외형과 노력으로 다듬은 내면의 모습이 존재한다. 자신의 기질을 수용하고 타인의 기질을 이해한다는 것은 그들이 가진 기질에는 좋고 나쁨이 없고, 각각 다양한 특성이 존재하기 때문이다. 그러므로 자신이 지닌 기질의 장점과 보완해야 할 부분을 찾아보고, 타인의 기질도 포용하고 이해하는 능력을 기르도록 하자. 또 내가 지닌 기질의 어떠한 부분이 인성의 좋은 면을 드러내 올바른 리더십을 발휘하는지 파악할 수 있을 것이다.

(2) 사군자 기질 검사 이론

기질은 성격의 좋고 나쁨이나 정상적인가 비정상적인가를 진단하는 것이 아니다. 사군자 기질 검사는 데이비드 커시(David Keirsey)의 4기질론의 성격을 이론적 배경으로 하고 있다. 데이비드 커시는 4기질을 다음과 같이 보호자형, 예술가형, 이상주의자형, 합리주의자형으로 분류하였다.

첫째, 보호자형을 살펴보면 조직의 일원으로서 조직 발전을 통해 개인의 발전을 구사하는 사회적 의무를 강조하는 유형을 말한다. 보호자형은 타인에게 도움을 주고 의무와 책임감을 다하며, 전통에 초점을 맞추어 안전을 추구하고 사회 정의 실현을 추구하는 특성을 지니고 있다.

둘째, 예술가형을 살펴보면 개인의 감각을 중요하게 생각하여 조직에서 벗어나고자 하는 성향이 강한 유형이다. 그들은 자유를 추구하는 경향이 강해 때로는 충동적이고 즉흥적인 경향이 있지만, 낙천적이며 현실적이다. 또한 아름다움을 창조하는 예술가나 운동선수, 사업가 등의 직업에 주로 종사하는 경향이 많다.

셋째, 이상주의자형을 살펴보면 인본주의적이면서 감정적 세계를 지향하는 유형이다. 이상주의자형은 열정적이며 그들의 직관을 신뢰하면서 타인을 신뢰하고 인간의 잠재력에 의존하는 경향이 강하다.

넷째, 합리주의자형은 이성적이고 합리적인 유형이다. 합리주의자들은 실용성과 논리를 신뢰하고 추구하는 만큼 문제해결 능력이 뛰어나며, 기술을 소중하게 생각하는 경향이 짙다. 그러므로 그들은 지식과 과학을 중요하게 생각하는 만큼 합리성에 따른 유용성을 존중한다.

데이비드 커시(David Keirsey)의 4기질론의 이론적 배경을 바탕으로 한국인의 정서가 녹아있는 사군자로 분류하여 개념화한 것이 사군자 기질 검사이다. 이는 누구나 쉽게 기질을 이해하고 활용할 수 있도록 한국화한 검사이다.

사군자는 회화의 소재인 매화, 난초, 국화, 대나무를 가리키는 말이다. 하지만 원래 사군자는 중국 춘추 전국 시대에 맹상군, 평원군, 춘신군, 신릉군 네 사람의 높은 덕망과 뜻을 받들기 위해 부른 이름이었다. 사군자와 4계절을 다음과 같이 분류할 수 있는데, 보호자 기질을 지닌 매화를 봄으로, 예술가 기질을 지닌 난초를 여름으로, 이상가 기질을 지닌 국화를 가을로, 합리주의자 기질을 지닌 대나무를 겨울로 분류할 수 있다.

(3) 사군자 기질에 나타난 8가지 성격 특성

외향매화 기질

– 기질적 특성: 관리하는 · 책임지는 · 추진하는 · 운영하는 · 지도하는

- 솔선수범하여 앞에서 본을 보인다.
- 집단구성원에게 자신과 동일한 책임감을 가지도록 요구한다.
- 외부 환경과 사람들에게 관심이 많다.
- 조직의 성과를 위해 헌신적으로 외부 환경을 감독하기 좋아한다.
- 시간에 민감하여 계획했던 시간 안에 일이 완수되길 원한다.

– 선호하는 일의 특성
- 객관적이고 공정한 의사결정을 필요로 하는 일
- 눈으로 결과물을 확인할 수 있는 일
- 독창성을 발휘하기보다는 경험중심으로 할 수 있는 일
- 분명한 절차와 단계가 있는 일
- 빠른 판단력과 성과를 창출해야 하는 일

– 선호하는 직업: 판사, 경영컨설턴트, 공무원, 관리자, 교사, 사회복지사, 은행원, 간호사

– 외향매화 기질을 위한 조언
- 모든 것을 성급하게 결정하지 않도록 하라.
- 느리고 우유부단한 사람을 수용하도록 힘써라.
- 현실적 결과물에 집착하지 말고 장기적인 안목을 기르도록 하라.
- 다른 사람의 말을 끝까지 경청하라.
- 여유롭게 일하는 내향난초 기질을 배워라.

내향매화 기질

– 기질적 특성: 보호하는, 헌신하는, 꼼꼼한, 인내하는, 보수적인
- 자신에게 맡겨진 일을 말없이 꾸준하게 한다.

- 인생의 풍파를 인내와 끈기로 참아낸다.
- 조용하지만 현실적이고 사리분별력이 뛰어나며 정보를 꼼꼼히 검토한다.
- 신중하게 말하고 책임을 진다.
- 전통적인 가치를 존중한다.

– 선호하는 일의 특성
- 신중하고 꼼꼼하게 처리하는 것이 많은 일
- 일관성이나 안정성이 확보된 구조에서 하는 일
- 사람이나 시스템의 변화가 적은 일
- 명확한 매뉴얼과 표준 절차를 따라 하는 일
- 새로운 아이디어를 계속해서 창출하지 않아도 되는 일

– 선호하는 직업: 회계사, 경찰, 관리자, 교사, 장교, 사서, 정비사

– 내향매화 기질을 위한 조언
- 규칙이나 고정관념에서 벗어나 좀 더 유연한 태도를 가지도록 하라.
- 새로운 지식의 변화에 능동적이고 적극적으로 대처하라.
- 현재에 존재하지 않는 가능성에 마음을 열어라.
- 자신의 마음을 솔직하게 털어놓아라.
- 즐기면서 일하는 외향난초 기질을 배워라.

외향난초 기질

– 기질적 특성: 활동적인, 낙천적인, 개방적인, 사교적인, 자발적인
- 문제해결사이자 분쟁을 조정하는 협상가이다.
- 다른 사람들을 잘 설득하고 타협점을 잘 찾는다.

- 갑작스럽게 닥치는 사건을 흥미로워한다.
- 문제를 낙천적이고 긍정적으로 바라본다.
- 이들에게 삶은 게임의 연속이다.

– 선호하는 일의 특성
- 가장 쉽고 간편하게 할 수 있는 방법을 찾고 실행하는 일
- 규칙, 규율이 많지 않고 자유로운 일
- 복잡한 이론보다 실제 행동으로 할 수 있는 일
- 활동 제약을 적게 받는 일
- 많은 사람들과 만나고 교류할 수 있는 일

– 선호하는 직업: 사업가, 경찰관, 경호원, 구조원, 요리사, 보험판매원

– 외향난초 기질을 위한 조언
- 당신의 충동성을 절제할 수 있는 방법을 찾도록 하라.
- 삶의 쾌락과 향락에 빠지지 않도록 절제하라.
- 인생의 진정한 의미와 목적을 세우도록 하라.
- 세운 목표를 끝까지 최선을 다해 마무리하라.
- 인생의 가치와 의미를 추구하는 내향국화 기질을 배워라.

내향난초 기질

– 기질적 특성: 자발적인, 예술적인, 편의적인, 자유로운, 융통적인
- 함축되고 절제된 멋을 추구한다.
- 세상을 향해 관망하는 스타일이다.
- 태평스러움과 여유로움이 있다.
- 계획된 일보다는 돌발 상황에서 능력을 발휘한다.

- 침착하고 혼자서도 잘 논다.

– 선호하는 일의 특성
- 타인의 간섭이 적고 자신만의 여유를 즐길 수 있는 일
- 도구를 사용하거나 기계를 다루는 일
- 위험이 따르더라도 재미와 스릴을 느낄 수 있는 일
- 마감 시간의 압박을 적게 받는 일
- 지시와 명령을 최소화해서 할 수 있는 일

– 선호하는 직업: 메이크업아티스트, 목수, 음악가, 화가, 미용사, 전기기술자, 제빵기술자

– 내향난초 기질을 위한 조언
- 적극성과 주도성을 개발하라.
- 끝까지 하는 끈기를 개발하도록 하라.
- 장기적 목표와 실행 계획을 세우도록 하라.
- 감정을 표현하는 기술을 배워라.
- 열정적으로 일하는 외향국화 기질을 배워라.

외향국화 기질

– 기질적 특성: 열정적인, 언어적인, 창의적인, 성장하는, 표현적인
- 새로운 관계를 열정적으로 만들어 가는 사람들이다.
- 낙천적이고 개방적인 기질의 사람들이다.
- 다른 사람들과 어울리기를 좋아하고 새로운 관계를 잘 개발한다.
- 소외된 사람들과 편견 없이 친구가 될 수 있다.
- 풍부한 상상력과 꿈을 가지고 있다.

– 선호하는 일의 특성
- 창의성이 존중되고 열정을 발휘할 수 있는 일
- 다양한 변화를 경험할 수 있는 일
- 의사소통을 자유롭게 할 수 있는 일
- 인류평화와 복지에 기여할 수 있는 일
- 자율성이 보장되는 일

– 외향국화 기질을 위한 조언
- 우선순위를 정하여 중요한 것부터 먼저 하라.
- 구체적인 실행계획을 세우라.
- 끝까지 일을 매듭짓자.
- 열정을 적절하게 다루자.
- 냉철한 분석력을 가진 내향대나무 기질을 배워라.

내향국화 기질

– 기질적 특성: 이상적인, 공감하는, 신비로운, 자비로운
- 사람들과의 관계에서 경쟁과 갈등을 피하고 조화를 추구한다.
- 다른 사람들의 감정을 잘 공감한다.
- 삶에 의미를 부여하기 좋아한다.
- 절대적인 충성심을 가지도록 동기를 부여하고 열정을 심어주는 사람들이다.
- 생활태도는 느긋하고 자유롭다.

– 선호하는 일의 특성
- 경쟁적이지 않은 분위기에서 할 수 있는 일
- 마감 시간이 촉박하지 않는 일

- 사람들의 성장과 자아실현을 돕는 일
- 자신의 상상력과 아이디어를 펼칠 수 있는 일
- 정해진 일보다 마음에 끌리는 것을 집중적으로 할 수 있는 일

– 선호하는 직업: 작가, 교사, 배우, 심리학자, 상담원, 건축가

– 내향국화 기질을 위한 조언
- 당신의 감정을 객관화시켜라.
- 육체적인 활동을 늘려라. 운동을 하자.
- 당신의 인생을 단순화시켜라.
- 꿈꾸는 일을 이루기 위해 오늘 실행해야 할 일을 찾아라.
- 논리적으로 표현하는 외향대나무 기질을 배워라.

외향대나무 기질

– 기질적 특성: 혁신적인, 도전적인, 전략적인, 진취적인
- 영리하고 많은 일을 동시다발적으로 처리한다.
- 효율적인 목표 달성을 위해 규칙과 절차는 무시할 수 있다.
- 비효율성과 무능함에 대한 인내심이 약하다.
- 선견지명이 뛰어나며 타인을 잘 설득한다.
- 효율적인 조직을 원하며, 무능한 직원을 과감하게 해고하는 경향이 있다.

– 선호하는 일의 특성
- 대중 앞에서 시선을 받는 일
- 새로운 목표 달성을 위해 조직을 이끄는 일
- 전문적 능력을 갖춘 사람과 상호 교류하는 일

- 창의적인 아이디어를 실행할 수 있는 기회가 주어지는 일
- 조직을 통솔하는 일

– 선호하는 직업: 정치인, 발명가, 변호사, 배우, 탐험가, 언론인, 연구원

– 외향대나무 기질을 위한 조언
- 조화로운 인간관계를 추구하라.
- 다른 사람의 정서를 주의 깊게 살피도록 노력하라.
- 경쟁이 아닌 순수한 동기를 개발하도록 하라.
- 당신의 삶에서 선택과 집중을 개발하라.
- 말없이 헌신하는 내향매화 기질을 배워라.

내향대나무 기질

– 기질적 특성: 이론적인, 독창적인, 독립적인, 논리적인
- 분석력과 미래를 예견하는 의지를 가진 사람이다.
- 대나무처럼 냉정하고 딱딱하게 보일 수 있다.
- 독립적인 사람이다.
- 자신의 논리적인 신념에 따라 행동한다.
- 필요 이상으로 말이 많거나 잡담하는 사람을 싫어한다.

– 선호하는 일의 특성
- 자신의 이론을 실험해 볼 수 있는 일
- 장기 비전을 기획하고 계획하는 일
- 지나친 규제, 규칙에 얽매이지 않는 일
- 합리성과 공정성을 최우선으로 하는 일
- 비판, 논리, 분석을 필요로 하는 일

- 선호하는 직업: 건축가, 고고학자, 교수, 평론가, 사진사, 경영컨설턴터, 정신과 의사

- 내향대나무 기질을 위한 조언
  - 겸손한 태도를 가지도록 노력하라.
  - 지적으로 떨어지는 사람들을 용납하라.
  - 타인의 감정을 분석하지 말고 공감하라.
  - 세상에 대한 불만을 내려놓고 웃어라.
  - 결과물을 창출하는 외향매화 기질을 배워라.

– 김종구(2017). 당신의 성격 5분이면 알 수 있다. 서울: 평단문화사. –

나의 기질에서 다양한 인간관계를 발전시키기 위한 요소를 분석해 보시오.
가정에서 발휘되는 내 기질의 좋은 부분은 무엇인가?

학교 또는 사회생활을 통해 칭찬 받았던 나의 기질의 좋은 부분은 무엇인가?

내 기질을 응용해 타인을 위해 봉사할 수 있는 것은 무엇인가?

내 기질에서 부족하거나 고쳐야 할 부분을 적어보시오.

쉬어가기

진정한 인연과 스쳐가는 인연은 구분해서 인연을 맺어야 한다.
진정한 인연이라면 최선을 다해서 좋은 인연을 맺도록 노력하고
스쳐가는 인연이라면 무심코 지나쳐 버려야 한다.

그것을 구분하지 못하고 만나는 모든 사람들과 헤프게 인연을 맺어 놓으면
쓸 만한 인연을 만나지 못하는 대신에 어설픈 인연만 만나게 되어
그들에 의해 삶이 침해되는 고통을 받아야 한다.

인연을 맺음에 너무 헤퍼서는 안 된다.
옷깃을 한 번 스친 사람들까지 인연을 맺으려 하는 것은 불필요한 소모적인 일이다.
수많은 사람들과 접촉하고 살아가고 있는 우리지만
인간적인 필요에서 접촉하고 살아가는 사람들은 주위에 몇몇 사람들에 불과하고
그들만이라도 진실한 인연을 맺어 놓으면 좋은 삶을 마련하는 데는 부족함이 없다.

진실은 진실된 사람에게만 투자해야 한다.
그래야 그것이 좋은 일로 결실을 맺는다.
아무에게나 진실을 투자하는 건 위험한 일이다.
그것은 상대방에게 내가 쥔 화투 패를 일방적으로 보여주는 것과 다름없는 어리석음이다.

우리는 인연을 맺음으로써 도움을 받기도 하지만
그에 못지않게 피해도 많이 당하는데 대부분의 피해는 진실 없는 사람에게 진실을 쏟아부은 대가로 받는 벌이다.

법정 스님 "함부로 인연을 맺지 마라."

Chapter 02

인간관계 발전론

1) 성공적인 인간관계 법칙

대부분의 사람들은 세상에 태어나 자신을 발전시키기 위해 노력하며 살아간다. 사람들은 각자가 추구하는 꿈을 위해 성공하고자 하는 목표를 향해 성장해 나간다. 물론 그 성공에 대한 기대치와 어떤 분야에서의 성공을 꿈꾸는지는 나름대로 자신이 결정할 몫이다. 때로는 그 성공을 위해 부정적인 방법과 반칙을 사용하며 타인을 음해하거나 타인과 충돌하는 불쾌한 경우도 접하고, 이로 인해 극단적인 상황이 벌어져 언론을 어둡게 장식하기도 한다.

하지만 온당한 자기 발전을 위한 성공을 원한다면 행복한 인간관계를 통해 성공할 수 있는 방법을 찾아야 한다. 사람이 일생을 마감하면서 아무리 화려한 외모로 인기를 얻었던 스타라 해도, 막강한 권력을 추구했던 지도자라 해도, 주체할 수 없는 재산을 지닌 재력가라 하더라도 마지막 순간에 가져갈 수 있는 것은 아무것도 없다. 다만 떠난 후에 남겨진 주변 사람과 세상 사람들에 대한 자신의 평판만 남을 뿐이다. 그래서 "호랑이는 죽어 가죽을 남기고 사람은 죽어 이름을 남긴다"란 명언이 있지 않던가. 즉 인생에서 가장 큰 재산은 사람이며, 인간과의 관계를 얼마나 훌륭하게 했느냐가 가장 큰 성공요소이다. 그러므로 성공적인 인간관계를 형성하기 위해 필요한 다음 요소를 살펴보도록 하자.

(1) 성실하게 경청한다

성공한 모든 인물들의 공통적인 능력이며, 자기계발 저서에서 가장 강조하는 부분이 공감하며 경청하는 능력이다. 무척 쉬운 듯 보이지만, 현실적으로 실행하기 힘든 부분이다. 인간은 모두 자신에 대한 이야기를 상대에게 전달하고 싶은 욕구가 본능적으로 내재되어 있기에 타인의 푸념이나 의견을 편하게 들어주는 일이 지루하고 힘들게 느껴진다. 그럼에도 불구하고 자신의 주장보다는 상대의 입장에서 그의 의견을 긍정적으로 받아주고, 상대의 말에 귀 기울이며 경청해주면 사람들이 자연스럽게 찾고 싶은 사람이 될 것이다.

(2) 공격적인 대화를 피한다

상대를 설득하려 하거나, 가르치려 하거나, 명령하는 어투로 의견을 제시하지 않아야 한다. "신도 죽은 후에 그 사람을 평가한다"는 말이 있듯이, 신이 아닌 사람이 감히 상대에게 충고하거나 비난하거나 강요하듯이 지적하는 일은 피해야 한다. 그 어떤 사람도 상대에게 강요당하거나 명령받거나 공격적으로 맞서는 사람과 만남을 유지하려 하지 않기 때문이다. 상대와 지속적인 인간관계를 형성하며 자신이 원하는 것을 얻고 성공하고 싶다면, 부드럽게 다가가야 한다. 무엇보다 의견 충돌을 피하고 불편해 하는 분위기를 자연스럽게 피할 수 있는 기질을 발휘해야 성공할 수 있는 가능성을 얻게 된다.

(3) 호감을 주는 관계를 형성한다

사람들과의 만남에서 사소한 것들도 신경 써가며 주변을 챙기고 보듬어야 한다. 무의식중에 상대방에게 던진 말이나 행동이 훗날 인생에 커다란 기회로 찾아 왔을 때 포기하게 하는 결과를 낳을 수도 있기 때문이다. 그러므로 작은 인연도 소중하게 생각하고, 자기 성장을 위해 거만하거나 겉으로 보이는 상대의 상황을 섣불리 판단해 함부로 대하는 일은 피해야 한다. 즉 자만심을 버리고 자신만을 중심으로 생각하는 아집과 독단을 고쳐야 한다. 자기중심적이며 열등감과 오기로 가득한 사람에게 호감을 갖고 다가서는 사람은 아무도 없기 때문이다.

(4) 자기 절제력과 합리적인 경제관념을 갖자

성공적인 인간관계를 형성하기 위해서는 정의감과 용기도 필요하지만, 무엇보다 상황을 제대로 분석하면서 자기 자신을 절제할 수 있는 자기 절제력이 있어야 한다. 다양한 인간관계에서 오는 상황파악, 배려, 말과 행동의 일치, 상황에 따른 순발력과 재치, 유머, 위트, 적절한 시기의 감사 인사 등 모두 유능한 처세에 달려 있다.

또 자신의 형편을 고려해 계획적으로 돈을 지출하고 허영심을 버려야 한다. 모든 소비를 합리적인 경제관념을 정립해 모범적으로 지출해야 한다. 상대방에게 과도하게 지출하는 개념 없는 모습을 보여서도 안 되지만, 너무 인색하게 대응해 상대를 불쾌하게 하는 일도 자신의 신용을 타락하게 만드는 행위이다. 무엇보다 인간관계에서 돈거래는 절제해야 하는 일이며, 공식적인 행사에서 공금을 함부로 남용하는 등의 행위는 위험한 일이다. 공금을 남용하는 행위는 신용을 잃는 결과를 초래하는데 신용을 잃으면 모든 사람으로부터 신뢰를 얻지 못하는 어리석은 결과를 낳게 된다. 그러므로 아름다운 인간관계를 만들기 위해서는 합리적인 경제관념과 자신을 위기상황에서 바르게 절제할 수 있는 확고한 의지를 정립해 나가는 일이 중요하다.

2) 대인관계 유형: 키슬러의 대인관계 유형별 특징

미국의 심리학자 키슬러(Donald J. Kieslerer)는 대인관계 유형을 지배–복종 차원과 친애–냉담 차원으로 구분하였다. 그리고 이 양축의 교차점을 중심으로 원을 그려서 원상에 여덟 가지 인간관계 유형을 표시하였다(조경덕 · 장성화, 2013). 여덟 가지 인간관계 유형을 살펴보면 다음과 같다.

(1) 지배형인 사람의 특징

- 사람들에게 명령이나 지시받기를 싫어한다.
- 타인에게 공격적이고 강압적이다.
- 타인이 자신의 주장대로 행동해 주기를 바란다.
- 자신이 원하는 것을 성취하기 위해 타인을 지배하려 한다.
- 타인에게 충고하거나 논쟁하려 한다.

(2) 실리형인 사람의 특징

- 타인을 불신하는 경우가 많다.
- 타인의 문제에 진실된 관심과 애정을 쏟기가 힘들다.
- 타인의 기쁨을 즐거워하기 힘들다.
- 타인과 다투는 경우가 종종 있다.
- 타인에게 보복하고 싶은 상상을 한다.

(3) 냉담형인 사람의 특징

- 타인과 지속적인 교류가 힘들다.
- 타인에게 따뜻한 마음을 드러내기 힘들다.
- 타인에게 친근하다는 감정을 갖기가 힘들다.
- 타인과 다툼이 있은 후 그 사람을 이해하거나 용서하기가 힘들다.
- 타인과 어느 정도 거리를 두려 한다.

(4) 고립형인 사람의 특징

- 많은 사람들이 함께 하는 모임에 편하게 어울리기가 힘들다.
- 처음 만난 사람과 쉽게 친해지기가 어렵다.

- 타인에게 자신의 감정을 정확하게 표현하는 것을 힘들어 한다.
- 타인과 함께 하는 일을 무서워할 때가 있다.
- 많은 사람들 앞에서 당혹스러워할 때가 있다.

(5) 복종형인 사람의 특징

- 내 주장을 타인에게 전달하는 일을 힘들어 한다.
- 내 상황을 설명하거나 곤란한 부탁을 거절하기 어렵다.
- 문제가 발생했을 때 상대방에게 요청하기가 힘들다.
- 리더 역할을 맡는 것이 힘들다.
- 확실한 주장이나 의견을 요구할 때도 어려워할 때가 있다.

(6) 순박형인 사람의 특징

- 타인에게 내 견해를 표현하는 걸 힘들어 한다.
- 내가 화가 난 상황을 타인에게 전달하지 못한다.
- 타인에게 화가 난 상황을 피하려 한다.
- 상대방의 주장이나 행동에 쉽게 빠져든다.
- 상대방의 언변에 쉽게 현혹된다.

(7) 친화형인 사람의 특징

- 타인에게 어떤 명확한 기준을 정해주지 못한다.
- 타인을 지나치게 배려하려 노력한다.
- 타인의 요구를 내 자신의 것보다 우선할 때가 있다.
- 상대방에게 지나치게 친절하다.
- 상대방의 불행도 그냥 넘기지 못한다.

(8) 사교형인 사람의 특징

- 혼자 외로움을 많이 느낀다.
- 타인의 일을 자신이 해결해야 한다고 생각한다.
- 타인의 행동을 간섭하는 것을 좋아한다.
- 상대방에게 관심을 받고 싶어 한다.
- 자신의 사적인 일을 상대방에게 자랑하고 싶어 한다.

활동지 1 키슬러 대인관계 양식 검사

인간관계를 올바로 형성하고 있는지 분석해 보시오.

★ 자신이나 대인관계를 잘 나타내는 적절한 숫자에 ○표 하시오.

전혀 그렇지 않다	약간 그렇다	상당히 그렇다	매우 그렇다
1	2	3	4

	문항	1	2	3	4		문항	1	2	3	4
1	자신감이 있음					21	온순함				
2	꾀가 많음					22	단순함				
3	참을성이 많음					23	너그러움				
4	쾌활하지 않음					24	열성적임				
5	마음이 약함					25	지배적임				
6	다툼을 피함					26	꼼꼼함				
7	동정심이 많음					27	무뚝뚝함				
8	명랑함					28	혼자 있는 시간이 많음				
9	앞장서기를 좋아함					29	조심성이 많음				
10	자랑하기 좋아함					30	겸손함				
11	냉철함					31	부드러움				
12	낯을 가림					32	친구와 잘 어울림				
13	수줍음이 있음					33	자기주장이 강함				
14	고분고분함					34	실리를 잘 따짐				
15	다정다감함					35	따뜻함이 부족함				
16	붙임성이 있음					36	재치가 부족함				
17	고집이 셈					37	추진력이 부족함				
18	자존심이 강함					38	솔직함				

문항		1	2	3	4	문항		1	2	3	4
19	독함					39	친절함				
20	친구와 어울리는 데 어려움이 있음					40	활달함				

활동지 2 키슬러 대인관계 양식 검사 해설

★ 각 유형별 문항에 대한 응답을 아래의 칸에 합산하라. 그리고 아래 그림에 자신의 점수를 ○표로 표시하고 점수들을 연결하여 팔각형을 그린다. 팔각형의 모양이 중심으로부터 특정 방향으로 기울어진 형태일수록 그 방향의 대인관계 양식이 강하다고 해석된다.

지배형(1, 9, 17, 25, 33) _____ 실리형(2, 10, 18, 26, 34)_____
냉담형(3, 11, 19, 27, 35)_____ 고립형(4, 12, 20, 28, 36)_____
복종형(5, 13, 21, 29, 37)_____ 순박형(6, 14, 22, 30, 38)_____
친화형(7, 15, 23, 31, 39)_____ 사교형(8, 16, 24, 32, 40)_____

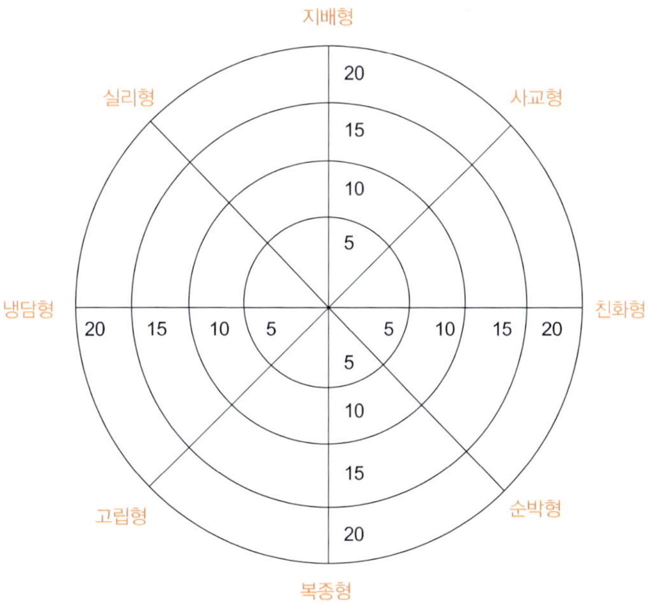

키슬러 양식에 의한 나의 대인관계 양식

활동지 3 키슬러의 대인관계 유형별 특성

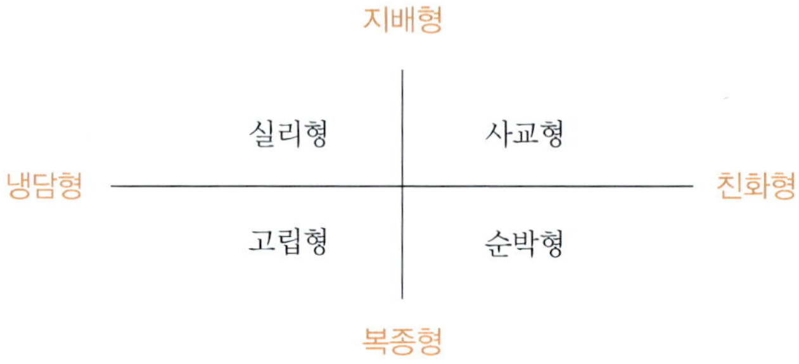

	유형	특성	필요한 자세
1	지배형	• 자신감이 있고 자기주장이 강하며 지도력이 있음 • 논쟁적, 독단적인 성향으로 대인 갈등을 겪을 수 있음	상대방의 주장을 경청·수용하는 자세가 필요
2	실리형	• 이해관계에 예민하고 성취지향적임 • 경쟁적이고 자기중심적인 경향이 있음	상대방의 입장을 배려하고 관심을 갖는 자세가 필요
3	냉담형	• 이성적인 의지력이 강하지만, 상대방의 감정에 무관심함	상대방의 감정에 부드럽게 표현하는 자세가 필요
4	고립형	• 혼자 있거나 혼자 일하는 것을 선호함 • 사회적 상황을 회피하거나 자신의 감정을 지나치게 절제함	대인관계의 중요성 인식, 성찰이 필요
5	복종형	• 상대방의 의견을 잘 듣고 따름. 수동적, 의존적, 자신감이 없고 자기주장이 부족함	자기주장을 적극적으로 표현하는 기술이 필요
6	순박형	• 정직하고 너그럽고 겸손한 성향. 상대방의 의견을 신중히 분석하고 행동하지만, 자기주관이 부족함	자기주장을 표현하는 노력이 필요
7	친화형	• 따뜻하고 인정이 많고 자기희생적임	상대방과의 정서적

	유형	특성	필요한 자세
		• 상대방의 요구를 거절하지 못함 • 상대방을 즐겁게 해주려고 지나치게 노력함	거리를 유지하는 일이 필요
8	사교형	• 외향적이고 쾌활하며 대화하기를 선호함 • 인정하는 욕구가 강함 • 타인에 대한 관심이 많아서 간섭하는 경향이 있고 흥분을 잘하며 충동적임	심리적으로 인정 욕구가 강한지 살펴보고, 그 원인을 통찰

* 올바른 인간관계를 위한 나의 노력

주제	나의 노력
올바른 인간관계를 위한 노력	

3) 인간관계 기술

(1) 가족관계

가정은 인간이 태어나 최초로 관계를 맺는 곳이며, 가정에서 성장·발달하고 교육 및 인격 형성을 비롯해 인간관계의 질서와 사랑을 배우는 곳이다. 가족이라는 이름으로 인간관계를 이루며, 구성원들은 상호작용을 통해 처음 부부로 시작해 부모와 자식관계, 형제와의 관계 등 혈연으로 맺어져 사랑과 이해로 감싸기도 하고 갈등을 일으키기도 한다. 이러한 가정에서 터득한 인간관계는 한 개인의 인격 형성 및 행동발달에 영향을 끼치며, 학교와 사회생활에서도 인성 및 가치관을 형성하는 데 중요한 밑거름이 된다. 그러므로 가정에서부터 부부, 부모와 자녀, 형제와의 관계 등 모두 바람직한 관계를 형성하기 위한 기술을 학습해 보고 사회에 진출해서도 가족과 다른 각도로 맺게 되는 인간관계에 올바로 적용해 보도록 하자.

① 부부 간의 인간관계

부부는 부모와 자식처럼 혈연으로 맺어진 관계가 아닌 타인과 타인이 만나 일생을 약속하며 집단을 이루게 되는 인간관계이다. 즉 두 남녀가 경제적·심리적·사회적 요구에 의해 서로 협력하고 노력해가는 관계이다. 각자 오랜 시간 동안 서로 다른 환경과 가치관을 가진 가정에서 성장한 두 남녀가 결합하여 가장 작은 단위의 사회를 만든 것과 같다. 그러므로 그 어떤 타인보다 서로를 이해하고 감싸며 배려하고 존중하기 위해 지속적인 관심과 애정을 쏟아야 한다.

첫째, 긍정적인 마음을 가져야 한다. 부부는 상호 간에 신뢰하고 존중하며 사랑을 바탕으로 서로의 좋은 점을 발견하기 위해 노력해야 한다. 서로 다른 인격체가 만나 결합한 만큼, 상대의 자아를 존중해주고 자신감을 심어주도록 힘써야 한다.

둘째, 부드러운 인성을 유지해야 한다. 가정은 무엇보다 편안한 안식처가 되어야 하므로 직장생활이나 기타 타인에 의해 지친 심신과 상처를 위로해 주어야 한다. 무엇보다 상호 간에 원만한 자세로 공감대를 형성하고 성실하게 경청해 주는 노력이 필요하다.

셋째, 공통의 관심사를 만들어가자. '부부는 오래 살면서 닮아 간다'는 말이 있듯이 여러 가지 갈등요인이 있겠지만, 조금씩 양보하고 상대방의 관심사에 흥미를 갖다 보면 문화적인 차이나 환경적인 요소가 조금씩 극복될 것이다.

넷째, 부부 외의 다른 가족의 개입을 잘 조절하자. 부부는 가족과 가족의 결합으로 이루어진 관계인만큼 두 사람의 문제뿐만 아니라 상대방의 가족으로 인해 서로 상처를 받고 갈등을 겪으며 불행해지는 경우가 종종 있다. 부부 각자가 배우자를 보호하는 입장에서 서로의 가족에게 예의를 지키고 존중하되, 지나친 간섭과 관심을 요구하지 않도록 각자의 부모나 친족에게 당부해야 한다.

다섯째, 부부 간의 의견을 정확하게 전달하자. 부부 간의 갈등이 심해지면 대화를 단절하고, 심지어 각자 같은 공간에서도 다른 생활 방식으로 살아가며 남보다 못한 관계를 유지하곤 한다. 처음 사소한 일들이 일어났을 때, 서로 간에 의견을 분명히 제시하며 대화로 해결하지 않고 부정적인 감정을 저축하다보면 상호간에 오해와 불신이 늘어나 불행한 결과를 자초하는 원인을 만들게 된다. 처음 문제가 발생했을 때, 먼저 대화로 솔직하고 정직하게 해결하는 자세가 가장 좋은 방법이다.

② 부모와 자녀 간의 인간관계

부모와 자녀 간의 관계는 어떤 이익이나 목적에 의해 인위적으로 맺어진 관계가 아닌, 혈연으로 맺어져 서로 의지해야 하고 이해와 맹목적인 사랑으로 지속되어야 하는 인간관계이다. 즉 사회에서 만난 인간관계처럼 불편하거나 불쾌하다고 해서 냉혹하게 끊어버릴 수 있는 관계가 아닌 천륜이라 할 수 있다. 하지만 부모와 자녀 간의 폭력이나 살인사건 등이 언론에 보도되어 사람들에게 안타깝고 비극적인 소식을 전해줄 때도 있다. 물론 이러한 비극적인 일로 분노할 때도 있지만, 그럼에도 불구하고 가장 친밀하면서 가까운 관계이며, 끊임없이 대가(代價)를 바라지 않고 베풀어줄 수 있는 관계 또한 부모와 자녀의 관계일 것이다.

영국의 극작가 버나드 쇼는 “부모란 중요한 직업이다. 그럼에도 불구하고 한 번도 이 직업의 적성 검사가 행해진 적은 없다"는 명언을 남겼다. 이처럼 부모의 역할과 인격이 자녀에게 절대적이며 올바른 길을 안내해 주고 기준과 원칙을 제시해주는 스승과 제자의 관계이기도 한 것이다.

이러한 부모와 자녀 간의 관계도 부부관계 못지않게 중요한 관계인만큼 부모와 자녀 모두 협력하고 노력해야 화목한 가정을 이룰 수 있으며, 다른 관계와 차별되는 독특한 특징을 유지한다고 할 수 있다.

첫째, 변할 수 없는 최고의 혈연관계이다. 부모와 자녀 간의 관계는 자신의 의지나 선택권과 상관없이 숙명적인 관계이다. 이미 세상에 생존하기 이전부터 정해진 인연이기에 마음대로 취사선택할 수 없는 평생을 노력하며 지속해야 할 인간관계이다.

둘째, 수직적이며 순종적인 질서가 존재하는 관계이다. 부모와 자녀관계는 대등할 수 있는 입장이 아니다. 물론 각 가정의 환경과 부모의 특성에 따라 친구와 같은 부모자식은 있을 수 있지만, 부모가 친구나 동료일 수는 없다. 따라서 부모는 자녀를 양육하고 훈계할 책임이 있고, 자녀는 부모에게 수직적인 질서 안에 의존하며 봉양하고 예의를 지켜야 할 책임이 동반되는 관계인 것이다.

셋째, 모든 인간적인 교류와 교육이 최초로 시작되는 관계이다. 부모는 자녀가 최초로 만나는 인간관계이며, 자녀는 부모의 양육을 받으며 부모와 관련된 다른 인간들과 교류를 시작하게 된다. 자녀는 부모를 통해 가정교육을 받게 되고, 이러한 가정에서 이루어지는 가정교육에는 부모의 가치관과 사고방식, 환경, 교육방식이 그대로 자녀에게 전달되는 효과를 발휘한다. 자녀는 여기서 받은 가정교육을 토대로 학교나 사회로 진출해 예절과 규범을 지키고 부모에게 답습한 인성을 타인에게 전달하며 그 능력을 발휘해 나간다.

넷째, 부모와 자녀관계는 시간이 흐르면서 그 역할이 변화한다. 부모는 자녀의 유아기나 청소년기에는 일방적으로 자녀를 양육하고 경제적인 지원을 도와주는 역할을 해준다. 하지만 자녀가 성인으로 성장하여 직업을 가지고, 가정을 이루고 독립된 인격체로 성장해가면 부모의 보호에서 벗어나려 한다. 또한 부모가 노쇠하여 건강이 약해지고 경제적 활동을 할 수 없게 되면서 자녀가 부모를 봉양해야 하는 역할을 맡아야 하는 책임을 지게 된다. 즉 서로 의존하고 도움을 주고받던 관계의 역할이 변화되는 것이다.

③ 형제 · 자매 간의 인간관계

형제 · 자매 간의 인간관계도 부모와 자녀관계처럼 한 개인이 마음대로 선택할 수 있는 인간관계가 아니다. 부모와 자녀의 관계처럼 혈연으로 맺어진 관계로서 같은 유전자나 후천적인 교육을 함께 공유한 만큼 서로 간에 상호협력을 요구하는 관계라 할 수 있다. 이러한 형제 · 자매 간의 인간관계는 부부나 부모와 자녀와의 인간관계처럼 가족이란 이름으로 묶여있지만, 그런 관계와는 또 다른 특성을 지니고 있다.

첫째, 형제 · 자매관계는 혈연관계로서 한 부모의 피를 물려받아 선택권이 없는 인간관계이다. 물론 아주 특수한 가정의 경우 부모 중 한 사람의 피만 물려받았거나 피가 섞인 혈연이 아니면서 혈연관계로 묶여 있는 경우도 볼 수 있다. 그러나 특수한 경우를 제외하고는 자녀는 주로 부모에게 형성된 유전자와 사고방식에 익숙하게 길들어져 그들의 인성이나 기질이 형성된다고 할 수 있다.

둘째, 형제 · 자매 간의 인간관계도 부모와 자녀처럼 서로 예의를 지키면서 보호해야 할 책임을 지닌다. 때로는 다투기도 하고, 특수한 사건이 발생해 타인보다 못한 관계로 살아가는 불행한 경우도 있지만, 강한 유대감과 애정으로 수직적이며 수평적인 관계를 유지해야 하는 특성을 가지고 있다.

셋째, 형제 · 자매관계는 서로 의지하면서도 경쟁하게 되는 관계이다.

다 같이 부모 밑에서 성장하고 교육받지만, 부모의 편애나 과도한 집착과 역할 분담의 불공정한 문제로 인해 서로 선의의 경쟁이 아닌 우애를 잊고 시기와 집착하는 관계로 변할 수도 있다. 그러므로 부모는 자녀를 올바로 사랑하고 상호 간 원만한 소통이 가능하도록 적절한 교육과 애정을 쏟아야 한다.

내가 생각하는 올바른 가족관계는 무엇인지 적어보시오.

가족을 위한 나의 자세
- 가정에서 가족을 위한 나의 역할 분석 -

가정에서 내가 맡고 있는 역할은 무엇인가?

가정에서 나는 주로 어떤 집안일을 돕고 있는가?

가정에서 일을 가장 많이 하며 희생하는 사람은 누구인가?

가정에서 가장 편안한 시간은 언제인가?

대가족제도에 대한 나의 생각은?

결혼 후 부모님을 비롯한 여러 가족과 함께 사는 제도가 옳다고 생각하는가? 좋지 않다고 생각하는가? 그 이유에 대해 논의해 보시오.

나에게 주어진 삶이 얼마 남지 않았다고 생각하고, 가족과 함께 하고 싶은 일과 정리할 것을 적어보시오.

우리 가족을 소개해 보자.

우리 가족 구성원은?

우리 집 가훈은?

우리 가족의 특징은?

우리 가족은 나에게 어떤 존재이며 어떤 기대를 갖고 있는가?

우리 가족을 위해 내가 할 수 있는 일은 무엇인가?

미래에 내가 이루고 싶은 이상적인 가정관을 그려보며 미래 가정을 설계해 보시오.

다음 쉬어가기에 나타난 가족에 관한 명언을 읽어보고 가족에 관한 명언을 만들어 보시오.

쉬어가기

가족에 관한 명언

1. 가족에게 자상하지 않으면 헤어진 뒤에 후회한다. – 주희 –

2. 가족들의 더할 나위없는 귀염둥이였던 사람은 성공자의 기분을 일생동안 가지고 살며 그 성공에 대한 자신감은 그를 자주 성공으로 이끈다. – 프로이트 –

3. 가족들이 서로 맺어져 하나가 되어 있다는 것이 정말 이 세상에서의 유일한 행복이다. – 퀴리부인 –

4. 눈물로 걷는 인생의 길목에서 가장 오래, 가장 멀리까지 배웅해 주는 사람은 바로 우리의 가족이다. – 권미경 "아랫목" 중에서 –

5. 어머니란 스승이자 나를 키워준 사람이며 사회라는 거센 파도로 나가기에 앞서 그 모든 풍파를 막아주는 방패막 같은 존재이다. – 스탕달 –

6. 가정에서 마음이 평화로우면 어느 마을에 가서도 축제처럼 즐거운 일들을 발견한다. – 인도 속담 –

7. 어버이에게 좋은 것을 드리려고 생각하고 하다못해 드릴 것이 없으면 하루에 두세 번 웃는 얼굴로 대하라. – 니치렌 대 성인 "어서" 중에서 –

8. 한 아버지는 열 아들을 기를 수 있으나 열 아들은 한 아버지를 봉양키 어렵다. – 독일 격언 –

9. 아내인 동시에 친구일 수도 있는 여자가 참된 아내이다. 친구가 될 수 없는 여자는 아내로도 마땅하지가 않다. – 윌리엄 펜 –

10. 내가 이미 수천 번도 넘게 말했지만 나는 이 자리서 한 번 더 말하고 싶다. 세상에서 부모가 되는 일보다 더 중요한 직업은 없다. – 오프라 윈프리 –

11. 사람의 뒷모습 중에서 가장 아름다운 모습은 저녁놀이 온 마을을 물들일 때 아궁이 앞에 쪼그리고 앉아 마른 솔가지를 꺾어 넣거나 가끔 솔방울을 던져 넣으며 군불을 때는 엄마의 뒷모습이다. – 정호승 –

12. 남편의 사랑이 클수록 아내의 소망은 작아지고 아내의 사랑이 클수록 남편의 번뇌는 작아진다. 자식 뒤에서 흘리는 부모의 눈물은 애간장이 곪아 터진 피고름이다. – 이계옥 –

13. 아무리 애쓰거나 어디를 방랑하든 우리의 피로한 희망은 평온을 찾아서 가정으로 되돌아온다. – 올리버 –

14. 가정이야말로 고달픈 인생의 안식처요, 모든 싸움이 자취를 감추고 사랑이 싹트는 곳이요, 큰 사람이 작아지고 작은 사람이 커지는 곳이다. – H.G. 웰스 –

15. 가정은 나의 대지이다. 나는 거기서 나의 정신적인 영양을 섭취하고 있다. – 펄 벅 –

16. 이 세상에 태어나 우리가 경험하는 가장 멋진 일은 가족의 사랑을 배우는 것이다. – 조지 맥도날드 –

17. 가정은 누구나 있는 그대로의 자기를 표시할 수 있는 유일한 장소이다. – A. 모루아 –

18. 이 세상에는 여러 가지 기쁨이 있지만 그 가운데서 가장 빛나는 기쁨은 가정의 웃음이다. 그 다음의 기쁨은 어린이를 보는 부모들의 즐거움인데 이 두 가지의 기쁨은 사람의 가장 성스러운 즐거움이다. – 페스탈로치 –

19. 가정이란 어떠한 형태의 것이든 인생의 커다란 목표이다. – J.G. 홀랜드 –

20. 행복한 가정은 미리 누리는 천국이다. – R. 브로윙 –

21. 마른 빵 한 조각을 먹으며 화목하게 지내는 것이 진수성찬을 가득히 차린 집에서 다투며 사는 것보다 낫다. – 성경 –

22. 왕국을 통치하는 것보다 가정을 다스리기가 더 어렵다. – 몽테뉴 –

23. 처자식을 사랑하지 않는 자는 집에 암사자를 기르고 슬픔의 둥지에 알을 부화한다. – 제레미 테러 –

(2) 사회적 관계

인간은 일생동안 한 가정에 일원으로 가정생활을 영위해 가지만, 점차 성장하면서 가정생활과 함께 새로운 사회로 진출하게 된다. 처음 가정을 벗어나 학교라는 집단에서 친구를 만나고, 직장생활 중에는 동료 및 상사나 부하 직원 등과 교류하게 된다. 이렇게 사회에서 만나는 사람들과 다양한 인간관계를 맺으며 새로운 생활을 시작하고 또 다른 인간관계를 만들어 나간다.

가정이 인간의 심신을 충전하고 회복하는 정신적인 위로를 제공해 주는 곳이라면, 학교는 배움과 동시에 직업을 얻기 위해 학습하고 준비하는 곳이다. 학업을 마치면 직업을 갖고 직장이라는 사회집단에 소속되어 그곳에서 자신의 노동력을 제공하며 경제적인 생활을 할 수 있는 보수를 얻고 성취감 및 미래 삶의 목표를 설정하게 된다. 이렇게 친구나 직장에서 만나는 사람들 모두 가정에서와 또 다른 방향으로 사회생활을 하는데 중요한 역할을 하므로 더욱 더 주의를 기울여 자신의 삶에 버팀목이 되도록 훌륭한 인간관계를 위해 최선을 다해야 한다.

① 친구관계

인간은 탄생과 동시에 가족을 중심으로 기본적인 인간관계를 이루며 성장하게 된다. 그 이후 가정에서의 인간관계는 사회로 확대되어 발달하고 새로운 관계를 형성하며, 그곳에서 만난 사람들에 의해 성격, 흥미, 가치관 등에 변화를 가져오게 된다. 아동기에 제일 먼저 접하는 타인과 맺는 인간관계는 친구집단이라 할 수 있다. 아동기에는 주로 친구관계도 부모에게 허락을 받거나 가족에 의해 이루어지거나, 친구보다 가족에게 많이 의존하는 경향이 강하다. 하지만 청소년기로 접어들어서는 점차 가족모임을 비롯해 가족 행사보다는 친구와 함께 보내는 시간을 더 선호하고, 친구와의 소속감과 안정감에서 즐거움을 추구하게 된다.

가정에서 부모님과의 관계나 학교에서 선생님과의 관계, 다른 성인과의 관계가 위계질서를 요구하지만, 친구와의 관계는 동등한 입장에서 공감대를 형성하고 안정감을 주는 관계이다. 사람들은 일생동안 아동기, 청소년기, 성인이 되어서도 끊임없이 친구를 만들며 그 인연을 맺어오지만, 반드시 좋은 결말로 평생을 지속하며 교류하기가 쉽지만은 않다. 그러나 친구는 한 개인의 사고방식, 미래의 꿈, 생활 습관 등에 적지 않은 영향을 끼치므로 좋은 인연을 맺어야 하고, 어떤 면에서는 가족보다 더 중요한 방향으로 자신의 삶에 변화를 줄 수 있으므로 원만한 교우관계가 되도록 신중하게 처신해야 한다.

첫째, 진실하게 인연을 맺어야 한다. 친구관계도 아동기나 청소년기, 사회생활을 하면서 만나게 되는 나이와 상황과 현실에 따라 다른 성격으로 대하게 된다. 즉 자신이 느끼는 예절, 공감대가 어디에서 처음 만남이 이루어지느냐에 따라 다른 모습으로 나타난다. 하지만 처음부터 가식과 위선으로 자신을 포장하면 그 실체가 곧 드러나게 마련이다. 처음 만남부터 자신의 모든 치부나 허물을 거침없이 드러내며 부족한 사람이라는 인상을 안겨 줄 필요는 없지만, 가능한 정직하고 진실한 모습으로 인사하고 주변 사람에게 호감을 이끌어 나가도록 해야 한다.

둘째, 원만한 소통을 유지해야 한다. 친구를 정서적으로 편하게 해주면서 자신의 주장을 무조건 강요하기보다는 지지와 배려의 감정을 소통을 통해 부드럽게 드러내야 한다. 지나친 자기 자랑이나 자신에 대한 푸념, 타인에 대한 험담을 지속적으로 소통의 화제로 삼게 되면 어떤 결과가 일어날까? 아마 모든 친구들을 자신에게서 떠나게 하는 결과를 낳을 것이다.

셋째, 공동의 즐거운 체험을 추구해야 한다. 함께 시간을 보내며 즐거워할 수 있는 취미나 대화, 배움 등의 기회를 가져보는 것도 우정을 지속하는 좋은 방법이다. 자주 만나며 늘 감동과 좋은 인상을 유지해야지 불쾌한 대화나 다른 행동 패턴으로 갈등하게 되면 그 관계는 무너지고 만다. 그렇다고 친구의 사생활을 지나치게 간섭하거나 무리한 요구를 하는 것은 금물이다. 예를 들어 예의 없는 행동, 금전 거래 등은 서로 피하는 것이 좋다.

② 직장에서의 인간관계

인간은 혼자 살아갈 수 없는 사회적 존재이다. 인류가 시작된 이후로 인간은 그 규모가 다를 뿐, 자신이 선택한 조직 안에 살아왔고 그 조직 속에서 생활하며 끊임없이 사람들과 관계를 맺으며 성장하고 발전해 왔다. 즉 자신이 원하지 않아도 소속된 집단의 한 구성원으로 다양한 형태 속에 수많은 사람들과 인간관계를 유지하며 살아가야 한다.

직장에서 유능하고 스펙이 뛰어나고, 외모가 출중하다 해서 그 조직에서 반드시 오래 살아남아 성공하는 것은 아니다. 아무리 일을 잘하고 경제적으로 넉넉해도, 직장에서 부적응하고 늘 인간관계가 힘들다고 호소하는 사람들을 발견할 때가 많다. 직장에서 직무 능력은 뛰어나지만 동료나 상사에게 미움을 받는 경우를 볼 수 있고, 직무 능력이 떨어지지만 인간관계를 원만하게 잘해서 늘 위기를 모면하는 사람들도 보게 된다. 물론 직무 능력과 인간관계 모두 완벽히 수행하여 직장생활에 적응을 잘하고 모든 사람들을 자신의 지지자로 만드는 성공한 인간관계를 유지하는 사람들도 있다. 결국 인간관계가 직장생활의 성공과 실패를 결정할 만큼 중요한 영향을 미치는데, 인간관계에서 실패하면 가정, 직장, 사회생활을 하는 데 부정적인 사고로 이어지고 최악의 경우 스스로 목숨을 끊는 불행한 사건도 발생하곤 한다.

그러므로 직장에서 생존하기 위해 인간관계에 필요한 예의와 배려 그리고 적절한 타협과 이해를 기반으로 깔끔하게 처세해야 한다.

사람들이 선망하는 직장인의 모습을 갖추기 위한 특성을 정리하면 다음과 같다.

첫째, 긍정적이고 밝은 인상으로 사람들을 대해야 한다. 직장에서 누구를 만나든지 먼저 다가가 인사하고 늘 웃는 모습으로 상대와 마주해야 좋은 인상을 남길 수 있다. 직장은 개인적인 짜증이 통하는 부모나 친구가 있는 곳이 아니다. 이것을 명심하고 늘 긴장감을 갖고 타인의 시선을 의식하며 상대를 먼저 배려하는 자세로 다가가야 한다.

둘째, 책임의식과 도전정신을 갖추고 일해야 한다. 직장생활을 하면서 시간약속을 철저히 지키는 일은 너무나 당연한 상식이다. 자신이 맡은 일을 미루거나 상대방에게 나의 책임을 넘기며 피해를 주는 일은 도리에 어긋난 행위이다. 일을 맡은 후 진취적이며 열정을 갖고 도전해야 즐거운 마음으로 일을 마무리할 수 있다. 물론 도전정신이 강해 남을 시기하고 온당하지 못한 방법으로 성공하려는 것은 조직의 기강을 혼란스럽게 하고 타인에게 질투심을 자극하는 일이므로 삼가야 한다.

셋째, 단정한 외모와 배려있는 자세를 지녀야 한다. 깔끔한 차림에 단정한 몸가짐을 갖추고 상대를 배려해야 한다. 좋은 차림이란 무조건 값비싼 용품과 명품으로 치장한 옷을 입으라는 의미가 아니다. 나와 함께 일하는 조직원들이 불쾌해하는 차림으로 출근하고 다 함께 일하는 공간에서 상대방을 의식하지 않는 매너 없는 이기적인 행동을 한다면 누구에게도 호감을 얻지 못할 것이다. 예를 들어 근무 장소와 직함에 어울리지 않는 지나치게 화려하거나 지저분한 차림은 주변을 곤란하게 만든다. 또한 공적인 장소에서 개인적인 전화를 큰 소리로 장시간 한다거나, 자신이 어지럽게 만든 주변을 청소해 놓지 않는다거나 하는 행동 등은 삼가야 한다.

넷째, 직장의 공적인 모든 것을 절약하고 공정하게 관리해야 한다. 직장의 모든 물건을 무분별하게 소비하고 내 것이 아니라며 함부로 사용하고 횡령하는 행동은 버려야 한다. 또한 사사로운 인간관계에 치우쳐 공과 사를 구분하지 못하고 지나치게 특정 사원을 편애하고 감싸주는 행위도 직장 생활의 규범을 어기는 바람직하지 못한 자세이다.

평소 내가 좋아하는 친구 한 명을 떠올려 보시오.
그 친구의 좋은 점을 칭찬하는 편지를 써보시오.

평소 부모님을 생각하며 감사의 마음을 담아 보자.
내가 부모님께 감사하는 일, 잘못한 일을 적어보시오.

학교 생활, 직장(아르바이트 포함) 생활을 떠올려 보자.
학교 또는 직장에서 가장 불쾌했던 타인의 행동이나 소통을 적어보시오.

쉬어가기

빌게이츠의 사회생활에 관한 10가지 명언

1. 인생이란 원래 공평하지 않다. 그런 현실에 대하여 불평을 하지 말고 받아들여라.

2. 세상은 네 자신이 어떻게 생각하든 상관하지 않는다. 세상이 너희들한테 기대하는 것은 네가 스스로 만족하다고 느끼기 전에 무엇인가를 성취해서 보여줄 것을 기다리고 있다.

3. 대학교육을 받지 않은 상태에서 연봉이 4만 달러가 될 것이라고는 상상하지도 말아라.

4. 학교선생님이 까다롭다고 생각되거든 사회에 나와서 직장 상사의 진짜 까다로운 맛을 한 번 느껴봐라.

5. 햄버거 가게에서 일하는 것을 수치스럽게 생각하지 마라. 너의 할아버지는 그 일을 기회라고 생각하였다.

6. 네 인생을 네가 망치고 있으면서 부모 탓을 하지 마라. 불평만 일삼을 것이 아니라 잘못한 것에서 교훈을 얻어라.

7. 학교는 승자와 패자를 뚜렷하게 가리지 않을 수도 있다. 어떤 학교에서는 낙제제도를 아예 없애고 쉽게 가르치고 있다는 것을 잘 안다.

8. 인생은 학기처럼 구분되어 있지도 않고 여름 방학이란 것은 아예 있지도 않다. 네가 스스로 알아서 하지 않으면 직장에서는 가르쳐주지 않는다.

9. TV는 현실이 아니다. 현실에서는 커피를 마셨으면 일을 시작하는 것이 옳다.

10. 공부밖에 할 줄 모르는 '바보'한테 잘 보여라. 사회에 나온 다음에는 아마 그 '바보' 밑에서 일하게 될지 모른다.

Chapter 03

의사소통 능력

사람은 타인과 대화를 나누면서 자신의 생각을 전달하고 타인의 생각을 듣게 되면서 관계가 형성된다. 즉 대화라는 매개체를 사용하게 되는데, 이는 서로의 의사와 감정, 사상을 표현하는 언어적 · 비언어적 수단을 통해 실행하게 된다. 하지만 중요한 것은 대화를 하는 것이 궁극적으로 무엇을 원하는가를 생각해봐야 한다. 단순히 자신의 생각을 전달하고 표현하는 것이 아니라 타인의 생각을 얼마나 잘 수용하고 이해하고 있는지를 되돌아본다면 결국은 대화가 아닌 일방적인 소통이었다는 점이다. 그래서 최근에는 우리의 대화가 '소통'이 되고 있는가를 반성하는 시간을 갖기도 한다(이현주 외, 2014).

인간은 혼자서 살아갈 수 없는 존재이기에 늘 특정한 환경에서 조직을 이루고, 그 관계를 형성하며 살아가고 있다. 인간이 누군가와 처음 만나 조직을 형성하기 위해서는 우선 타인과 대화를 나누면서 그 관계가 시작된다. 즉 자신의 생각을 전달하고 타인의 의견을 경청하면서 그 관계를 형성하고 발전시켜 나간다. 바로 의사소통 수단을 통해서이다. 인간은 서로의 감정과 의견을 언어적 수단과 비언어적 수단을 동원해 표현하는 존재인 만큼, 일방적인 대화가 되지 않도록 주의해야 한다.

무조건 자신의 견해를 전달하고 표현하는 데 주력해서는 타인을 지치게 한다. 타인의 견해를 제대로 수용하고 이해하는지 반성해 본다면 일방적이지 않은 원만한 의사소통을 이룰 수 있을 것이다.

여기서는 원만한 인간관계를 형성하기 위해 인간의 고유한 특권이자 중요한 영역인 소통에 대해 살펴보고, 효과적인 의사소통 능력을 학습하도록 하자.

1) 의사소통의 이해

(1) 언어적 의사소통(대화소통) 능력

우리가 처음 사람과 대면했을 때는 그 사람의 겉모습을 보고 모든 것을 판단한다. 그 사람의 얼굴, 체형, 옷차림 등을 통해 어떤 사람인지, 그 사람에게 느껴지는 인상을 먼저 평가한다. 하지만 겉모습이 화려하지 않고 비교적 초라해 보여도 그 사람의 이미지를 변화시킬 수 있는 수단이 있다. 즉 인간은 동물이 아니고 로봇도 아니기에 함께 소통할 수 있는 감정이 통하는 사람을 원한다. 사아디의 명언처럼 "말이 있기에 사람은 짐승보다 낫다. 그러나 바르게 말하지 않으면 짐승이 그대보다 나을 것이다"라고 했다. 사람들이 누군가와 만나 인연을 맺으며 그러한 대인관계를 지속적으로 이어갈지, 관계를 정리할지, 함께 일을 해도 되는지, 포기해야 하는지를 결정하는 요소는 결국 의사소통을 통해서이다.

파스칼은 "친절한 말은 비용이 들지 않지만, 생각보다 많은 것을 얻게 한다. 친절한 말은 다른 사람을 감동하게 하고 사람의 영혼 속에 아름다운 이미지를 만든다"고 했다. 즉 그 사람과 대화를 해보고 상황에 따라 예절바르고 품위 있게 행동하는 요소를 분석해 본 후, 그 사람이 어떤 사람인가를 제대로 평가할 수 있게 된다.

그래서 제임스벤드는 "리더의 제1조건은 화술이다"라고까지 했다. 역사상 위대하게 평가받고 기억되던 성인들이 금전적으로 많은 재산을 남겼기에 존경받았던 것이 아니다. 사실상 그들이 남긴 저술과 뛰어난 화술로 사람들에게 오래도록 기억되는 감동을 주었기에 가능했던 일이다.

마음을 닫게 하는 대화 비결 10계명

1. 처음부터 끝까지 내 이야기만 늘어놓는다.
2. 상대방이 말을 끝내기 전에 도중에 끼어든다.
3. 상대가 거부감을 느끼는 주제를 찾아 화제로 삼는다.
4. 맞장구 대신 엇장구를 쳐서 대화에 김을 뺀다.
5. 딴 생각을 하고 있다가 이미 했던 얘기를 되묻는다.
6. 무슨 말이든 무관심하고 시큰둥한 태도를 보인다.
7. 쳐다보거나 고개를 끄덕이지 않고 웃지도 않는다.
8. 딴전을 피우고 다리를 떨거나 하품을 한다.
9. 말하는 사람 대신 다른 사람에게 관심을 보인다.
10. 내 말은 옳고, 상대가 틀렸음을 기를 쓰고 증명한다.

– 이민규(2005). 끌리는 사람은 1%가 다르다. 서울: 더난. –

소통을 방해하는 요소

1. 아집으로 가득한 독단적인 소통

상대방의 상황이나 조건을 고려하지 않은 채 상대에게 무조건 자신의 말을 들어주기만을 강요하거나 자신의 생각만이 옳다고 유도한다.

2. 자신감이 결여된 소통

상대와 소통하기 전에 자기 자신에 대한 불안함과 상대방에 대한 배려가 지나쳐 이런 저런 고민만 늘어놓고 원만한 대화를 못할 때가 있다. 상대방과 대화할 때 지나치게 자화자찬하는 것도 나쁘지만, 상대방에게 자신을 비하하는 것 등도 옳지 않은 소통 방식이다.

3. 대화기술이 부족한 소통

자기 자신이 생각하기에 깊은 지식과 풍부한 상식을 갖추고 있지만, 상대를 이해시키고 전달하는 설득력이 부족할 수도 있다. 이러한 경우 상대방을 불쾌하게 하거나 내 진실과는 다른 의미로 그 뜻이 전해질 수도 있다. 그러므로 제대로 설명하고 감동과 기쁨을 주는 소통 기술을 익히도록 하자.

4. 고정관념으로 치우친 소통

좋아하는 상대에게 무한정 애정을, 조금이라도 불신하는 상대에게는 끊임없는 편견을 가지고 소통하는 선입견을 버리자. 한 가지 단점으로 많은 장점을 놓치고 있지는 않은지, 한 가지 장점만 가지고 다른 면을 판단하지 못하는 것은 아닌지 넓은 시야에서 고정관념을 버리고 소통하도록 노력하자.

(2) 비언어적 의사소통 능력

사람들과의 만남이나 모임 또는 중요한 계획을 기획하는 발표 현장에서 원만하게 대화를 잘 이끌고 논리적으로 언변술을 발휘하는 것도 무척 중요하지만, 자신의 이미지를 대변할 비언어적 수단에도 각별히 주의해야 한다. 대화를 이끄는 자신의 태도, 대화를 듣는 자신의 행동이 모두 겉으로 드러나기 때문이다.

조리 있게 잘 말하고, 풍부한 상식을 내포하고 있어도 경청할 때 자신의 자세를 검토해 보아야 한다. 자신이 상대를 바라보는 표정과 자신이 주도하는 대화에서도 어떤 표정과 어조로 대화하는지 늘 관찰해보아야 한다. 예를 들어 조각같이 잘 생긴 얼굴이라 해도 그 사람이 불쾌한 표정으로 대화를 한다거나, 듣기 거북한 말투로 상대를 비판하는 어투로 대화가 전해진다면 이것은 무척 잘못된 습관이다. 이 모든 것들이 비언어적 수단의 핵심이기 때문이다.

① 표정

우리는 처음 사람과 대면할 때 그 사람의 얼굴을 보게 된다. 얼굴에 드러나는 표정에서 상대방의 인성을 판단하곤 한다. 늘 우울하고 어두운 표정을 짓고 있는 사람을 보면, 그 사람의 표정으로 인해 주변 전체 분위기를 흐려 버리고, 밝고 경쾌한 사람의 표정을 보면 상대도 기분이 좋아지곤 한다. 그리고 상대에게 호감을 주는 표정을 지어야 자신에게도 행운의 기회가 찾아온다. "웃는 얼굴에 침 못 뱉는다"는 속담이 있듯이 먼저 웃는 표정으로 인사하는 사람에게 다가가 좋은 일을 권하고 싶은 마음이 보편적인 사람의 심리이다. "웃는 얼굴이 아니면 장사하지도 마라"는 중국 속담처럼, 좋은 물건을 판매하는 가게도 주인의 사납고 불친절한 표정을 보면 발길을 끊고 싶게 만든다. 그만큼 표정에 따라 그 사람의 운명이 바뀌기도 한다.

상대방에게 좋은 인상을 남길 수 있는 표정에 대해 살펴보면 다음과 같다.

상대방에게 좋은 인상을 남길 수 있는 표정

1. 온화하고 밝은 인상을 유지하자.

경직되지 않은 따뜻한 표정으로 상대에게 먼저 인사하고 대화를 경쾌하게 이끌어 나가야 한다.

2. 상대방의 눈을 피하지 말고 미소를 건네자.

대화하며 산만하게 주위를 바라보거나 굳은 표정으로 대하면 상대방에게 불편함을 주게 된다. 특히 아름다운 미소는 호감을 전달하는 강한 도구이므로 자연스럽게 보이도록 노력해야 한다.

3. 적절한 동작을 보여주자.

머리를 정신없이 만지거나 손을 정신없이 움직이거나 다리를 떠는 등 신체 자세를 산만하게 움직이는 것은 자신의 이미지를 손상시키는 것 중 하나이다. 늘 단정하고 겸손하면서도 당당한 자세를 유지하도록 노력해야 한다. 타인과 대화할 때 눈빛, 미소, 손동작, 앉은 자세 등도 항상 신경을 써가며 대화에 임해야 한다.

② 말투

말하는 것 못지않게 강력한 전달력을 심어주는 것 중에 하나가 어떤 어조로 말을 하느냐이다. 사람을 대하면 괜히 기분 나쁜듯한 어조로 말해 차갑게 느껴지는 사람이 있는가 하면, 부드럽고 침착하게 말해 세련되고 교양 있는 사람으로 각인되는 사람도 있다. 목소리가 너무 크고 지나치게 말이 빨라도 사나워 보일 수 있어 문제지만, 너무 작고 힘이 없어 답답하게 느껴져도 상대를 불편하게 한다.

상대와 대화할 때 목소리의 강약을 조절하며 적절하게 높낮이를 맞춰 표현해야 듣는 사람도 그 내용이 더욱 좋은 감정으로 전달된다. '라폰테인 효과'라는 말이 있다. 미국 영화계에서 1963년부터 시작해 약 40년 가까이 영화 예고편을 소개하는 성우였던 돈 라폰테인의 이름을 등장한 용어이다. 그의 웅장한 음성은 사람들에게 각인되는 효과가 좋아 지금까지도 신인보다는 믿을 만한 사람에게 돈을 더 지불하고 기용하는 일이 낫다고 판단하는 현상을 '라폰테인 효과'라고 한다. 우리가 어떤 광고나 노래를 들을 때도 독특한 리듬의 음색이나 강렬한 어조로 인해 오래 기억되는 것처럼, 대화할 때도 목소리의 톤을 잘 조절하는 것이 좋은 내용을 장황하게 늘어놓는 것보다 중요한 일임을 기억해야 한다.

우리가 누군가에게 선물을 받았을 때, 그 내용물이 무엇일지 궁금하고 기대되는 것도 사실상 포장을 어떻게 했는가에 따라서 마음이 설레기 때문이다. 내용물이 무엇보다 중요하지만, 그냥 건네는 것보다 포장에 신경을 써야 훨씬 더 예의 바르고 정중하게 보이고 그 선물의 가치를 더 높일 수 있다. 즉 선물을 받는 사람을 기쁘게 해주는 것과 같은 이치이다. 그러므로 대화에 있어서도 좋은 내용과 올바른 지식 전달도 중요하지만 말투에 포장을 더하게 되면 한결 더 효과적인 의미를 뚜렷하게 전달할 수 있을 것이다.

상대를 배려하는 소통의 기술

1. 내 의견을 말하기보다 상대방의 입장에서 들어주자.
2. 상대의 의견에 맞장구치고 따뜻한 눈빛을 맞추며 공감대를 형성하자.
3. 부드러운 말투로 격려해주고 칭찬해주자.
4. 상대의 대화 도중 비난과 충고를 하기보다 완곡한 어조로 위로하자.
5. 명령하는 말투가 아닌 부탁하는 어조로 대화하자.

하지현의 소통의 기술에 나타난 나쁜 대화자의 유형 9가지

1. 회피형: 자리를 떠나거나 핑계를 대거나 바쁜 척하는 사람
2. 가짜 적응형: 양보하거나 아무 일도 일어나지 않을 것 같이 행동하는 사람
3. 주제 변경형: 대화가 갈등 영역에 접근할 때마다 주제를 바꾸는 사람
4. 마음을 읽는 형: 상대방의 마음을 다 읽고 있다는 태도를 취하는 사람
5. 보따리를 매고 다니는 형: 화가 났을 때 바로 표현하지 않고 있다가 한꺼번에 마구 퍼붓는 사람
6. 허리 아래를 치는 형: 상대가 가장 민감하게 생각하는 약점 즉 외모, 가정 배경, 과거의 행동을 들추는 사람
7. 움켜쥐는 형: 분노를 직접 표현하는 대신 상대가 원하는 행동을 하지 않고 움켜쥐는 사람
8. 항상 옳다고 주장하는 형: 상대의 말을 전혀 들으려 하지 않고 무조건 자신이 옳다고 말하는 사람
9. 비위만 맞추는 형: 상대의 비난을 견디지 못해 항상 기쁘게만 해주려고 하는 사람

– 하지현(2007). 소통의 기술. 서울: 미루나무. –

소통('말' 또는 '대화')의 중요성에 관한 명언이나 속담을 찾아 적어보시오.

상대방과 소통하며 나의 잘못된 태도를 찾아보시오(말투, 자세, 목소리 등).

좋은 인간관계를 형성하기 위해 의사소통이 중요한 이유를 논의해 보고, 좋은 인간관계 형성을 위한 올바른 소통 기술을 적어보시오.

2) 의사소통과 자기표현

(1) 올바른 언어사용과 소통의 자세

내가 사용하는 말은 내 자신의 인성과 품위, 나아가 내 가족과 내가 속한 조직의 얼굴을 대변한다. 거친 언어를 사용하거나 욕설이나 은어를 사용하는 사람과 대면할 때 우리는 불쾌함을 느낀다. 또 천박하거나 저속한 단어 사용으로 상대로 하여금 거부 반응을 일으켜 그 공간을 벗어나고 싶게 만들기도 한다. 친구 사이에도, 가족들 사이에도, 어떠한 조직에서도, 자주 분쟁이 일어나고 갈등이 생기는 원인은 언어 사용으로 인한 말다툼이다.

명심보감에 "사람을 이롭게 하는 말은 솜처럼 따뜻하지만, 사람을 상하게 하는 말은 가시처럼 날카롭다. 한 마디 말이 잘 쓰이면 천금과 같고, 한 마디 말이 사람을 해치면 칼로 베는 것처럼 아프다"고 했다.

오래 전에 신문에서 놀라운 기사를 보았다. 그 기사 내용은 아내를 살인한 남편의 기사였기에 더욱 끔찍한 화제가 되었다. 아내와 삼십 년 가까이 살았으며, 그 남편의 직업은 교장 선생님이었다. 사회적 시선에서 교육자라는 직업을 가진 사람이 아내를 살해하면서 실망을 안겨 주었지만, 그 이유가 더욱 황당했다. 아내가 자신에게 "키가 작다"는 말을 해서 살해한 것이 그 이유였다. 사실 그날 그 한 마디 말로 살해했겠는가? 오랜 세월 함께 살면서 기분 나쁘게 거슬리는 말을 할 때마다 못마땅한 마음이 가슴 속에 쌓이고 쌓여 그만 자신도 모르게 우발적으로 살해했을 것이다.

명절 때 가족과 모든 친척들이 모여 있는 장소에서 가끔 경악할 만한 살인 사건이 일어나는 경우도 있다. 주로 불쾌한 말을 주고받으며 벌어진 말다툼이 가장 큰 원인이다. 조직에서도 일을 실수했을 때, 상사나 동료의 따뜻한 말 한마디로 인해 희망을 얻어 성공하는 계기를 만들기도 하고, 완전히 그 조직을 떠나 적으로 변하기도 한다.

소통을 하면서 상대방에게 신체적 콤플렉스가 되거나 약점으로 보이는 언어를 사용하여 상대의 자존심을 상하게 하면 안 된다. 그 사소한 언어 사용으로 인해 상대방이 평생 적으로 돌변하기도 하고, 심지어 살인을 저지르는 무서운 결과를 낳아 서로에게 아무런 이익이 없는 참변을 겪을 수도 있음을 주의해야 한다.

소통을 가로막는 7가지 태도

1. 냉소적인 태도이다. 자신의 생각과 다른 관점의 이야기를 할 때, 그것이 어떤 문제가 있고 어떤 부정적 측면과 결과를 만들어낼 가능성이 있는지를 먼저 언급하는 사람들이 있다. 부정적이고 냉소적인 반응은 말하는 사람의 소통하고자 하는 의지를 약화시킨다. 부정적이거나 냉소적인 태도를 보이는 사람들이 의식적으로 상대방의 이야기를 막으려는 의도가 있어서 그러한 태도를 보이는 것은 아니다. 상대방이 미처 보지 못하는 측면을 알려주고, 혹시라도 발생할지 모르는 염려되는 부분을 짚어주는 방식으로 도움을 주고 대화를 건설적인 방향으로 이끌어가려는 것이다. 하지만 그들의 의도와는 다르게 말하는 사람의 입장에서는 자신의 이야기를 반박하거나 김새게 만든다고 받아들인다.
2. 세부사항에 지나치게 집착하는 태도이다. 우리는 사소한 것이라도 가볍게 넘기지 말고 분명하고 명료하게 짚고 나가야 한다고 생각한다. 물론 맞는 말이지만, 전반적인 흐름을 놓치고 세부 사항에 집착해 적절한 균형을 잃게 되면 부드러운 소통의 흐름도 막힐 수 있다. 우리가 경계해야 할 것은 지나치게 세부사항에 집착해 쓸데없는 시간낭비를 한 것 같아 유쾌하지 않은 경험으로 기억되는 일이다.
3. 자신의 의견을 고수하려는 방어적인 태도이다. 상대방의 견해를 자신에 대한 비난이나 공격으로 받아들여서 방어적 태세를 취하게 된다. 내가 틀리지 않았거나 정당하다고 증명하기 위해서 본인 생각에 몰두하다 보면, 상대방의 의견에 귀를 기울이지 못하게 되고 일방적으로 자신의 이야기만 하게 된다. 방어적 태도를 가진 사람들은 개인적 성향이 아니라 역할이 주는 책임감으로 빈틈이 드러나게 되면 민감하게 반응하기도 한다. 리더가 존경받고자 한다면 오히려 부족한 부분을 그대로 인정하는 자세가 필요하다. 자신과 다른 견해를 공격이 아니라 보완과 발전을 위한 자원으로 받아들여야 한다.
4. 과시하는 태도이다. 관심을 받고 인정받으려는 욕구가 지나칠 때, 우리는 상호 소통에 관심을 두는 것이 아니라 자신의 우월함을 과시하는 데 몰두하게 될 수

있다. 대화의 목적은 정보 수집에 한정되지 않는다. 단순히 정보 수집만이 목적이라면 대화보다는 '인터넷 검색'이 더 유용할 것이다. 그런데도 사람들이 검색을 하지 않고, 또는 검색을 거친 후에도 주변 사람들에게 의견을 물어보고 자신의 생각을 나누는 것은 기계가 전할 수 없는 무언가를 원하기 때문이다. 대화는 기계와 달리 쌍방향의 소통이 가능하다. 상대방의 요구에 적합한 정보를 제공하기 위해서 이야기를 시작했다고 하지만, 상대방의 반응을 경청하지 않고 본인의 이야기에 몰입하게 된다면 더 이상 양방향의 소통이 되지 않기 때문에 인터넷 검색과 크게 다를 바 없다.

5. 모호하고 우유부단한 태도이다. 상대방의 마음을 알아주고 맞추어가는 것만큼 자신의 의견을 분명하게 표현하고 전달하려는 노력이 함께 수반되어야 일방적이지 않은 양방향의 교류가 일어날 수 있다. 효율적인 시간의 활용은 의사표현을 전혀 하지 않는 것이 아니라 본인의 의견을 간단명료하게 전달해도 충분히 가능하다. 긴장감을 피하기 위해서 자신의 생각이나 감정을 개방하고 드러내는 것을 피하면 깊이 있는 교류의 기회도 줄어들게 된다.

6. 소통을 저해하는 것으로 상대방을 통제하려는 태도이다. 상대방의 생각이나 감정에 대해서 지나치게 개입하고 통제하려는 태도는 버려야 한다. 본인의 신념이 뚜렷해 상대방을 설득하려는 의지가 강하거나 상대방에 대한 관심이나 도움을 주려는 의지가 적절한 선을 넘어서는 경우라면 원만한 소통에 상대방에 대한 존중을 해치게 되고 소통의 흐름이 막히게 되는 결과를 낳을 수 있다. 다른 사람을 본인 마음대로 하려는 태도는 상대방을 존중하지 않는다는 뜻이다. 이러한 태도가 소통은 물론이고 관계까지 해친다는 것은 누구나 짐작할 수 있다. 그럼에도 우리가 상대방의 세세한 부분까지 개입하고 자신의 의견을 따를 것을 강하게 요구하는 이유는 상대방을 도와 주려는 의도에서 비롯된다고 의식하고 있기 때문이다. 의도가 긍정적일지라도 그 방식은 의도를 실현시키지 못해 오히려 역효과를 낼 수 있다.

7. 감정적인 태도이다. 감정 폭발이란 감정이 격양되어 극단적이며 공격적인 언어가 마구 튀어나오고, 자신의 행동을 조절하지 못하는 것을 의미한다. 감정 폭발은 조절되지 않은 언행으로 상대방에게 심리적 상처를 줄 뿐만 아니라 당사자에게도 후회가 되는 행동이다. 관계는 손상되고 자책감만 남는 경우가 대부분이다. 격양된 감정에 사로잡히면 원만한 소통이 이루어지는 것도 어려워진다. 분노를 터트리면 당장은 속이 시원할지 모르지만, 잠깐의 속 시원한 기분 하나만 얻을 수 있을 뿐임을 기억해야 한다.

– 이현주(2016). 관계의 99%는 소통이다. 서울: 원앤원북스. –

(2) 올바른 대화 능력

인간은 태어나 숨을 거두는 순간까지 끝없이 다양한 사람들과 관계를 맺으며 살아간다. 이러한 현상은 동물들의 세계에서도 마찬가지이며, 그들도 그들 나름대로 소통이 통하는 방식을 찾아 끊임없이 소통 수단을 교환한다. 이처럼 동물이나 인간에게 소통 수단은 무척 중요한 일이며, 특히 우리 인간이 동물들과 달리 힘의 논리로만 지배되는 양육강식의 구조에서 강한 자만이 살아남을 수 있는 구조가 아니기에 소통 수단의 기본이 되는 대화 능력은 더욱 중요한 도구이다.

프랑스의 유명한 패션 잡지 엘르의 편집장이었던 장 도미니크 보비가 뇌졸중에 걸려 몸이 마비된 채, 거의 죽은 시체와 다름없는 상황에서도 마지막까지 놓지 못했던 것이 무엇인가? 그 또한 인간이기에 그 순간에도 절박하게 소통하려는 끈을 꼭 붙잡고 있었다. 그러한 집념이 결국『잠수복과 나비』라는 책을 완성하는 기적을 낳게 되었다. 손과 발이 모두 마비되고 목소리도 낼 수 없는 상황에서 도대체 어떻게 소통했던 것일까? 오직 눈꺼풀의 떨림을 이용해 비서와 소통함으로서 책을 완성했는데, 그 눈꺼풀을 움직인 횟수만 100만 번이 넘었다고 한다.

이처럼 삶에 있어서 마지막 의식이 남은 그 순간까지 인간은 소통의 희망을 찾아 노력하는 동물이다. 결국 인간에게 대화란 중요하므로 상대에게 자신의 의사를 표현할 때나, 경청할 때도 주변 사람들에게 나의 대화 주제나 방식이 어떠한 영향을 끼치게 되는지 늘 신경 써가며 대화의 흐름을 파악해 나가야 한다.

원만한 대화를 위한 요소

1. 품위 있는 언어를 사용하자.

같은 주제를 놓고 대화를 해도 세련되고 고급스럽게 표현하는 사람이 있는가 하면, 거칠고 천박한 어투로 나쁜 기억을 남기는 사람이 있다. 그 사람이 사용하는 언어와 그 느낌에서 자신의 인성과 외모가 더욱 돋보인다는 사실을 기억해야 한다.

2. 지혜로운 거짓말을 하자.

위선과 가식으로 이중적인 행동을 하라는 뜻이 아니다. 그 상황과 그 사람의 입장, 분위기에 따라 대화를 이어가야 한다는 의미이다. 원만한 분위기에서 상대방에게 직설적인 충고나 자신이 느낀 불쾌한 감정을 폭로해 감정을 상하게 하는 행위는 지혜롭지 못한 대화방식이다.

3. 공통된 화제를 찾아 대화하자.

상대방이 거부감을 느끼거나 불편해하는 대화를 피해야 한다. 모두 공감할 수 있는 주제를 찾아 상황에 맞게 대화를 이어가야 한다. 대화를 하면서 상대방의 반응을 살피고 적절한 맞장구를 쳐주며 밝은 분위기를 조성해야 한다.

4. 상대방에게 관심을 표현하자.

상대방에게 내가 먼저 인사하고, 늘 밝은 표정으로 경쾌하게 다가서자. 우울하고 딱딱하게 굳어있는 얼굴과 몸짓으로 무관심하게 반응하면 대화의 분위기를 흐려 주변을 곤란하게 하므로, 내가 먼저 성실한 태도로 상대방에게 관심을 갖고 대화에 임해야 한다. 하지만 관심을 적절하게 조절해야지 너무 지나친 관심으로 상대방이 원하지 않는 질문과 반응을 보이면 무례한 사람으로 보일 수 있으니 주의해야 한다.

5. 칭찬을 아끼지 말자.

"칭찬은 고래도 춤추게 한다"는 말이 있다. 직설적인 충고, 비난, 훈계, 논쟁 등은 가능한 피하는 것이 좋다. 상황을 악화시켜 상대방의 체면과 자존심에 손상을 주면 결국 손해 보는 사람은 자기 자신일 뿐이다. 상대의 한 가지 실수로 인해 여러 장점을 놓치는 실수를 해서는 안 된다. 불필요한 논쟁으로 인한 실수로 대화의 흐름을 망쳐서는 자신에게 더 큰 불이익을 남기게 될 것이다.

6. 평소에 지식을 넓히는 습관을 들이자.

평소에 폭넓은 독서 습관, 다양한 경험과 상식을 익히는 연습 등을 통해 좋은 주제를 찾는 안목을 길러야 한다. 좋은 대화를 이끄는 능력을 키우기 위해서는 풍부한 화제를 찾기 위한 지식을 쌓아야 한다. 모두에게 공통된 화제가 될 수 있는 즐거운 주제, 역사, 문화, 시사적인 상식도 겸손하게 대화 도중에 이어가면 상대방을 더욱 즐겁게 해 줄 수 있을 것이다.

7. 자신의 언어 습관을 돌아보자.

"말 한마디로 천 냥 빚을 갚는다"는 속담처럼 말 한마디로 원하는 것을 얻는 사람이 있는가 하면, 금전적으로 많이 베풀고도 자신의 공을 자랑하거나 상대를 무시하는 언어 사용으로 자신의 이미지를 나쁘게 만드는 사람도 있다.

지금까지 살아오면서 내가 가장 듣기 좋았던 칭찬은 무엇인지 적어보시오.

지금까지 살아오면서 내가 가장 듣기 싫었던 불쾌한 말은 무엇인지 적어보시오.

가족들과 식사시간이나 여행 중 가장 불편했던 말은 무엇인지 적어보시오.

쉬어가기

침묵을 소중히 여길 줄 아는 사람에게 신뢰가 간다.
초면이든 구면이든
말이 많은 사람한테는 신뢰가 가지 않는다.
나는 가끔 많은 사람들을 만나게 되는데
말수가 적은 사람한테는 오히려
내가 마음을 활짝 열어 보이고 싶어진다.
사실 인간과 인간의 만남에서
말은 그렇게 중요하지 않다.
꼭 필요한 말만 할 수 있어야 한다.
안으로 말이 여물도록 인내하지 못하기 때문에
밖으로 쏟아내고 있는 것이다.
이것은 하나의 습관이다.
생각이 떠오른다고 해서 불쑥 말해버리면
안에서 여무는 것이 없다.
그렇기 때문에 그 내면은 비어 있다.
말의 의미가 안에서 여물도록
침묵과 여과에서 걸러 받을 수 있어야 한다.
불교 경전은 말하고 있다.
"입에 말이 적으면 어리석음이 지혜로 바뀐다."
말하고 싶은 충동을 참을 수 있어야 한다.
생각을 전부 말해 버리면
말의 의미가 말의 무게가 여물지 않는다.
말의 무게가 없는 언어는 상대방에서 메아리가 없다.
오늘날 인간의 말이 소음으로 전락하는 것은
침묵을 배경으로 하지 않기 때문이다.
말이 소음과 다름없이 다루어지고 있기 때문이다.
우리들은 말을 안 해서 후회되는 일보다도
말을 해버렸기 때문에
후회하는 일이 얼마나 많은가.

– 법정, 류시화(2006). 살아 있는 것은 다 행복하라. 서울: 조화로운 삶. –

3) 대중문화를 통한 의사소통 학습

사전적 의미로 대중문화라고 하면 대중을 대상으로 생산되고 소비되는 문화이다. 이러한 대중문화는 주로 대중들의 문화에 보편성을 추구함으로서 대중의 삶에 생기와 활력을 증진시켜 주는 기능을 통해 기쁨과 위안을 심어 주고 때로는 고민을 남겨 주었다. 고급문화와 차별되는 측면이 있지만, 대중문화가 단순히 질적 측면에서 고급문화보다 수준이 낮거나 부족한 부분이 많아서가 아니다.

다만 일률적이고 단편적일 수 있는 문화를 전달하며, 대중에게 현실과 이상사이에서 고민하게 하며 각 조직의 구성원들 간에 이질감과 상대적 괴리감을 느끼게 할 수 있는 우려가 있기 때문이다. 무엇보다 대중문화는 자본주의 사회의 장점이며 가장 큰 특징인 자유 시장 경쟁원리에 입각해 상업성과 흥미, 오락성을 배제할 수 없으며 시장경쟁에서 대중을 끌어 들여 자본의 창출과 이익, 대량생산에서 자유로울 수 없는 문화적인 특성을 안고 있다.

(1) 영화를 통해 살펴본 의사소통

대중문화의 특성을 품고 대량 생산과 소비를 통해 대중의 눈과 귀에 커다란 만족을 주고 있는 한 요소로 영화를 빼 놓을 수 없다. 특히 대중에게 휴식과 위안, 쾌락과 흥미, 감동을 함께 선사해 주는 영화가 끼치는 영향은 절대 가볍지 않기 때문이다.

1895년 프랑스 뤼미에르 형제가 시네마토그래프를 공개한 후, 일백 년이 넘는 세월동안 쇠퇴하지 않고 이어온 영화의 역사는 이제 모든 계층을 누비는 거대한 문화로 자리 잡았다. 이러한 영화가 대중에게 전달하려는 주제는 오랜 세월 다양하고도 신비로웠다. 문학작품을 대중의 요구에 맞춰 각색하기도 하고 새로운 창작이라는 명목으로 신비로운 주제를 만들기도 했고, 사회현상과 실제 존재했던 역사를 영화 속에 반영하기도 했다.

역사와 그 시대 현실을 반영하여 대중에게 전달한다는 의미와 각성을 촉구한다는 목적에서 영화는 우리가 사는 사회의 단편적인 모습이며 제한된 공간 속에 강력한 메시지를 던져준다. 그 시대 우리들의 고민과 정치적 사건과 스캔들, 잊을 수 없는 역사와 그 시절 유행하던 문화와 직업군들의 모습 등 결국 과거와 현재, 미래를 이어주는 시대의 자화상 역할을 하고 있기 때문이다.

이러한 영화 속에서 우리는 시대의 현실과 아픔을, 때로는 우월함을 맛볼 수 있듯이 영화 속에 등장하는 주제와 주인공의 모습을 통해 우리가 추구하는 올바른 가치관과 윤리의식을 찾을 수 있기 때문이다. 여기에서는 대중문화의 한 요소이며 우리가 쉽게 접할 수 있는 영화를 통해, 영화 속 주인공과 그 주변 인물들의 의사소통 방식 안에 공감과 경청 능력, 잘못된 방식 등을 찾아보고 분석해 보도록 하자.

① '과속스캔들'을 통해 살펴본 의사소통과 갈등요인 분석

'과속스캔들'의 줄거리:

남현수는 젊은 시절 인기 가수였지만, 현재는 특별한 인기곡 없이 라디오 DJ로 활동하고 있다. 아직 미혼이면서 어린 여자 연예인들과 향락을 즐기며 생활의 기쁨을 느끼는 다소 철없고 방탕해 보이는 연예인이다. 그런 남현수에게 예상하지 못했던 사건이 발생하여 인생을 흔들어 놓고 만다. 남현수가 진행하는 라디오의 열혈한 청취자였던 미혼모 정남이가 어린 시절 자신의 실수로 태어난 딸이며 기동이란 손자까지 데리고 나타난 것이다.

과속스캔들은 남현수 개인의 인기와 지위 그리고 가족이라는 울타리 사이에서 고민하고 갈등하는 사건과 사고를 다소 코믹하게 그린 영화이다. 사람들의 눈을 속이며 딸과 손자와 나름대로 행복하게 지내지만, 타인의 오해로 인해 딸과 심하게 다툰 후 딸의 가출과 손자를 잠시 잃고 찾는 과정에서 진정 자신에게 소중한 삶이 부나 명예가 아닌 가족이었음을 느끼게 된다. 결국 남현수는 기자 회견을 통해 모든 사실을 공개하고 영화는 행복한 가족애를 암시하며 끝을 맺는다.

다음은 영화 속 주인공이 갈등을 겪는 장면이다. 이 장면을 통해 가족 간에 바람직한 의사소통에 관해 고민해 보도록 하자.

현수: 야, 니 엄마가 시키디? 자기 인생 망쳤으니까 가서 내 인생 조지라고?
정남: ……
현수: 할 만큼 했으니까 좀 가. 신문사 가서 다 까발리건, 방송사 가서 마이크 잡고 떠벌리건, 너 가.
정남: 기동이 들어가 있어.
현수: 뭘 들어가? 너도 일로 와!
정남: 빨리 안 들어가?
정남: 못 가요!
현수: 못 가.
정남: 나 혼자 기동이 못 키워. 나 여기서 못 가.
현수: 그럼 뭐 나한테 아빠질 뭐 이런 거 바라고 온 거야?
나랑 살아봐서 알잖아. 나 누구 책임지고 가족 만들고 이런 거 못해.
그냥 각자 인생, 각자 살던 대로 살자. 좀 꺼지라고, 걸리적거리지 말고.
정남: 그래, 그런 거 바라고 왔다. 내 아버지잖아. 남들 다 있는 거잖아. 이 눈, 이 코 다 아버지가 만들었잖아. 나 여기 있잖아. 왜 내가 없었으면 해? 나 여기 있잖아.

이 장면을 통해 우리 가족의 모습을 떠올려 보도록 하자. 타인에게 내 가족의 모습이나 집안 배경이 부끄러워 거짓말을 하거나 가족에게 상처를 주었던 기억이 있었는가? 그리고 영화 속 장면과 나의 가족을 대비해서 살펴보며 소통의 잘못된 부분을 지적해 보도록 하자.

영화 속 아버지와 딸이 소통이 잘 안 되는 이유가 무엇이라 생각하는가?

가족 간에 서로 감정이 격화되고 소통이 힘들 때는 어떤 태도를 취해야 하는지 고민해 보고 그 해결점을 찾아보시오.

내가 영화 속 주인공이라면 이 상황에서 어떻게 소통할 것인지 적어보시오.

② 영화 '마이웨이'를 통해 본 의사소통과 자기반성

'마이웨이'의 줄거리:

영화는 1938년 경성에서 조선인 김준식과 일본인 타츠오의 마라톤 경기에서 시작된다. 어린 시절 마라톤 경기에서 인연이 시작된 두 사람은, 결국 경쟁관계이면서 식민지 시대 주종관계로 군대에서 다시 만나게 된다. 김준식을 비롯한 조선의 젊은이들은 일본군에 의해 강제로 징집되어 전투에 참여하게 된다. 이때 마라톤 경쟁자였던 타츠오는 부대 지휘관이 되어 김준식을 포함한 조선인들을 무시하고 괴롭히며 일본을 위해 충성을 다해 목숨 걸고 전투에 임할 것을 강요한다. 하지만 그들은 소련군에 징집되어 소련 군복을 입고 전투에 함께 참여해야 했고, 다시 독일군의 포로가 되어 독일 군복을 입고 재회하게 되는 복잡하게 엮인 전쟁의 혼란 속에서 갈등과 함께 서로에게 묘한 연민과 우정을 쌓게 된다.

다음은 영화 속 주인공들이 갈등을 일으키는 장면 중 이런 대사가 있다.

일본인과 조선인으로 적대감정이 쌓여 있던 김준식과 타츠오는 결국 소련군 포로가 되어 소련을 위해 싸워야 할 상황이었다. 소련군이 타츠오에게 소련의 사상교화를 강요하자 그는 소련의 사상교화에 강하게 반대한다. 이때 김준식은 타츠오를 향해 다음과 같이 답한다.

"소련이 너희에게 사상교화를 할 권리가 없듯이 너희도 우리(조선인)에게 사상교화를 할 권리가 없다."

이후 심하게 몸싸움을 벌이던 중 김준식은 타츠오를 죽일 수 있었지만 살려준다. 두 사람은 함께 소련 군복을 입고 소련군이 되어 독일군을 상대로 전투에 참여하던 중, 소련군 지휘관이 다음과 같이 전투를 강요하는 장면에서 타츠오는 자신의 과거 모습을 회상한다.

"우리 소련을 위해 목숨 걸고 싸워라."

그리고 그 옛날 자신이 조선인들에게 "우리 일본을 위해 목숨 걸고 싸워라"라고 지시했던 장면을 떠올리며 반성하게 된다. 전투에서 잔혹하고 거칠게 조선인 학도병들을 몰아세우며 구타하고 괴롭히며 일본에 충성할 것을 강요했던 자신의 과거 모습이 반추되고 있었다.

이렇게 과거에 자신도 지휘관으로서 남의 나라 젊은이들에게 자신의 나라를 위해 목숨 걸고 전투에 임할 것을 아무렇지 않게 강요했던 장면을 회상하며 후회한다. 아마도 '그때 저 조선인들도 지금 나와 같은 심정이었을 것이라고.'

영화에서 중 주인공 타츠오는 비로소 자신이 다른 입장이 되었을 때 과거의 잘못을 떠올리게 된다. 우리는 상대방과 소통할 때 자신의 입장에서 생각이나 사상을 강요하고 옳다고 주장하는 경우가 많다. 이 영화 속 주인공의 회상을 통해 자신의 그런 경험을 떠올려 보자. 또 평소 자신이 상대방과 소통하면서 주장을 강요하던 잘못된 습관은 무엇인지 찾아보자.

③ 영화 '선생 김봉두'를 통해 본 의사소통의 중요성

'선생 김봉두'의 줄거리:

서울의 명문 초등학교 교사인 김봉두는 전형적인 나쁜 교사의 표상이다. 늘 지각을 반복하고 수업과 학교 업무는 미룬 채, 술과 도박, 부유한 학부모들에게 촌지를 받는 일에만 관심을 두고 있다. 그러던 어느 날 촌지를 받은 사건으로 인해 위기가 닥친다. 그 위기를 모면하기 위해서 폐교 직전에 놓인 시골의 초라한 학교 선생으로 쫓겨 가게 된다. 시골의 분교는 전교생이 열 명도 되지 않고 학부모들은 가난한 살림에 지친 순박한 사람들이다. 그들은 돈 봉투가 아닌 야채며 김치 등을 선생에게 전해주며 가족처럼 지내길 요구한다. 하지만 김봉두는 하루라도 빨리 시골을 벗어나고 싶어 불성실하고 무관심하게 학생들을 가르친다. 심지어 학생들을 모두 전학시키고 폐교할 계획까지 세우게 된다. 그러던 상황에 김봉두에게 뜻밖의 기회가 찾아온다. 학교를 게임장으로 만들기 위한 사업가가 등장하고, 평소 원하던 돈 봉투의 맛을 다시 보게 된다. 그 시기 김봉두는 아버지의 사망과 어린 시절의 상처를 떠올리며 그동안 순박하고 맑은 시골 아이들과 그곳 어른들을 통해 새로운 교사가 되기로 다짐한다. 그러나 결국 시골의 학교는 폐교당하고 학생들과 마지막 작별을 하며 눈물을 흘리게 된다.

다음은 영화 속 주인공이 갈등을 일으키는 장면 중 이런 대사가 있다.

어린 시절 주인공 김봉두가 다니던 초등학교에 소사로 일하는 자신의 아버지의 모습을 떠올리는 장면이다. 이때 김봉두의 담임 선생님이 학생들을 야단치며 창 밖에서 일하는 자신의 아버지를 지목하여 무시하듯 학생들에게 훈계한다. "너희들도 공부 안 하면 저기 밖에서 일하는 소사처럼 된다"고 야단을 쳤다. 선생의 말을 듣고 있던 학생 중에 소사 아버지를 애처롭게 바라보다 고개 숙인 학생 김봉두가 그 교실에 있었다.

시인이자 소설가인 마야 안젤루의 한 마디에 그 진실이 고스란히 담겨 있다. "나는 사람들이 상대방의 말과 행동은 잊어도 그때의 기분을 절대 잊지 않는다는 사실을 배웠다." 이런 마야 안젤루의 명언처럼 의사소통이 이처럼 중요한 역할과 파급력을 가져오는 것이다. 당시 교사가 깊은 생각 없이 던진 한 마디 말에 누군가는 커다란 상처를 받아 평생동안 지워지지 않는 아픈 기억으로 남아 그 가치관까지 혼란을 가져올 수 있다는 사실이다.

만약 그때 이 교사가 학생들을 조금 더 부드럽고 자상하게 대하며 창밖에 있는 소사 아저씨를 가리켜 “저기 열심히 일하시는 소사 아저씨께 감사하는 마음을 갖고 여러분들도 더욱 열심히 공부하고 늘 아저씨를 만나면 정중하게 인사 잘 해야겠죠”라고 학생들과 즐겁게 의사소통했다면 그날 소사 아버지를 둔 김봉두란 학생은 어떤 감화를 느끼게 되었을까?

학교를 다니며 교사와의 불쾌한 소통으로 인해 상처받았던 기억이 있는가?
당시 가장 상처가 되었던 소통(말, 행동 등)은 어떤 것이었나?

다음은 교사와 학생 간의 소통을 통해 교사의 인성이 학생 인생에 끼치는 영향을 담은 일화이다. 이 세 가지 일화를 통해 소통의 중요성에 대해 생각해 보도록 하자.

인생을 바꾼 교사의 한 마디1 – 알렉사 선생님께 이 책을 바친다.

어떤 교사도 저능아로 낙인찍힌 나에게 관심을 기울이지 않았다. 그러나 4학년 때 대학을 갓 졸업하고 담임으로 부임하신 알렉사 선생님은 달랐다. 그녀는 생활기록부를 무시했다. "넌 잘 할 수 있다"고 말하면서 다른 선생님들보다 더 많은 것을 기대하고 요구했다. 나는 선생님을 기쁘게 해주고 싶었다. 선생님이 기대한 것 이상으로 피나는 노력을 해서 난생 처음으로 전 과목 A학점을 받았다. 중학교에 들어간 나는 IQ를 연구하는 심리학자가 되기로 결심했다. 그리고 예일대학교 심리학 교수가 되었다. 초등학교 4학년 때 만약 다른 분이 담임으로 왔다면 나는 예일대학교 연구실을 차지한 교수가 아니라 그 방을 청소하고 있는 사람이 되었을지도 모른다.

이 사람은 오늘날 지능 분야에서 세계 최고의 학자로 인정받고 있는 로버트 스턴버그 박사다. 그가 쓴 책 "성공지능"의 첫 장은 단 한 문장의 내용을 담고 있다.
"내 인생의 방향을 바꾸어 주신 알렉사 선생님께 이 책을 바친다."

– 이민규(2005). 끌리는 사람은 1%가 다르다. 서울: 더난. –

인생을 바꾼 교사의 한 마디2 – 스티비 원더 이야기

흑인 가수 스티비 원더는 눈이 보이지 않는 시각 장애와 흑인이라는 멸시 속에 힘든 어린 시절을 보냈다. 그러던 어느 날 교실에 실험용 쥐가 탈출해 선생님과 학생들이 모두 경악하고 있을 때, 그는 그 쥐가 어디에 숨었는지 찾아냈다. 스티비 원더는 눈이 멀었지만 남들보다 청각이 좋아 밝은 귀로 잘 들을 수 있는 장점이 있었다. 당시 선생님이 스티브 원더에게 "너는 우리 반의 어떤 친구도 갖지 못한 능력을 갖고 있어. 너에게는 특별한 귀가 있잖아"라며 칭찬해 주었다. 그 후로 스티비 원더는 이 말 한 마디에 희망을 얻어 새로운 재능을 찾게 되었다. 이후 성인이 되어 그 유명한 "I just called to say i love you"라는 곡으로 세계적인 사랑을 받는 가수가 되었다.

– 마크리보스키(2012). 스티비 원더 이야기. 서울: 명진. –

인생을 바꾼 교사의 한 마디3 – 신창원의 고백

한국의 흉악한 범죄자를 거론할 때면 신창원이란 이름을 떠올리며 사람들은 두려운 마음을 가질 것이다. 1967년에 태어난 신창원은 어린 시절 어머니를 잃고 불우한 가정에서 성장했다. 13살에 절도죄를 저질러 소년원에 가게 되었고, 이후 강도 치사 사건을 비롯한 각종 범죄 현장에서 그의 잔혹한 행위를 발견할 수 있었다. 교도소에 수감 중에도 교도소 화장실 창문을 뜯고 도주하기도 하고 몇 번의 검거와 탈옥을 감행하다 다시 붙잡혀 무기징역을 선고받았다. 신창원에게는 "끔찍한 범죄자", "탈옥수"라는 낙인이 늘 따라다니며 무서운 사람이란 기억을 지울 수 없게 만든다. 하지만 당시 담당 변호사를 통해 '신창원 907일의 고백'이라는 기록에 담긴 짧은 글에서, 결코 '죄는 미워도 사람은 미워할 수 없다'는 말을 떠올리게 하는 가슴 아픈 고백이 있었다. "내가 초등학교 5학년 때 담임선생님이 '이 새끼야, 돈 안 가져왔는데 뭐 하러 학교 와. 빨리 꺼져'라고 소리쳤는데, 이때 선생님이 '너 착한 아이다'라고 머리 한 번만 쓰다듬어 주었으면 이렇게 되지 않았을 것이다"라고 했다.

– 신창원의 고백 –

앞의 세 가지 사례 중 마지막 신창원의 고백과 나머지 두 사례는 무척 대조적인 이야기이다. 이처럼 교육을 책임지는 교사의 올바른 인성이 가장 중요하다는 사실을 다시 한 번 절실하게 느낄 수 있다. 교사가 학생에게 전하는 따뜻한 말 한마디로 인생이 확연히 달라질 수 있다는 결과를 성인이 된 후 학생의 진로를 통해 확인할 수 있는 대목이었다.

고사와 학생과의 소통이 중요한 이유를 앞의 사례를 통해 살펴보았다.
고사와 학생 간의 소통예절에 대해 논해 보시오.

지금까지 살아오면서 가장 기억에 남는 선생님 한 분을 선정해 교사로서 존경하는 부분, 감사한 일 등을 적어보시오.

지금 무너져 가는 교권에 관한 기사를 접하며 체벌이 교육적 차원에서 필요한지 논의해 보시오.

(2) 드라마를 통해 살펴본 의사소통

대중문화의 한 요소로 자리잡아 시청자들의 시선과 주목을 끌며 삶의 위안이 되고, 때로는 비평의 대상이 되어 사회적인 문제로까지 등장하는 장르가 TV 드라마일 것이다. TV라는 매체가 대중에게 보급된 후 한때 영화 시장이 사라질 것이라는 전망과 우려도 있었지만 영화는 영화로서의 역할에 충실했고, TV는 본연의 역할에 적합하게 각종 프로그램을 만들며 시청자들과 함께 호응하며 대중에게 휴식을 전달해 주었다.

드라마는 작가가 순수하게 구성하기도 하지만, 문학작품이나 실제 있었던 사건과 사고를 기획해서 만들기도 하고, 외국의 다른 작품을 각색하기도 하며 그 개성과 의미를 살려 창작되고 재구성되었다. 하지만 순수 문학과 달리 시청률을 의식하고, 상업성과 함께 대중을 끌어안아야 하는 흥미와 오락성도 함께 안고 가야 하는 일이 드라마의 역할이기도 하다.

드라마는 시대의 흐름과 가치관의 변화와 사회 현실을 반영하는 작업이다. 따라서 드라마 시청을 통해 사람들의 의식을 변화시키기도 하고, 복잡한 문제를 보다 더 쉽고 친근하게 대중들에게 각인시켜 주기도 했다. 또 방송작가라는 직업이 젊은이들에게 매력적이면서 성공하면 부와 명예를 함께 안겨주는 선망의 직업으로 느껴지기도 했다.

때로는 드라마 감상을 통해 책이나 실제 상황보다 더 선명하게 변화되어 가는 시대 상황을 쉽게 인식하기도 하고, 과거 우리의 모습과 미래에 다가올 내일을 설계해 보기도 한다.

① 드라마 "넝쿨째 굴러온 당신"을 통해 본 가족 간 의사소통의 중요성

KBS에서 2012년 5월 26일 방송된 드라마 "넝쿨째 굴러온 당신" - 27회에 나타난 가족 간의 사랑과 소통의 중요성에 관해 살펴보자.

이 드라마에서 진실하지만 다소 엉뚱하고 무능한 가장이면서 부동산 직원으로 일하는 방정배란 인물이 등장한다. 방정배에게는 사춘기 아들이 하나 있다. 아들 방장군은 전교 340명 중 늘 340등을 하며, 때와 장소를 가리지 않고 무식한 발언을 하는 철없고 걱정스럽지만 속 깊은 아들이다. 한국 초대 대통령 이승만을 이수만으로, 고려시대 왕건은 최수종, 주몽은 송일국, 주몽의 어머니는 김을동이라 주장해 아버지 방정배를 늘 당황스럽게 만든다.

방정배는 넉넉하지 않은 집안 형편에다가 직장인 부동산에서 실직 위기에 놓여 늘 위태로운 상황이다. 또 방정배에게는 학업이 부진한 아들 장군이와 어리고 무식한 아내가 있고, 아내의 늦은 임신으로 새로운 자식의 탄생을 기다리고 있지만, 새로운 자식의 양육비와 아들 방장군의 교육비를 생각하면 현실이 막막하기만 하다.

그러던 중 방정배는 부업을 통해 가정에 조금이나마 도움이 되고자 가족들 모르게 지하철에서 코털제거기 판매에 나서게 된다. 하지만 기계를 잘못 사용해 코피를 흘려 지하철 안에서 사람들에게 망신을 당하게 되고, 이 장면을 누군가 동영상으로 찍어 인터넷에 올렸다. 또 그 동영상을 보고 사람들은 개념 없이 비판과 댓글을 올리는 바람에 방정배는 더욱더 근심에 잠기게 된다. 그 동영상에 담긴 댓글은 다음과 같았다.

요즘도 저런거 지하철에서 파는 사람 있냥? ㅎ

han8989: 쯧쯔... 내가 다 눈물이 나옴.

병금이: 저거 중국산이라 그런 거 같음. ㅋㅋ 지하철에서 저런 거 파는 것두 범죄임!

찌니찌니: 공익은 뭐하나 저런 거 안 잡아가고~ 자식들한테 부끄럽지도 않냐? 정신 차려라!

방장군: 나는 서울중학교 3학년 3반 방장군이다. 저분은 우리 아버지다.
나는 하나도 안 부끄럽다. 나는 우리 아버지 자랑스럽다!

또 방장군은 아버지에게 "아버지? 저 다 알아요. 엄마랑 뱃속의 제 동생 때문에 돈 벌러 가신 거잖아요. 그래서 저 하나도 부끄럽지 않았어요. 오히려 자랑스러웠어요"라고 위로한다. 방정배는 "우리 아들 많이 컸네. 아버지 마음도 이해해주고"라며 눈시울을 붉혔고, 방장군은 "그래도 힘드시니까 거기 가서 물건 팔진 마세요"라며 무식하지만 마음만은 그 누구보다 따뜻한 아들의 모습을 보여주었다.

이처럼 아무리 힘들고 고된 상황에서도 따뜻한 말 한 마디로 상황이 반전되기고 하고 가슴 따뜻해지는 훈훈한 마음의 위로를 얻기도 한다. 반대로 사람들이 생각 없이 마음대로 던진 댓글이 한 가정의 가장에게도, 그 자식에게도 커다란 상처가 되어 비극적인 결말을 초래하기도 한다. 그러므로 사람과 사람사이의 소통은 그만큼 중요하고 가치 있는 일이다.

보통 철없는 아들이 이런 동영상을 보고 아버지에게 욕하고 핀잔을 주고 가출을 했다면 상황은 어떻게 될까? 그리고 이러한 현실이 힘들어 아버지가 극단적인 선택으로 자살까지 했다면 그 비극적인 현장을 누가 책임을 져야 한단 말인가?

현재 한국의 인터넷문화에 대해 우리 모두 반성해 보고 고민해야 할 문제이다. 무작정 개인의 사적인 일까지 동영상으로 유포하고 아무런 생각 없이 댓글을 작성해 비판하고 웃음거리로 만드는 일에 책임의식을 갖고 자제할 줄 알아야 한다. 자신이 그런 대상이 되어 상처받고 우울증과 자괴감에 빠져 삶의 의욕을 상실할 수 있다는 사실도 깊이 반성해야 할 부분이다.

가족(부모, 형제 등)에게 용기와 희망을 전해주는 소통의 방법을 논의해 보시오.

인터넷을 통한 소통의 자유에 대한 장점과 단점을 적어보시오.
인터넷 공간에서의 바람직한 언어 사용 예절과 대책을 논의해 보시오.

말(대화, 소통)의 중요성에 관한 명언이나 속담을 찾아 적어보시오.

② 드라마 “엄마가 뿔났다”를 통해 본 경청과 공감의 중요성

2008년에 방송된 KBS 드라마 “엄마가 뿔났다”에 나타난 두 사람의 짧은 대화를 통해 서로 간의 소통에서 공감하며 경청하는 자세의 중요성에 관해 고찰해 보도록 하자.

이 드라마는 평범하면서 서민적인 가족들의 갈등과 고민, 여러 세대 간에 겪는 사건과 사고를 따뜻한 시각에서 풀어나가고 있다. 극중 엄마는 우리나라 전형적인 알뜰하고 착한 주부이면서 나름대로 자신의 주장이 강한 성격이다. 오랜 세월 친아버지처럼 지내는 시아버지와 성실하고 우직한 남편과 시누이와 시누이 딸과 더불어 대가족이 화목하게 살아간다. 엄마는 각자 다른 개성을 가진 세 남매를 나름대로 잘 키웠지만, 결혼 문제에 있어서 고민과 혼란을 겪으며 충돌한다.

극중 엄마 한자가 큰 딸 영수의 결혼문제로 인해 갈등을 겪고 있는 장면이 등장한다. 큰 딸 영수는 서른여섯인 다소 늦은 나이에 결혼할 상대가 있다는 소식을 가족들에게 전한다. 엄마는 이 소식에 무척 기뻐한다. 영수는 똑똑하고 유능한 변호사이다. 늘 엄마의 자랑이며, 집안의 기둥이고, 엄마 친구들의 부러움의 대상이다. 하지만 딸이 결혼하겠다는 상대가 초등학생 딸까지 둔 이혼남이라는 사실에 반대하며, 딸을 비롯한 가족들과 심하게 다투고 냉전중이다. 그러다 종원 어머니(딸 영수가 결혼하기로 결심한 남자의 어머니)와 대면한 한자는 서로 만나 얘기를 하다가 마음을 돌리게 된다.

다음 두 사람(한자와 종원 어머니)의 대화를 통해 공감과 경청의 중요성에 대해 살펴보도록 하자.

커피숍에서 만난다.

한자: 영수 어미입니다.

종원 모(母): 종원이 어미입니다.

한자: 제 기막힌 심정을 미루어 아신다니 말씀인데요, 전화가 너무 점잖으셔서 나왔어요. 이혼한 사람들이 너무 많다니까 이혼까지는 그럴 수 있다지만…

종원 모: 아이가 무겁지요?

한자: 무거운 정도가 아니라 그게 남이 낳은 자식이 얼마나 힘든건데, 애미로서 그런 결혼하라 하기 힘드네요.

종원 모: 나라도 그 입장이면 마찬가지예요. 참 염치없고 뻔뻔한 거 알아요. 그렇지만 저희들이 저러니.

한자: 아이가 걸려서요.

종원 모: 얼마나 속이 상하시겠어요. 뭐라 위로 드릴 말씀이 없네요. 걱정하시는 것보다 더 잘 살 수도 있고, 또 그러길 소원하면서 결심을 해주시면 얼마나 고마울까요?

한자: (눈물을 흘린다)

종원 모: (손수건 건네며) 이거 쓰세요. 어떡해요, 이렇게 마음이 아프시니.

집으로 돌아온 한자.

한자 남편: 먼 장래를 위해서라도 고약하게 하고 왔어?

한자: 여보, 나 뭐에 홀린 거 같아. 영수 준다 하고 나왔어. 안사돈 맘에 들어. 이럴 줄 정말 몰랐네. 사람이 너무 괜찮아. 말에 말씨가 점잖고, 따스하고, 양반스럽고, 나 이해한대. 어쩌겠어, 지 팔자가 그러면 할 수 없는 거지?
나 몰라, 자기 남편 출장에서 돌아오면 바로 상견례날 잡재.

한자 남편: 괜찮은 기여? 어디 아픈 거 아니여? 내 말은 다 꼬장을 부리더니.

한자: 얼마나 속이 상하겠냐고, 나를 위로하는데, 그 얼굴이 거짓이 아니더라구. 나와 똑같이 속상해 해주는 얼굴이더라구. 통하는 친구 같기도 하구. 이런 시어머니면 참 좋겠다 했어.

여기서 상대방과 의사소통에서 공감하며 경청하는 능력이 얼마나 중요한지 느낄 수 있다. 엄마는 제목처럼 큰 딸에게 상당히 뿔이 나 있다. 시종일관 모든 가족이 설득하고 말려도 딸의 결혼을 반대하고 마음을 돌리려 하지 않는 상황이었다. 그런 중에 딸과 결혼하려는 남자의 어머니(훗날 사돈)와 만나 대화를 나눈 뒤에 완전히 마음이 변해 집으로 돌아온다. 단 5분 정도의 짧은 만남과 대화에서 종원 모(母)가 상대방 어머니인 한자의 마음을 우호적으로 변하게 하고 친구처럼 친하게 된 이유는 무엇일까? 5분 정도의 짧은 대화를 나누는 동안 종원 모(母)가 사실상 특별히 한자에게 요구하거나 당부한 말은 없다. 단지 계속 공감하며 열심히 경청해준 것이 전부이다.

공감과 경청의 중요성에 관한 다른 사례를 찾아보시오.

상대방이 나의 대화를 경청하면서 불편했던 상황은 없었는지 적어보시오.
대화를 경청할 때 올바른 자세에 대해 논의해 보시오.

③ 드라마 "불꽃"을 통해 본 사회생활에서의 소통 예절

SBS에서 2000년에 방송된 드라마 "불꽃" – 5회에 나타난 두 사람의 의사소통 부분이다. 이 부분은 주인공 남녀가 처음 비즈니스로 만나 인연을 맺게 되는 장면이다. 두 사람의 대화 중 소통의 문제점과 현실에서 사회생활을 하며 겪게 되는 갈등요인과 올바른 태도에 대해 함께 고민해 보도록 하자.

이 드라마는 네 명의 남녀가 사랑과 결혼에 관해 혼란을 겪으며 진정한 사랑과 사회적인 윤리와 관습으로 인해 고민하고 갈등하다 서로 원하던 사랑을 찾으며 비교적 행복한 결말을 맺는다는 내용이다.

남자 주인공(최종혁)은 여자 주인공(박지현)과 비즈니스로 처음 만나게 된다. 최종혁은 처음 만남에서 도도하고 다소 무례한 질문과 공격적인 자세로 소통하는 박지현에게 강한 호감을 느끼며 만남을 지속하다가 훗날 결혼하게 되고, 결국 서로의 다른 환경과 가치관으로 갈등하다 이혼하게 된다. 박지현은 최종혁과 약혼한 후 여행에서 우연히 만나 사랑의 감정을 느끼게 된 남자 이강욱을 결혼 후에도 지속적으로 그리워하고 있었다. 물론 이강욱도 약혼자가 있는 상태였기에 둘은 서로 사랑하지만 사회적인 통념과 도덕적인 의리로 인해 먼저 약혼한 사람과 결혼해 충실할 것을 노력하며 짧은 만남을 정리한다. 그러나 결혼 후 서로의 배우자에 대한 불만과 다른 환경에서 오는 갈등과 문화적인 차이점이 드러나며 부부간에 다툼이 생겼고, 서로의 감정이 편하지만은 않은 상태에서 각자 결혼생활의 지속성을 고민하게 된다. 시간이 흐른 후 서로 각자의 가정을 정리한 사실을 알게 되어 다시 재회하면서 드라마는 끝을 맺는다.

다음에 소개할 장면은 평범하며 인기 없는 작가인 여자 주인공(박지현)이 재벌 2세인 남자 주인공(최종혁)을 비즈니스로 만나는 장면이다. 여자 주인공은 취재를 위해 찾아갔지만, 냉정하게 상대를 대면하는 남자 주인공에게 다소 무례하고 공격적으로 대꾸하며 취재를 마치는 장면이다. 이 장면을 통해 사회생활을 하며 지켜야 할 소통의 예절과 TV와 현실에서 사회생활 중 일어나는 사건의 진실과 차이점을 명확하게 분석해 보도록 하자. 우리가 사회생활 중 소통을 하면서 겪게 되는 문제점과 해결점을 현실적인 입장에서 올바로 살펴보도록 하자.

종혁의 사무실 안

지현: 안녕하세요? 안상수 감독님 전화 받으셨죠?

종혁: (서류 보면서 상대방 얼굴을 보지 않는다.) 1시간 이상이면 되겠죠? 1시간 이상은 곤란합니다.

지현: 굉장히 오만하시군요. 귀찮을 수 있다는 거 이해해요. 폐 안 끼치고 다른 취재원 찾아보겠습니다.

종혁: 박지현 씨? 나 이상 좋은 취재원은 없을 건데요? 선배 부탁이지만 귀찮긴 했어요. 미안합니다. 나갑시다. 여기서는 딱딱할 것 같은데요.

지현: 어차피 부드러울 순 없겠는데요. 저는 지금 최종혁씨가 불쾌하거든요.

커피숍에서 취재

지현: 그 자신만만함과 사람에게 함부로 하는 집안배경이 상관이 있을까요? 없을까요?

종혁: 화가 단단히 났군요. 그만하시오. 사과했잖소?

지현: 잘난 사람은 부러운데 잘난 척하는 사람은 못 참아요.

종혁: 당신도 꽤 척하는 편인데, 뭘 그래요? 아쉬워 온 사람이 취재원에게 이렇게 발끈해도 되는 거요?

지현: 단어 쓰는 게 거칠군요.

종혁: 아! 당신? 그건 그냥 영어의 you란 뜻이요? 너라는 것보다 낫잖소?

지현: 어쨌든 당신은 밥맛이군요.

종혁: (황당해서 크게 웃는다.) 하하하….

이 만남을 계기로 종혁은 지현에게 관심을 갖고 지속적인 구애로 결국 결혼하게 된다. 드라마 단골 소재인 백마 탄 왕자를 만난 신데렐라 이야기이다. 물론 마지막은 행복하지 않은 결혼생활로 인해 이혼하는 것으로 끝을 맺게 된다.

빌게이츠의 명언 중 "TV는 현실이 아니다"란 말이 있듯이, 흔히 드라마에서 평범한 여자 주인공이 당돌하게 맞서면 재벌 2세가 관심을 갖고 접근한다는 허구를 사실로 믿어서는 안 된다. 특히 이 장면을 자세히 분석해 보기 바란다.

이러한 상황에서 이 만남은 단순히 남녀가 이성 교제를 목적으로 소개받는 자리가 아니다. 처음 만남은 비즈니스를 목적으로 찾아갔다. 즉 일을 위해 직장에서 맡은 내 임무를 수행하러 취재원을 대해야 하는 막중한 의무감이 수반된 곳이다. 그러므로 현실적으로 이런 식의 의사소통은 잘못된 예절이며, 그 결과는 어떻겠는가?

휴 캘스러스의 저서 『초고속 승진자들의 9가지 습관』에 나타난 비즈니스 의사소통에 반드시 필요한 '말과 글'을 통해 사회생활(직장, 학교, 경영 등)을 하면서 갖춰야 할 적절한 의사소통 방식을 알아보도록 하자.

비즈니스 의사소통에 반드시 필요한 '말과 글'
- 비즈니스 의사소통에서 '해야 할' 것과 '하면 안 되는' 것 -

1. 적극적으로 듣되 침묵하지 마라.

"비즈니스 사이라고 특별한 비법이 있는 것은 아니다. 당신에게 말하고 있는 사람에게 귀 기울여라. 이보다 그 사람을 더 기쁘게 하는 행동이 없다."

2. 자신만의 논리를 가지되 말싸움으로 번지지 않도록 하라.

'언제 자신의 생각을 드러내지 말아야 하는지, 언제 입 다물어야 하는지'를 알아야 한다.

당신이 속한 조직이 평등하고 열린 조직이라고 생각하지 마라. 회사에 따라 다른 회사보다 상하관계가 덜 분명할 수 있겠지만, 어느 조직이나 상하관계는 나누어져 있다.

3. 사실에 입각하되 너무 자세히 설명하지 마라.

있는 그대로의 사실중심으로 말하고, 판단과 의견은 따로 요청받았을 때만 하라. 엘리베이터를 타고 올라가는 평균적인 시간 즉 30초 정도 안에 대답할 수 있을 내용을 준비하라.

4. 핵심을 찌르되 공격적으로 보이지는 마라.

5. 폭넓게 사귀되 입은 조심하라.

6. 비즈니스 의사소통에서 효과적으로 말하는 방법

- 자연스럽게 말하라.
- 자신감을 보여라.
- 용건부터 말하라.
- 직함을 정확하게 불러라.

7. 비즈니스 의사소통에서 프로답게 글 쓰는 법

- 구조를 명확하게 하라.

8. 문장을 작성할 때 2가지를 주의하라.

- '당신의 할 말을 어떻게 구성하느냐'라는 논리적 구성: 일관성을 유지
- '형식과 디스플레이를 어떻게 잡느냐'라는 시각적 구성: 교정을 본다.

– 휴 캘서러스(2007). 초고속 승진자들의 9가지 습관. 서울: 스마트비즈니스. –

초고속 승진 포인트9 - 사내 정치 -

1. 조직의 문화를 이해하라.
2. 조직이 평등하며 인사 고과가 공정할 것이라고 생각하지 마라.
3. 적을 만들지 마라.
4. 참든지 피하라.
5. 올바른 곳, 올바른 시기에 행동하라.
6. 다른 사람의 눈을 잊지 마라.
7. 칭찬을 바라지 말고 칭찬을 얻었다 하더라도 모든 것이 해결되리라 믿지 마라.
8. 이미지 인식에 신경을 써서 브랜드를 만들어라.
   - 자신감 있게 또렷이 말한다.
   - 기분 좋은 보디랭귀지
   - 경우에 맞는 복장

– 휴 캘서러스(2007). 초고속 승진자들의 9가지 습관. 서울: 스마트비즈니스. –

휴 캘서러스의 저서에서 언급한 것처럼 “당신이 속한 조직이 평등하고 열린 조직이라고 생각하지 마라.” 그리고 “조직이 평등하며 인사 고과가 공정할 것이라고 생각하지 마라”는 것처럼, 현실은 무조건 나에게 관대하고 내 편이 되어주지 않는다. 누군가 말하지 않았던가? 성실함은 당연히 갖춰야 할 조건이지 성공하기 위한 조건이 아니라고. 직장은 전쟁터라는 말이 있듯이, 내가 기분 나쁘고 내 비위에 맞지 않는다고 일을 맡은 곳에 가서 드라마 여주인공처럼 하고 싶은 말과 내 생각을 모두 다

표현하고 돌아올 수 있는 놀이터가 아니다.

또한 일을 하면서 만나는 모든 상사나 동료, 비즈니스 관계자들이 공정하고 인성이 좋은 사람일 수는 없는 것이다. 직장은 다양하게 교류하게 되고 일을 위해 목적을 이루어야 하는 곳이며 내 능력을 발휘해 상대방을 설득하고, 때로는 내 자신의 욕구도 참아가며 무한한 인내심으로 일해야 하는 곳이지, 내 개인적인 짜증이나 푸념이 통하는 곳이 아니다. 즉 직장 안에서 또는 일과 관련해 만나는 사람들은 나의 친구도, 연인도, 부모님도 아니다.

나의 무책임함과 무례함으로 인해 내 조직이 피해를 볼 수 있다는 사실을 신경써야 한다. 앞의 드라마 상황처럼 취재를 하러 간 여주인공이 무책임하게 돌아와 버리면 그 조직은 그 한 사람으로 인해 곤욕을 치르게 될 것이다. 또한 사실상 마지막에 충분히 사과했고, 처음 무관심하게 응대했을 뿐, 큰 잘못을 저지른 것도 아니라고 볼 수 있다. 그런데 자신의 비위에 맞지 않는다고 일로 취재하는 상대에게 “당신은 밥맛이군요” 라는 욕설은 현실적인 사회생활 속 소통에서는 비정상적인 행동이다.

이것은 직장인이 비즈니스를 위해 일을 하며 상대를 응대하는 모습으로는 예의 없고 무례한 소통 방식이지, 결코 매력적이고 자신감에 찬 여성의 모습이 아니다. 때로는 비굴하고 더러운 수모도 감당해 가며 충성하고 열심히 일해야 하는 곳이 직업 전선이다. 그 속에서 성공하고 살아남기 위해서는 무엇보다 스스로 만나게 되는 많은 사람들과 예절바르고 원만한 소통을 위해 분위기를 지혜롭게 주도할 수 있어야 한다.

다음은 소통에 관한 명언이다. 이 명언처럼 아름다운 대화법에 관해 자신의 입장에서 짧은 명언을 창작해 보도록 하자.

말이 짧을수록 분쟁도 적어진다.
항상 신중한 태도로 말하고, 경쟁관계에 있는 사람에게는 더욱 조심해서 말하라.
인생을 살다보면 한 마디 더 말할 시간은 있어도
그 한 마디를 취소할 시간은 쉽게 오지 않는다.
아무리 사소한 말도 가장 중요한 말을 하는 것처럼 하라.

– 발타자르 그라시안(2010). 살아갈 날들을 위한 지혜. 서울: 끌레마. –

발타자르 그라시안의 "살아갈 날들을 위한 지혜" 중 아름다운 소통에 관한 부분을 살펴보았다. 이 글을 바탕으로 내 자신이 생각하는 아름다운 대화법에 대해 생각해 보고, 대중에게 전하고 싶은 명언을 만들어 보자.

다음은 소통에 관한 성인들의 명언이다.
이 명언을 바탕으로 '말'의 중요성을 생각해 보도록 하자.

1. 말에 대해 묵상하라. – 우파니샤드 –
2. 인간은 입이 하나, 귀가 둘이 있다. 이는 말하기보다 듣기를 두 배 더하라는 뜻이다. – 탈무드 –
3. 남의 입에서 나오는 말보다 자기의 입에서 나오는 말을 잘 들어라. – 탈무드 –
4. 말이 있기에 사람은 짐승보다 낫다. 그러나 바르게 말하지 않으면 짐승이 그대보다 나을 것이다. – 사아디 –
5. 군자는 행동보다 말이 앞서는 것을 부끄러워한다. – 공자 –
6. 말이 쉬운 것은 결국은 그 말에 대한 책임을 생각하지 않아도 되기 때문이다. – 맹자 –
7. 한 마디의 말이 들어맞지 않으면 천 마디의 말을 더 해도 소용이 없다.
   그러기에 중심이 되는 한 마디를 삼가서 해야 한다.
   중심을 찌르지 못하는 말일진대 차라리 입 밖에 내지 않느니만 못하다. – 채근담 –
8. 내뱉는 말은 상대방의 가슴속에 수십 년 동안 화살처럼 꽂혀있다. – 롱펠로우 –
9. 아는 자는 말하지 않고, 말하는 자는 알지 못한다. – 노자 –
10. 개가 짖는다고 해서 용하다고 볼 수 없고, 사람이 떠든다고 해서 영리하다고 볼 수 없다. – 장자 –
11. 말도 행동이고 행동도 말의 일종이다. – 에머슨 –
12. 험담은 세 사람을 죽인다. 말하는 자, 험담의 대상자, 듣는 자. – 미드라시 –
13. 말이 입힌 상처는 칼이 입힌 상처보다 깊다. – 모로코 속담 –
14. 현대의 젊은이들은 대부분 시련과 고통에는 나약한 면모를 보이면서도 터프해 보이고 싶어서인지 다소 폭력적인 언어들을 사용하기를 좋아한다. – 이외수 –

④ 드라마 "사랑과 야망"을 통해 본 아름다운 마무리와 소통 예절

SBS에서 2006년에 방송된 드라마 "사랑과 야망" – 69회에 나타난 두 사람의 의사소통 부분이다. 남자 주인공이 결혼과 이혼 그리고 이혼 후 다른 상대와의 재혼과 전 부인과의 재결합 사이에서 갈등하다가 결국 다시 전 부인과 재결합하게 된다. 여기서 새롭게 만나 재혼하기로 했던 상대와 이별하는 장면이다. 이 장면을 통해 아름다운 소통 예절이 어떤 것인지 반성해 볼 수 있는 부분이다.

태준: 이런 결말 어느 정도 예상하고 있었어. 기다려주기 바라지만 기다릴 수 없는 마음 이해해. 기다리라고 해놓고 나 역시 헤매는 중이었어.
재은이한테 아무 죄책감 없다고 생각하지 말아줘.
재은이 편안하고 맑고 밝고 나한테 성심성의 다 했어.
결혼하기로 했던 거 나한테 필요했기 때문이야.
편한 아내. 휴식을 주는 가정. 사랑스러운 친구. 건전한 사고를 지닌 정확한 조언자.

재은: 충분해요. 장난쳤다 생각 안 해요. 장난친 거 아닌데 죄책감 왜 가져요.
그러지 마세요. 사실 기권을 결정한 건 바로 그날 밤 부인 사고 소식 듣고 부인에 대한 호칭을 집사람이라고 했던 순간이었어요. 자신한테 자신이 속는 일 많아요. 태준씨는 자신한테 속고 있었던 거고 난 곧 깨어야 할 꿈을 혼자 열심히 꾸고 있었던 거에요. 그게 다에요.

태준: 미안해. 나 같은 사람 다시는 만나지 마.

재은: 만날 리가 없죠. 지구상에 딱 한 사람 뿐인데요.

태준: 곧. 좋은 사람 만나기 바래.

재은: 좋은 소식 있으면 즉각 연락하죠. 내가 사랑했던 사람 마음 가뿐해지게요. 되도록 거기까지 빨리 정리해주고 싶어요. 사람마다 다 각각 다른 허영심을 갖고 있어요. 지금 꼭 듣고 싶은 말이 있는데. 해줄래요?
기억 속에서 영원히 쫓아내지는 않겠다구요.

태준: 죽는 날까지 꽤 여러 차례 재은이 아쉬워할 거야. 꽤 여러 차례.
우리 이 어긋남 반추하며 늙어 갈 거구. 그리고 약속 지키지 못한 거 죽으면서도 빚으로 갖고 갈 거야.

재은: 고마워요. 비가 오길 바랐는데. 비가 오면 더 그럴듯하지 않겠어요.

태준: 미안해.

이 장면은 두 사람이 이별하며 마지막으로 만나 대화를 나누는 장면이다. 어쩌면 세상에서 가장 아름답고 품위 있는 고급스러운 이별 장면이라 할 수 있다. 우리는 때로 이미 끝난 결말로 인해 서로에게 상처주고, 원망하며 지저분하게 마무리하는 일을 당연하게 생각할 때가 있다. 특히 연인과의 이별이나 부모님 사후 재산 상속에 관한 일로 다툴 때는 이 세상에 있는 각종 더러운 폭언을 쏟아부어 소통 자체가 불가능한 상황이라는 기사를 종종 접하곤 한다. 또 이러한 행위가 지나쳐 복수라는 이름으로 잔혹한 폭력이 오고가다 끔찍한 살인까지 저지르게 되는 사례를 보고 있자면 안타까울 따름이다.

위 드라마 장면처럼 서로가 서로를 배려하고 존중하며, 부드러운 소통으로 마지막 인사를 마무리한다면 사실상 더 큰 가치를 얻게 된다. 이미 저지른 일을 내 자신이 아름답게 마무리하지 못한다면 결국 내 인격의 가벼움만 드러낼 뿐이다.

친구 또는 이성 간에 소통 예절에서 서로 피해야 할 소통은 무엇인가?
이성과 교제할 때 또는 헤어질 때의 소통 중 불쾌했던 경험을 적어보시오.

사랑과 이별에 관한 조언이 담긴 글1

끝난 사랑에 관한 조언

추억은 손잡이가 아니다. 붙잡지 말 것.
미련은 낙서가 아니다. 남기지 말 것.
그녀는 분실물이 아니다. 다시 찾지 말 것.

이미 돌이킬 수 없는 것임을 알고 있다면.
머리는 조금씩 잦아드는 가슴을
조용히 바라보고 있을 것.

진행 중인 사랑에서 당신은 주인공이지만
끝난 사랑에서 당신은 관객이 되어야 합니다.

– 김은주(2013). 1cm+. 서울: 허밍버드. –

사랑한다는 것으로

사랑한다는 것으로
새의 날개를 꺾어
너의 곁에 두려 하지 말고
가슴에 작은 보금자리를 만들어
종일 지친 날개를
쉬고 다시 날아갈
힘을 줄 수 있어야 하리라.

– 서정윤(2007). 홀로서기. 서울: 한국문학도서관. –

사랑과 이별에 관한 조언이 담긴 글2

"How to Love"

질투로 사랑을 확인하지 말라.
밀고 당기기로 사랑을 확인하지 말라.
그 사람의 부재로,
괜한 말다툼으로,
다른 사람의 입을 통하여,
사랑을 확인하지 말라.
다만
사랑으로 사랑을 확인하라.

어리석은 늑대는 동화 속에만 있지 않다.

그녀로 하여금
지나가는 여자를 질투하게 하지 말라.
홈쇼핑 란제리 모델이나
이름난 아는 직장 동료 혹은 친한 학교 후배가
그녀의 질투 대상이 되게 하지 말라.

질투의 효과는 순간적인 사랑이며
질투의 부작용 또한 순간적인 사랑이다.

– 김은주(2013). 1cm+. 서울: 허밍버드. –

경청 능력 테스트

각 문항을 읽고 자신에게 가장 적합하다고 생각되는 번호에 표시하시오.

1. 전혀 아니다 2. 아니다 3. 보통이다 4. 그렇다 5. 확실히 그렇다

번호	문항	점수
1	메시지를 더 효과적으로 전달하기 위해 사용하는 말, 목소리, 어조, 비언어적 요소를 항상 조절한다.	1 2 3 4 5
2	남에게 소개받을 때 주의를 기울여서 상대의 이름과 신상 등을 기억하려고 한다.	1 2 3 4 5
3	사람들의 말을 주의 깊게 듣고, 상대의 견해를 이해하고자 노력한다.	1 2 3 4 5
4	사람들의 말을 중간에서 끊지 않고 끝까지 차분하게 들을 수 있다.	1 2 3 4 5
5	내용을 이해하지 못하면 그 사실을 인정한다.	1 2 3 4 5
6	동료, 친구, 가족 등은 나와의 대화를 즐거워한다.	1 2 3 4 5
7	다른 사람들이 말하는 내용을 판단하지 않으며, 그들이 대화를 끝낼 때까지 결론을 내리지 않는다.	1 2 3 4 5
8	다양한 의견, 특히 나와 다른 의견을 열린 마음으로 듣는다.	1 2 3 4 5
9	대화가 끝나고 1시간 후에도 내용을 정확하게 기억할 수 있다.	1 2 3 4 5
10	모든 중요한 대화를 메모한다.	1 2 3 4 5
11	산만해지지 않고 집중하여 들을 수 있다.	1 2 3 4 5
12	상대방의 말, 제스처, 표정 등에 주의를 기울여 듣는다.	1 2 3 4 5
13	상대방이 말을 끝낼 때까지 참을성 있게 듣고 나서 내 생각을 말하거나 대답한다.	1 2 3 4 5
14	일치하는 부분을 찾으려 하고, 그렇지 않은 부분은 중요하게 생각하지 않는다.	1 2 3 4 5
15	사람들의 말에 잘 맞장구치고, 상대가 말하기 쉬운 분위기를 만들 수 있다.	1 2 3 4 5

총점: (   ) – 70점 이상은 우수, 40점 이하는 노력 필요

쉬어가기

부드럽게 세상과 친해지는 힘

1. 수다쟁이는 당신에게 다른 사람 얘기를 하고, 따분한 사람은 당신에게 자기 얘기를 한다. 그리고 말을 잘하는 사람은 당신에게 당신 얘기를 한다.
2. 말은 무사가 칼을 다루듯, 군인이 총을 다루듯 해야 한다.
3. 말이 많으면 쓸 말이 적다. 말이 많은 사람은 어디 가도 환영받지 못한다.
4. 위대한 사람이 되고 싶다면 아주 쉽게, 그리고 명확하고 간결한 단어로 말하라. 말은 항상 짧아야 한다.
5. 말을 독점하면 적이 많아지고 말은 아끼면 아낄수록 기쁨은 더욱 커진다.
6. 현인처럼 생각하고 범인처럼 말하라. 쉬운 것을 어렵게 말하는 것은 교만이며, 어려운 것을 쉽게 말하는 것은 겸손이다. 말은 알아듣기 쉽게 해야 한다.
7. 말이란 내가 무슨 이야기를 했느냐가 중요한 것이 아니라 상대방이 무슨 이야기를 들었느냐가 더욱 중요하다.
8. 대화도 축구와 마찬가지로 말이 오고 가야 한다. 말이 부드럽게 오가기 위해서는 상대방의 이야기에 맞장구치면서 이야기하는 것이 중요하다.
9. 남을 즐겁게 해주는 사람이 성공하는 법이다. 상대가 자랑스럽게 생각해 주는 일은 칭찬해 주고, 수치스럽게 생각하는 일은 덮어 주어라. 늘 입을 무겁게 하고, 상대방이 마음껏 이야기하고 자기 자랑을 많이 하게 배려해야 한다.
10. 상대를 평생 내 사람으로 만들지 또는 적으로 만들지는 오로지 당신의 세치 혀와 양쪽 귀에 달려 있다는 사실을 명심하라.
11. 말솜씨보다 진실이 더 중요하다. 독버섯은 화려한 빛깔로 사람을 유혹하지만 몸에 좋은 송이는 눈에 잘 띄지 않는다.
12. 남을 감동시키기 위해서 필요한 것은 막힘없는 말솜씨가 아니라 마음에서 우러나오는 진심이다.
13. 대화의 주인공은 자신이 아니라 상대방이다. 그러므로 화젯거리도 상대방에 맞추는 것이 좋다.
14. 미래의 비전이 없을수록 과거의 이야기가 많다. 목표가 뚜렷한 사람은 남의 이야기와 과거의 이야기를 잘 하지 않는다.
15. 말을 잘하는 것보다 잘 말하는 것이 중요하다.
16. 대화를 하는 데는 타이밍이 중요하다.
17. 낚시를 잘하는 사람은 물고기의 입장에서 물고기처럼 생각하듯이, 대화를 잘하

는 사람은 늘 상대방이 무엇을 원하는지 생각하고 상대방의 입장과 수준에서 얘기를 한다.

18. 일단 판단을 내리지 말고 듣기만 하라. 그러면 당신과 함께 있는 사람은 자신의 견해에 대해 당신이 보이는 존경심과 기꺼이 들으려는 당신의 의지를 감지할 것이다. 상대방이 자기가 하던 말을 스스로 끝나게 내버려 두어라.
19. 진짜 잘 싸우는 병사는 싸우는 것보다 기다리는 것을 잘한다.
20. 누구나 자신의 이야기를 귀담아 듣는 사람을 좋아한다.

– 김달국(2005). (나를 다스리고 세상과 친해지는) 유쾌한 인간관계. 서울: 새로운 제안. –

4) 성공적인 의사소통을 위한 요소

정신없이 발전과 변화를 거듭해 가는 현대사회의 숨찬 모습을 반영하듯, 요즘 사람들은 유머감각이 사라져가고 있다. 늘 긴장된 모습과 차갑고 지친 표정으로 대화에 임할 때가 많다. 그저 웃으며 부드럽게 넘길 수 있는 문제도 종종 지나친 감정싸움으로 번지는 경우가 발생한다. 너무 정해진 규칙 속에 갇혀 그 틀 안에 자신을 가두고 엄격한 틀 안에 집착하다 보면 새로운 문제를 창작하고 발전시킬 여유가 없어진다. 누군가와 첫 만남에서부터 지속적인 관계를 이어오기 위해 원만한 대화법은 무척 중요한 요소이며, 대화에서 유머와 위트를 함께 생활화하는 것도 필요하다. 사람들과의 만남에서 어색한 분위기일 때, 그저 무겁고 경직된 분위기의 비즈니스에서 사람들의 시선을 끌고 만족을 남기는 부드러운 대화는 그 효과를 강하게 드러낸다.

(1) 유머와 위트를 준비하자

유머와 위트는 무미건조하고 각박한 세태에 비타민과 같은 존재이다. 공식적인 석상에서 토론이 가끔 싸움처럼 번져갈 때, 타협이 원만하게 진행되지 않을 때, 분위기에 적합하게 던진 한 마디 유머가 밝고 경쾌한 분위기로 전환시켜 사람들의 긴장감을 녹여주곤 한다. 그렇지만 그 분위기에 맞지 않은 불필요한 유머와 쓸데없는 농담으로 불쾌한 상황을 연출하고, 이러한 사건을 시작으로 오히려 어려운 인간관계가 되지 않도록 조심해야 한다.

(2) 당장의 이익보다 지속적인 만남이 되도록 하자

"소인은 장사를 통해 이문을 남기지만 대인은 거래를 통해 사람을 남긴다"는 조선시대 유명한 거상 임상옥의 명언이 있다. 진정한 장사꾼은 돈이 아닌 사람을 남긴다는 뜻으로, 결국 모든 상업이란 이익을 추구하는 것이 아니라 의를 추구한다는 가르침이 담긴 뜻이다. 역사는 늘 반복되고 그 역사 속에 배울 것이 많다고 한다. 많은 부를 추구하고 높은 지위에 올라도 사람을 잃는 행동에는 그 어떠한 명분도 있을 수 없다고 한다. 그것은 자신의 삶에 가식적인 포장을 더했을 뿐이다.

조금 더 부드러운 말투, 너그러운 관용의 자세, 격려가 담긴 위로와 용기 있는 칭찬을 상대에게 해 주는 행위 등이 모두 내가 먼저 베푸는 자세이다. 당장의 이익이 되지 않는 사람이라고 함부로 대했다가 그 일이 훗날 어떤 결과로 돌아올지는 알 수 없는 일이다. 서로 인간적 유대관계가 깊어지도록 예의바르고 성실한 자세로 상대를 대하고 지속적인 관계를 형성하도록 노력해야 한다.

(3) 아집과 독단을 버려야 한다

무조건 자기중심적인 성향이 강해 남의 생각이나 의견을 무시하고 존중할 줄 모르는 아집과 독단에 가득한 사람은 그 집단에서 고립당하기 쉽다. 그들은 주로 남의 의견을 무시하고 자신의 의견을 강요하는 경향이 짙다. 또 이미 지난 일들을 반복해서 재생하며 상대방에게 보복하려는 심리가 강하다. 올바른 인간관계를 만들기 위해서는 다 함께 협력하고 존중하며 상황에 적합하게 문제를 해결해가는 자세를 지녀야 한다. 자기 자신의 독단으로 모든 문제를 해결할 수 있다는 자만심은 버려야 한다.

자기주장만을 강요하다가는 내 주변 사람들 모두 떠나게 하는 결과를 초래한다. 결국 시간이 지날수록 내 자신을 외롭게 만드는 행위이다. 아집과 독단으로 인해 고독한 인간이 되어가고, 원만한 인간관계를 형성하지 못해 스스로 고립을 자초하는 일만 남게 된다.

(4) 약속과 신용은 철저하게 지켜야 한다

인간관계의 기본 철칙은 신용을 유지해야 한다는 것이다. 시간 약속을 비롯해 금전적인 거래와 사소한 일에 대한 당부 등 모두 나의 신용과 직결되는 문제이다. 우연히 빌리게 된 단돈 천 원, 지나가다 무심하게 던진 약속 등도 상대방은 모두 기억하고 있다. 사람들과 지속적인 만남을 유지하고 싶다면 마음속에서 신뢰를 쌓을 수 있도록 약속을 가볍게 하거나 쉽게 규율을 어기는 행동은 자제해야 한다.

또한 '연극성 장애'나 '공상허언증'에 사로잡혀 거짓말을 지속적으로 하고, 자신이 반드시 주인공이 되어야 한다는 생각으로 자만심에 가득한 행동을 한다면 사람들은 내 주변을 벗어나고 싶어 할 것이다. "신용을 잃으면 모든 것을 잃는다"는 명언처럼, 이솝 우화에 등장하는 양치기 소년의 이야기를 잘 기억하기 바란다.

(5) 나만의 매력을 발휘해라

이 세상에는 수많은 사람들이 존재한다. 머리카락처럼 연결된 많은 사람들이 제각기 다른 얼굴과 목소리, 성격을 지니고 살아가고 있다. 예를 들어 대중매체를 장식하는 연예인이나 정치인, 기타 유명한 인물들을 살펴보자. 그들이 꼭 호화로운 옷과 화려한 장신구, 높은 학력으로 주변을 사로잡고 인기를 끌지만은 않는다. 특별히 얼굴이 잘 나지도 않고 연기를 잘 하지도 않는데 인기를 얻는 배우가 있고, 우수한 재능이 느껴지지도 않는데 오랜 세월 그 자리를 유지하고 있는 사람들도 존재한다. 이유는 어디에 있는 것일까? 바로 자신만이 갖춘 매력에 있다는 사실을 발견할 수 있을 것이다.

주변의 친구들을 예를 들어 보자. 외모도 괜찮고 만나면 사람들에게 금전적으로 잘 베풀지만, 돌아서면 그 사람을 흉보고 싫어하고 이용하려는 사람들만 모여 있는 경우가 있다. 왜 그런 것일까? 주변 사람들이 도와주고 싶고 만나고 싶고 함께 공유하고 싶은 매력을 지니지 못해서이다. 즉 인간적인 매력을 지녀야 한다. 밝고 긍정적인 사고, 상대를 움직이는 소통 능력, 단정한 차림 등 모두 남들이 도전할 수 없는 자신의 매력에서 발견되는 일이다.

내가 생각하는 매력적인 인물을 한 사람 찾아보시오.
그 사람의 매력을 분석해 보고 그 사람과의 소통에서 배울 점을 적어보시오.

내가 생각하는 나의 소통 매력을 찾아보시오.
내가 상대방에게 보여줄 수 있는 소통의 예절, 자세 등 내 매력을 적어보시오.

5) 위대한 리더의 의사소통 비밀 10가지

위대한 리더는 대중 앞에서 우뚝 선다. 그들은 정직하고, 진실한 모습을 보여주며, 소통의 중요성을 강조한다. 이러한 것들은 위대한 리더가 되기 위한 첫 번째 단계이다.

첫째, 리더 자신의 청중이 누구인지 제대로 알고 있다. 위대한 리더는 청중을 향해 자신의 전문성, 자신의 중요성을 알리는 것보다 청중이 진정으로 듣고 싶어하는 것이 무엇인지 생각하고, 그들이 듣고 싶어하는 메시지를 어떻게 전달할 것인지 고민한다. 실제 청중이 듣기에 좋지 않은 소식이더라도 중요한 소식이라면 기꺼이 사람들에게 알려주려고 한다.

둘째, 위대한 리더는 신체언어에 능숙하다. 소통을 잘하는 리더는 자신의 메시지에 사람들이 반응하는 것을 끊임없이 관리하면서 얼굴 표현, 신체 언어를 적절하게 사용하면서 자신이 말하고자 하는 내용의 암시를 제시한다.

셋째, 위대한 리더는 정직하다. 소통을 잘하는 리더는 내용을 전달할 때 더욱 효과적인 소통이 된다는 것을 알고 있다. 그래서 사실을 벗어난 잘못된 단어를 사용하지 않으려고 한다. 좋은 환경이든 아니든, 정직한 자세는 신뢰를 구축한다.

넷째, 위대한 리더는 진정성이 있다. 위대한 리더는 연단 밖에 나와 있는 다른 사람처럼 되려고 하지 않는다. 리더가 리더 자신의 모습 그대로 머물러 있으려고 한다면, 사람들은 리더의 메시지에 자동으로 끌려서 이동할 것이다.

다섯째, 위대한 리더는 자신의 권위를 갖고 말한다. 위대한 리더는 자신이 말하고자 할 때 자신의 주변 환경을 애매모호하게, 대략적으로 포장하여 말하지 않는다. 대신 자신의 위치에서 똑바로 서서 목을 세우고 자신이 말하고자 하는 내용과 청중들이 어떻게 행동하면 좋을지 분명하게 말한다.

여섯째, 위대한 리더는 집단을 향해 말을 할 때에도 개인이 듣는 것처럼 한다. 위대한 리더와 개인적으로 직접 말을 할 수 있다면 큰 행운이다. 위대한 리더와 만날 수 있는 기회는 커다란 집회, 컨퍼런스나 오디토리움 장소 등일 것이다. 위대한 리더는 거대한 집단을 대상으로 말하지만, 그 장소에서 듣는 개개인들은 리더가 말하는 내용이 자신에게 하는 말로 느끼게 할 수 있다.

일곱째, 위대한 리더는 두 귀를 지녔고, 둘 다 사용한다. 위대한 리더의 의사소통은 양방향 통행길과 같고, 자신이 말하는 것보다 경청하는 것이 더 중요하다는 것을 안다. 어떤 사람이 말을 할 때 위대한 리더는 선입견을 갖지 않고, 무엇을 말할지 미리 계산하지 않는다. 대신 능동적으로 상대방의 말을 듣고, 상대방의 견해를 이해하고자 하는 데 집중한다.

여덟째, 위대한 리더는 '내 잘못이야', '미안해'라는 말을 사용한다. 위대한 리더는 실수를 저질렀을 때 즉시 인정하여 다른 사람들이 리더가 머뭇거리는 것을 지적하지 않도록 한다. 위대한 리더는 자신의 말과 행동에 대한 신뢰감을 심어주려 노력한다.

아홉째, 위대한 리더는 피드백을 요구한다. 위대한 리더는 의사소통을 할 때, 상대방이 자신의 의도된 말을 그대로 알아들었다고 가정하지 않는다. 그들은 자신의 메시지를 상대방이 정확히 이해하였는지 검증하고자 한다. 만약 청중들이 제대로 이해를 못했다면 청중들을 질책하기보다는 자기 자신의 말하는 방식을 바꾸고 다시 시도한다.

열째, 위대한 리더는 적극적이다. 소통을 잘하는 리더는 명확하고, 간결한 목적과 목표를 사람들에게 제시하여 잘못된 방향으로 향하게 만드는 소모적인 의사소통을 하지 않도록 한다.

출처: http://www.entrepreneur.com/article/248742

앞에 제시한 위대한 리더의 10가지 의사소통을 통해 내가 생각하는 리더의 바람직한 소통 방법을 적어보시오.

생각과 표현의 힘 - 소통의 올바른 역할 -

혀를 조심하라.

어느 날 랍비는 하인에게 "아무리 비싸더라도 가장 맛있는 것"으로 사오라고 시켰다.

하인은 무엇을 살까 고민하다가 혀를 사 가지고 돌아왔다.

"오, 그래, 네가 사 온 것이 혀란 말이냐? 그래, 수고했다."

이틀 뒤 랍비는 "오늘은 맛이 없더라도 값싼 것"을 사오라고 하인에게 심부름을 시켰는데, 하인은 역시나 혀를 사 가지고 왔다.

랍비는 "비싸더라도 가장 맛있는 것으로 사오라고 했을 때도, 맛이 없더라도 값싼 것을 사오라고 했을 때도 혀를 사 가지고 온 이유가 궁금하구나!" 하고 물었는데, 하인은 "혀가 좋을 때는 한 없이 좋지만, 나쁠 때는 그보다 더 나쁜 것은 어디에도 없다는 생각에 혀를 사왔습니다"라고 말했다.

– 탈무드 중에서 –

- 상대방의 '혀'로 인해 나를 화나게 만들었던 소통:

- 내 '혀'로 인해 남을 화나게 만들었던 소통:

- 내가 화날 때 하는 나쁜 습관이나 행동:

언어와 의사소통 - 대화의 올바른 역할 -

내 생각에 대화는

가장 유익하고 자연스러운 정신의 유희이다.
일상의 그 어떤 행위보다도 감미롭다.
만약 어느 하나를 택해야 한다면
나는 시력보다는 청력과 목소리를 택할 것이다.
독서는 졸립고 나른하여 힘이 나지 않는다.

– 미셸 드 몽테뉴 –

- 위의 글처럼 내가 생각하는 대화란 무엇인지 짧은 글을 완성해 보시오.

- 좋은 친구는 대화를 하면서 어떤 방법으로 대화를 하는가(목소리 톤, 표정, 자세 등)?

- 비밀을 말할 수 있는 친구의 대화 능력은 무엇이라 생각하는가?

쉬어가기

귀는 자랑을 싫어한다.

입은
자랑을 좋아하고 귀는 자랑을 싫어한다.
먼 사이보다 가까운 사이에서
왠지 허전하고 쓸쓸할 때
자랑하는 내 기쁨은 듣는 이의 설움이
되고 높은 담 벽을 쌓는 일이다.

귀는
상대보다 자기중심의 소리를 듣고파 한다.
내 귀는 나이보다 철없어
듣고 넘겨도 되는
사소한 말에도 성내고 거친 말과
무력감에 젖기도 한다.

내 귀는 솔잎 스치는 소리
시냇물 흐르는 소리를 그리워하고 물이
모여서 하나 되듯
사람이 모여서 하나 되는
사랑의 소리를 그리워한다.

– 차영섭(2007). 하늘을 닮은 사람. 서울: 아트컴앤기획. –

Chapter 04

대인관계 능력

1) 대인관계의 중요성

사전적 의미로 대인관계란 사람을 대하고 사귀는 일을 말한다. 조금 더 넓은 의미로 자신과 다른 사람과의 관계를 말한다. 또 유사한 의미로 사전적 의미의 인간관계(人間關係)란 둘 이상의 사람이 빚어내는 개인적이고 정서적인 관계를 가리킨다. 사람은 태어나는 순간 처음에는 가족이라는 집단에서, 성장하면서 학교라는 집단으로, 나아가 조직과 사회에서 끊임없이 관계를 형성하며 살아가야 한다. 단순히 물건처럼 싫증나면 버릴 수 있는 것도 아니고, 원하든 원하지 않든 누군가와 만나 인연을 맺으며 관계를 형성하게 된다. 평생 동안 인품이 아름답고 선한 사람들과 관계를 맺을 수 있고, 원하는 일을 원하는 만큼 성취할 수 있다면 행복하겠지만, 반드시 대인관계가 편안한 방향으로만 흘러가지는 않는다.

원만한 대인관계를 형성하면 자신의 인격이 발달하고 정서적으로 안정감을 주지만, 반대의 경우 불쾌하고 대립적인 관계로 인해 정신적인 스트레스와 극단적인 경우 대인기피증과 자살 등 치명적인 일을 목격하기도 한다. 이처럼 대인관계는 피할 수 없는 필수적인 요소이며 중요한 삶의 영역이다. 그러므로 우리가 상처받지 않고 스스로 편안하면서 상대에게 반감을 주지 않는 대인관계를 만들기 위해서는 자신의 인성을 가다듬고 실천하는 훈련이 필요한 것이다.

(1) 원만한 대인관계 방법

① 좋은 첫인상을 남기고 마지막 관리를 잘하자

이민규의 『끌리는 사람은 1%가 다르다』에서 "첫인상은 웬만해선 바뀌지 않는다고 했다. 나쁜 첫인상을 남겼으면 그 인상을 바꾸기 위해서는 훨씬 많은 노력이 필요하다"고 했다. 이렇듯 첫인상은 그 사람의 생김새나 표정, 말투, 배경 등 외양에 의해서 주로 결정된다.

대인관계의 첫출발은 이렇게 첫만남에서 시작되는 것처럼, 누군가 대면해야 하는 공식적인 석상에서 자신의 모든 것을 결정할 수 있다는 사실을 명심해야 한다. 특히 서비스업에 종사하는 사람들, 영업직 직원, 정치인들이 모두 첫인상에 몰두하는 이유가 여기에 있는 것이다. 처음 인상이 좋지 않은 사람이 판매하는 물건을 사고 싶은 사람, 불친절한 첫인상을 남긴 사람의 안내를 받고 싶은 사람은 어디에도 없고, 인상이 험악하고 이미지가 나쁜 정치인을 뽑아주고 싶은 사람은 없기 때문이다.

"좋은 첫인상은 두 번 다시 만들어지지 않는다"란 속담이 있다. 우리는 누군가에게 언제나 첫인상을 남기고 있다. 그 인상을 어떻게 평가하는가는 상대방의 몫이다. 일단 첫인상이 좋으면 그 사람과 관계를 유지하고 싶어진다.

하지만 대인관계에서 처음 만남 못지않게 마지막 마무리 또한 훌륭하게 매듭지어야 한다. 중국 속담에 "날씨와 여자의 인생은 예측할 수 없다"는 말이 있다. 또 오비디우스는 "사람은 무덤에 들어가기 전까지는 결코 행복하다고 말할 수 없다"고 했고, 두보의 시 「증소은시(贈蘇隱詩)」에도 "관뚜껑을 덮어야 일이 끝난다"는 말이 나온다. 즉 마지막에 비로소 그 사람의 일생의 업적, 행복과 불행이 결정된다는 것이며, 좋은 시절에 거만하게 인생을 예측하지 말라는 의미인 것 같다.

첫인상에서 풍기는 이미지와 다르게 시간이 지날수록 그 사람의 인성, 일의 성과, 역량에 따라 좋은 이미지를 지속하는 사람도 있다. 모든 결과가 끝나고 마지막에 헤어질 때 그 사람의 진정한 그릇을 알 수 있다고 했다. 마지막 마무리 또한 좋아야 진정한 대인관계를 매듭짓는 것이다.

"이제 저 사람과 다시는 볼 일이 없다"거나 "이제 저 사람은 곧 떠날 거야" 등의 눈에 보이는 단순한 판단으로 마지막 관계를 소홀히 했다가 훗날 큰 손해를 보게 될 수도 있다. 젊은 시절 그저 평범했던 사람이 유명한 정치인이 되는 경우도 보았고, 평생 무명 연예인으로 끝날 것 같았던 사람이 주인공이 될 수도 있다는 사실을 이미 접하지 않았던가?

② 각인되는 이미지를 남기기 위해 노력하자

상대방과 첫만남에서 대화를 나누기도 전에 잠시 스친 이미지로 그 사람을 판단하는 경향이 있다. 첫만남에서 사람들에게 어떤 모습으로 각인되는가는 무의식중에 이루어진 행위로 판단될 수 있다. 목소리, 억양, 눈빛, 인사하는 태도 등 모두 훗날 대인관계 형성에 적지 않은 영향을 미친다. 상대방과 대면하는 처음 짧은 시간 동안 상대방에게 호감을 끌기 위해 잠시도 긴장을 늦추어서는 안 된다.

사람은 본능적으로 처음 누군가를 대하면 상대방에게 시선이 주목되면서 그 사람을 분석하고 판단하려고 한다. 처음 이미지는 이 순간에 형성된다. 흔히 말해 비언어적 대화요소가 직접 표현하는 언어를 대신해 많은 것을 전달해 준다. 얼굴표정, 미소, 옷차림 등을 살펴보는 것만으로도 당신의 이미지는 90%가 상대방 두뇌에 인식된다고 한다.

상대와 대면할 때, 상대방을 보는 시선, 성실한 경청, 심사숙고하는 자세 등을 적절하게 주의하자. 또 상대방 귀에 전해지는 내 목소리에도 신경을 써야 한다. "인간의 눈은 새로운 것을 추구하지만, 귀는 늘 익숙한 것에 반응한다"는 말이 있다. 사람들은 귀에 전해지는 목소리에 각기 다른 소리의 높낮이와 억양, 교양이 느껴지곤 한다. 즉 다양한 특색이 목소리에 담겨 있다. 또 대화하며 사용하는 단어와 주제에 따라 그 사람의 언변이 드러난다. 이 순간 상대에게 불쾌한 이미지를 남기거나 불편한 사람이라는 인식을 남긴다면 훗날 열심히 노력해도 고정된 이미지를 벗어나기 힘들 것이다.

③ 조화로운 대화는 대인관계의 시작과 끝이다

화술은 말할 당시의 청취자, 장면, 화제 등이 비언어적인 요소와 균형을 이루어 조화롭게 이루어져야 그 관계를 원만하게 이끌어 나갈 수 있다. 만나는 대상과 그 장소에 따라 무엇을 말할 것인지 늘 분위기에 맞는 준비를 해야 한다. 대화는 명확하고 분명하되, 상대의 입장과 기분을 배려해서 이끌어야 그 관계가 형성된다. 또 자신의 이야기만 장황하게 늘어놓아 상대방에게 지루하거나 피하고 싶은 인상을 남겨서도 안 된다. 무엇보다 조화로운 대화는 사용하는 언어와 그 방법이 균형을 이루어야 하고, 듣는 대상에게 즐거움을 주기 위해 상대가 원하는 주제로 시작해야 한다.

또한 조화로운 대화의 위력으로 상대방의 마음을 읽어낼 수 있어야 한다. 남의 말을 성실하게 경청하는 일은 좋은 첫인상을 만드는 종착역이다. 상대의 말을 편하게 경청해줌으로써 대화가 시작되고 지속적으로 대화가 이루어진다. 대화에는 한 사람이 아닌 두 사람 이상의 인간이 있어야 한다는 사실을 명심해야 한다. 혼자서 계속 이야기하는 것은 독백이고 연설일 뿐이다. 상대방이 나와 대화에서 말을 들어주지도 않고, 면박을 주고, 훈계만을 늘어놓는다면 그 사람과 대화를 할 수도, 거래를 할 수도, 일을 맡기고 싶지도 않아진다.

④ 대인관계 발전을 위한 효과적인 대화방법

사람들은 주로 자신의 이야기를 하고, 남의 이야기를 들어주는 것에 인색하다. 그러므로 상대방과 대화할 때 간략하게 핵심을 정리해서 말하는 것이 좋은 방법이다. 그런 후에 상대방은 내 자신보다 더 길게 말할 수 있도록 자연스러운 분위기를 유도해 주어야 한다. 또 상대방이 말을 끝내면 그 말에 대한 적절한 반응을 보이며 호응해주고 좋은 표정으로 공감해 주어야 한다.

상대방의 이름이나 지위, 특징을 잘 기억하는 것이 중요하다. 예를 들어, 현재 직책, 좋아하는 일, 좋아하는 장소 등을 미리 알고 일을 진행하면 좋다. 하지만 그러한 배려가 지나쳐 구속이나 감시로 느껴지지 않도록 주의해야 한다.

상대와 대면했을 때, 정확하고 부드러운 발음으로 이름을 부르고 인사하고 안부를 묻는다. 그 상황과 장소에 맞는 자연스런 대화가 이어지도록 유도한다. 대화를 하면서 남을 비난하거나 지금 상황에 대한 비판과 자기 불만과 투정을 하지 않도록 유의해야 한다. 상대방은 부정적이고 우울한 상대의 고민을 계속 들어주기에 지치고 그런 분위기를 벗어나고 싶어하기 때문이다.

상대방을 비롯한 주변 사람들의 장점을 칭찬하고 배려하는 자세를 보여주자. 모임이나 공적인 일, 사적인 만남 등에서 자신이 가고 싶은 곳, 먹고 싶은 것, 하고 싶은 이야기만 늘어놓고, 주변 시선을 의식하지 않고 예의 없는 대화로 불쾌감을 조성해서는 안 된다. 또 그 분위기에 맞게 자리를 벗어나야 할 시간과 지속적으로 함께 해야 할 상황을 제대로 판단하고 고려하는 것도 자신의 이미지 발전을 위해 중요한 일이다.

(2) 대인관계를 발전시키기 위한 방안

상대방과 원만한 대인관계를 위한 방법을 살펴보았다. 우리는 상대방과 관계를 맺게 되는 가정, 학교, 조직, 직장생활에서 자신의 감정을 적절하게 조절하고 그 상황에 필요한 대처 능력을 길러야 한다. 더 나아가 효과적이고 올바른 대인관계 능력을 향상시키기 위해 다음과 같은 자세로 실천하면 좋은 성과를 거둘 수 있을 것이다.

① 상대방에게 진심이 담긴 관심으로 시작하자

좋은 인간관계를 통해 원만한 대인관계를 맺기 위해서는 진심이 가득한 관심을 기울이며 상대에게 다가가야 한다. 가식과 위선, 허위적인 언행과 태도는 시간이 지나면 자연스레 알게 된다. 진실하고 솔직한 마음으로 상대를 대하고 기본적인 일에 관심을 기울여야 한다. 우선 상대방의 이름을 명확히 기억하고 친절함과 공손함으로 먼저 인사하자. 늘 밝고 온화한 얼굴로 상대에게 미소로 답하는 것도 잊지 말아야 한다.

② 상대방의 입장에서 이해하자

내 자신의 상황과 내 자신이 좋아하는 것만 고집하고 내 의견만 옳다고 대응하는 자세는 바람직하지 않다. 혼자 살아가는 세상이 아닌 만큼, 상대방의 입장을 존중하고 그 상황에 알맞게 양보하고 배려할 줄 알아야 한다. 상대방이 좋아하는 장소, 상대방이 편하게 생각하는 시간, 상대방이 처한 환경 등을 고려해 약속을 정해 만나고, 일을 진행하고, 상대방 취향에 맞는 음식, 옷차림, 분위기 등을 파악해 대응하도록 하자.

③ 시간관념을 정확하게 인식하자

상대방과 정한 사소한 약속도 그냥 지나치거나 무시해서는 안 된다. 조직생활을 하면서 철저하게 시간을 지키고 성실하게 그 시간에 임해야 한다. 대인관계에서 무엇보다 정확한 시간관념 관리, 주어진 일을 성실하게 마무리 하는 자세는 처음부터 부여된 기본적인 조건이지, 성공하는데 충분조건은 아니다. 단둘이 정한 약속도 못 지키는 사람을 신뢰할 수 없는데, 큰 조직을 이끌고 대단한 사업을 하겠다고 마음먹은 사람의 어깨에 얼마나 많은 사람의 인생이 담겨 있겠는가? 리더가 약속을 지키지 못한다면 그 손해는 자신과 조직, 나아가 국가에 막대한 지장을 초래하게 된다.

④ 약속한 일을 반드시 실천하자

대인관계에서 일을 진행하면서 가장 신뢰할 수 없는 사람이 입으로만 일을 진행하는 사람이다. 입으로는 자신의 능력을 과대평가하고 필요 없는 자랑으로 상대방에게 기대치를 높여 놓고 실천하지 않는 사람이 가장 신용이 떨어지는 사람이다. 즉 언행이 일치하지 않는 사람은 근본적으로 신뢰를 잃을 수밖에 없다. 목표한 일을 명확하게 처리하고 자신의 역량에 부족한 일은 처음부터 깔끔하게 거절해야 한다. 또한 조직에 있을 때 최선을 다하고, 그 조직을 떠날 때에도 약속한 일은 충실하게 마무리하고, 그동안의 감사인사를 단정히 하는 후반이 아름다운 사람이 되어야 한다.

⑤ 감정을 조절하고 분노를 드러내지 말자

우리는 다양한 사람들과 대인관계를 통해 실수를 경험하게 된다. 때로는 자신의 감정을 제대로 조절하지 못해 무례하고 불친절하게 대응할 때가 있다. 또 상대로 인해 억울한 오해를 받거나 궁지에 몰려 분노하고 참지 못해 감정적으로 공과 사를 구분 못하는 행동을 할 때도 있다. 의도하지 않았지만 순간적인 실수로 판단을 잘못해 상대방과 사이가 멀어지는 위기를 겪기도 한다. 이런 경우 방법은 한 가지 뿐이다. 실수했을 때는 가능한 빠른 시간안에 사과하는 것이다. 그리고 이미 일어난 일에 분노하여 감정적으로 대응하면 결국 자신의 인격의 가벼움만 드러내 상대로 하여금 약점을 제공할 뿐이다. 늘 평온한 마음과 진지한 자세를 유지하도록 노력해야 한다.

⑥ 주어진 행운을 잘 관리하자

- 쉽게 사는 것처럼 보여라.

  행운의 가장 큰 적은 불안감과 자기 회의다. 삶을 수월하게 살아가는 인상을 주어라.

- 작은 카리스마를 키워라.

  약간의 카리스마만 있어도 큰일을 해낼 수 있다. 행운의 조합은 열정과 겸손이다. 타인의 주목과 호감을 통해 쉽게 다가설 수 있게 한다.

- 어린아이와 같은 호기심을 가져라.

순진하다는 것은 무지와 다르다. 정직하고 순수하면서도 긍정적인 소박함을 믿는 것이다.

- 고마워할 사람에게 은밀히 베풀어라.

고마워할 줄 아는 사람에게 베풀면 기회가 따른다.

- 영향력 있는 사람에게 무한한 신뢰를 얻어라.
- 감정에 휘둘려서 인간관계를 절대 끊지 마라.

현명한 사람은 스스로 기회를 만든다.

- 찾아온 행운을 극진히 대접하라.

뜻밖의 좋은 일을 만들기 위해서는 창조적인 활력이 필요하다.

– 마크 마이어스(2011). 행운이 항상 따르는 사람들의 7가지 비밀. 서울: 페이퍼스토리. –

현재 대인관계에서 가장 어려운 문제점이 있다면 무엇인지 적어보시오.

현재 내 자신의 대인관계 능력 중에서 장점에 대해 적어보시오.

쉬어가기

주어진 행운을 잘 관리하자.

일제에서 해방되고 어수선하던 시절 대한민국 초대 대통령과 더불어 권력을 누리던 정치가 이기붕과 그의 아내 박마리아를 기억할 것이다. 몰락한 양반가에서 가난하게 성장한 이기붕은 선교사의 도움으로 미국 유학을 갔고, 졸업 후 대한국민회 회장이던 이승만을 만나 인연을 맺게 된다. 그는 유학시절 신민회 집회에서 만난 박마리아와 결혼하는데, 박마리아 역시 가난한 농부의 딸로 태어나 어려운 역경을 이기며 성공한 여인이었다. 목사님의 주선으로 유학을 갔고, 신지식인 여성으로 대접받았으니 그 시대에선 성공한 행운녀라 할 수 있다. 그러나 그녀는 그 학문적 재능을 국가 발전이 아닌 개인의 탐욕과 출세의 도구로 사용해 친일행위에 앞장섰다. 이승만 대통령의 부인 프란체스카 여사의 비서로 일하며 남편의 출세와 자신의 권력 창출을 위해 집요하게 움직였다. 이기붕은 서울시장, 국회의장, 장관 등을 지내며 권력의 실세로 부상했고, 그녀도 이화여대 문리대 학장, 대한부인회 부회장에 선출되는 등 여성으로서 성공적인 발판을 다져나갔다. 그러나 부와 명예와 권력 3박자의 조화로 이뤄진 행운에 만족할 수 없었는지, 마침 자식이 없던 이승만 부부에게 아들 이강석을 양자로 보냈다. 그러나 1960년 이기붕을 부통령 후보로 부정 선거에 앞장선 자유당은 결국 4·19혁명이라는 거센 역사의 심판 앞에 붕괴하고 말았다. 즉 자유당 이승만 정권의 몰락은 결국 이기붕과 박마리아 가족의 몰락을 의미하는 것이기도 했다. 이승만은 미국으로 망명을 떠났고 이기붕 가족들은 피신해 있었지만, 결국 행운의 열쇠로 입양보냈던 아들 이강석의 손에 가족들 모두가 살해되는 비참한 최후를 맞았다.

과거와 달리 현대사회에서는 행운을 얻는 일도 자기계발 차원에서 심도 있고 논리적으로 연구되고 있다. 마크 마이어스의 『행운이 항상 따르는 사람들의 7가지 비밀』 이란 책에 "찾아온 행운을 극진히 대접하면 더 큰 행운을 불러들인다"란 구절이 있다. 자신에게 찾아온 행운을 잘 관리하지 못하는 행위는 남들은 힘들게 차려야 할 밥상, 산해진미 가득 차려진 밥상에 수저만 놓는 수고만 하면 되는 특권을 갖고도 그것마저 귀찮아 밥상을 엎어버리는 것과 같다.

– 이희진(2017). 운명을 가른 선택. 서울: 아름다운날. –

2) 대인관계의 모범인물

성공과 행복, 성공과 인성이 반드시 일치하지만은 않는다. 그리고 부와 명예, 권력을 모두 갖추었어도 타인의 시선에서 그 방법이 정당하고 옳지 못한 행위로 비춰질 때도 있다. 즉 겉으로는 화려해 보여도 돌아서서 사람들의 비난을 받기도 하고, 사후에 그 명성을 더럽히는 이름을 남기기도 한다. 여기서는 참된 인성으로 원만한 인간관계를 이루고, 지도자로서도 솔선수범하여 마지막까지 멋있게 마무리한 성공적인 인물의 대인관계를 알아보도록 하자.

(1) 워싱턴 대통령에게 배우는 대인관계의 비결

미국의 초대 대통령 조지 워싱턴은 전 세계인들이 모두 사용하는 1달러 화폐의 모델이다. 워싱턴은 모든 사람들과 적대적인 관계를 만들지 않았던 것으로 알려져 있다. 대통령이 되기 전에도, 재임 시절에도, 그 자리를 물러나서도, 그는 대인관계와 처세술의 모범이 되며 사후에도 끊임없이 존경받는 인물로 평가받고 있다.

워싱턴 대통령은 "악의와 질투가 담긴 말을 자제하고 온순한 성품의 소유자가 되기 위해 노력하고, 감정이 격해질수록 냉정함을 유지하라"고 강조했다. 지금부터 미국 초대 대통령이 되어 사후 1달러 지폐의 모델이 되면서까지 전 세계인에게 그의 존재를 각인시킨 워싱턴 대통령의 모범적인 인간관계의 비결을 살펴보도록 하자.

① 작은 일에 화내느라 힘을 소모하지 말자

화를 내는 행위는 자신에게 육체적·정신적으로 고통만을 안겨줄 뿐이다. 스트레스와 수명을 단축시키며, 타인에게 부정적인 이미지를 심어준다. 결국 지나고 후회하게 될 사소한 일로 화내지 말고 넓은 포용력과 너그러운 마음을 갖도록 하자.

② 타인의 언행이 당신의 감정을 지배하지 않도록 하자

어린 시절 화를 잘 내는 신경질적인 부분이 형성되면 성인이 된 후에도 고치기 힘들다. 상대방에게 화를 내면서 그 일이 해결되었다고 생각하기 쉽지만, 사실상 상대방과의 대인관계를 악화시키며 자신의 인품에 오명을 남길 뿐이다.

③ 자신의 감정을 스스로 통제하자

사람은 자신의 감정을 조절하면서 자기 스스로 통제력을 유지해야 한다. 강한 인내심과 의지력, 타인을 판단하는 식견과 상대를 배려하는 마음 등 모두 감정을 다스릴 수 있는 자제력에서 형성되기 때문이다.

④ 사소한 악한 감정을 공적인 일에 지속시키지 말자

사소한 감정이나 분노, 불쾌했던 일시적인 기분 때문에 공사를 구분하지 못하는 행동을 해서는 안 된다. 사소한 감정을 누르고 상대를 이해하고 이성적인 판단으로 행동해야 오래도록 존경받고 모범이 되는 사람으로 기억될 수 있는 것이다.

⑤ 원한의 감정을 사랑으로 변화시키자

"가장 시원한 복수는 용서"라는 말이 있다. 이것은 상대방을 위해서가 아니라 내 자신이 마음의 평온을 얻고 행복하기 위해서 용서해야 한다는 뜻이다. 너그러운 마음으로 타인의 잘못을 잊고, 타인의 은혜는 오래 기억하도록 해야 한다. 결국 사랑하는 마음이 따뜻한 사람을 만들고, 증오하는 마음은 미움을 넘어, 살인을 불러오게 된다. 상대방에 대한 미움으로 인해 내 인생을 망칠 필요는 없지 않은가?

⑥ 질투심으로 자신에게 상처를 주지 말자

질투심으로 인해 상대를 미워하고 내 자신에게 상처를 입힐 필요는 없다. 정당하지 못한 방법으로 성공한 사람에게는 안타까운 마음을 속으로 삭히고, 온당한 노력으로 성공한 사람의 지위, 재산, 권력은 질투의 감정이 아닌 내 자신의 장점으로 승화시키기 위해 본받으면 되는 것이다.

– 쑤지엔 (2010). 워싱턴 대통령에게 배우는 성공하는 사람들의 인간관계. 서울: 새론. –

**워싱턴 대통령이 주장한 인간관계를 바탕으로
내가 생각하는 올바른 대인관계를 위한 비결을 10가지 적어보시오.**

(2) 데일 카네기에게 배우는 대인관계 적극성 훈련

우리가 인간관계를 맺지 못하는 원인을 두 가지로 설명했다. 첫째는 용기의 부족이고 둘째는 자신감의 부족이다. 그러나 '한 번 좌절을 겪으면 그만큼 지혜로워진다'는 말이 있듯이, 실수를 두려워하지 말고 그 가운데서 부단히 자신의 대인관계 수준을 높여야 한다. 다음의 두 가지 방법을 사용하여 극복해 보자. 첫째, 역할 연기법을 한다. 교제 상황을 상상하고 혼자서 자기와 상대방, 두 사람의 역할을 하는 것이다. 둘째, 다른 사람과 이야기를 나누어야 할 경우에는 15분 정도 상대방을 지켜보면서 관찰해보라. 상대방에게 어떤 두려워할 만한 것도 없다는 사실을 알게 될 것이다.

자기 자신에 대해서만 이야기하는 사람은 오로지 그들 자신만을 생각하는 사람들이다. 컬럼비아 대학 총장으로 다년간 재직했던 니콜라스 머레이 버클러 박사는 "자기 일만 생각하고 있는 사람은 교양이 없는 사람이다. 어느 정도 교육을 받았더라도 교양 없는 사람"이라고 말했다. 그러므로 말 주변이 있는 사람이 되기를 원한다면 주의 깊은 경청자가 되어야 한다. 자신에게 흥미를 느끼게 하려면 먼저 남에 대한 흥미를 가져야 한다. 상대방이 좋아하는 질문을 던질 수 있어야 한다. 그 자신과 업적에 관해 이야기하도록 그를 격려해 주어야 한다.

– 창송(2011). 데일 카네기와의 티타임. 서울: 글로북스. –

카네기가 제시하는 인간관계의 훈련을 읽고, 주변의 인물 한 사람을 설정해 보시오. 그 인물과 만남을 약속했다고 설정하고, 그 인물의 나이와 환경 등을 탐색한 후 1시간 동안 어떤 대화를 이어갈지 적어보시오.

(3) 최인호의 『인연』을 통해 본 자랑하고 싶은 대인관계

최인호는 자신이 이룬 대인관계 중 배우 안성기와 맺은 인연에 감사하며 안성기에 대한 자신의 견해를 소개했다. 다음은 자신의 산문집을 통해 안성기를 모범적인 명배우로 설명하며 아름다운 우정을 표현한 부분이다.

최인호 "좋은 사람 안성기"

내가 성기를 처음 안 것은 물론 그가 어린 시절 아역 배우로 출연했던 한국 영화를 통해서였다. 그의 연기는 지금도 회자될 정도로 월등하고 탁월하다. 내가 성기를 실제로 만난 것은 그가 20대 후반일 때였다. 그때 장성한 청년 안성기를 만난 나는 그가 바로 왕년의 그 꼬마 아역 배워라는 사실을 알고는 경이의 눈으로 쳐다보았다. 나는 생리적으로 아역 배우 출신이 가지고 있는, 너무 일찍 예기(藝氣)에 물든 천기(賤氣)를 혐오하고 있었다. 그러나 성기만은 달랐다. 그는 너무나 훌륭하고 당당하게 성장해 있었다. 독서량도 대단했으며, 인간성도 진지하고 겸손했다. 나는 만나자마자 그를 껴안으며 이렇게 말했다. "너는 어떻게 그 험한 딴따라의 세계에서 이처럼 훌륭하게 컸느냐? 참으로 고마운 일이다."

나는 당대 최고의 배우로 성장한 그를 보면서 그가 늙어 죽을 때까지 명배우로 남게 될 것임을 단언했다. 평소 사람 볼 줄 안다고 자부하고 있는 나였기에 성기가 위대한 배우로서의 자질을 가진 '광대'임을 단언했던 것이다. 나는 성기만큼 천사의 성격을 가진 사람을 본 적이 없다. 성기는 절대 거짓말을 못한다. 나는 나보다 월등한 '여우'를 보지 못했으므로, 어설프게 내 앞에서 여우 짓을 하는 녀석을 솔직히 경멸하는 버릇이 있는데, 성기와 같은 성격의 녀석에게는 무조건의 존경을 보낸다. 성기는 겸손하고 순수하다. 글은 기록으로 남는다. 이 글이 기록으로 남게 될 것임을 알고 있는 나로서는 그의 묘비명을 미리 각인시킬 수 있을 것이다. '위대한 배우 안성기, 이곳에 잠들다.'

– 최인호(2011). 인연. 서울: 랜덤하우스. –

앞의 글을 바탕으로 나와 절친한 대인관계를 맺고 있는 한 사람을 떠올려 보자.
그 사람에 관해 간략하게 소개하는 글을 작성해 보시오.

3) 동화를 통해 본 대인관계

(1) 상대방에 대한 배려

a. 어느 날 저녁 여우가 두루미를 저녁식사에 초대했다. 그런데 구두쇠 여우가 평평한 접시에 고기수프를 담아 내놓는 것이 아닌가. 그러고도 여우는 두루미에게 계속 음식을 권했다.
"자, 두루미님, 식기 전에 어서 드세요."
여우는 후루룩 후루루 맛있게 수프를 마셨지만, 부리가 길고 뾰족한 두루미는 수프를 한 방울도 먹을 수 없었다. 여우가 히죽거리며 물었다.
"배불리 잡수셨나요? 제가 만든 수프가 입에 맞으세요?"
두루미가 웃으며 말했다.
"아주 맛있게 먹었습니다. 감사의 뜻으로 내일은 제가 식사에 초대하죠."
여우는 기다렸다는 듯이 흔쾌하게 대답했다.
다음날, 여우는 두루미 집에 가서 맛있는 음식을 실컷 먹을 욕심에 아침도 굶은 채 두루미의 집으로 갔다. 문을 열고 들어서자 맛있는 냄새가 진동했다.
"오, 생선수프 냄새로군요. 제가 제일 좋아하는 음식입니다."
여우가 속으로 쾌재를 불렀다. 식탁에 앉자 두루미가 목이 기다란 병을 여우 앞에 내놓으며 말했다.
"생선수프입니다. 많이 드세요."
하지만 병의 주둥이가 너무 좁고 길어 아무리 애를 써도 수프를 먹을 수 없었다. 혀를 길게 내밀었지만 수프까지 닿기에는 역부족이었다. 음식 냄새가 코를 간질거리는데 음식을 먹을 수 없으니 배에서 꼬르륵 소리만 나면서 군침만 흘렀다. 병 속에 든 수프는 여우에게 그림의 떡이나 마찬가지였다.

두루미는 보란 듯이 길고 가는 부리로 병 속에 든 생선덩어리를 집어 먹고 수프까지 말끔히 마시더니 여우에게 말했다.

"사양하지 말고 마음껏 드세요."

여우는 아무 말도 하지 못하고 꿀 먹은 벙어리마냥 주린 배를 움켜잡고 집으로 돌아와야 했다.

b. 갈매기 한 마리가 사람들이 사는 나라를 찾아갔다. 이 나라 재상이 갈매기를 따뜻하게 맞이하여 성대한 잔치를 베풀고, 소와 양, 돼지를 잡아 준비한 진수성찬을 대접했다. 하지만 그 음식을 먹지 못하는 갈매기는 몸조차 가눌 수 없을 정도로 슬픔에 잠겨, 고기 한 점, 술 한 잔도 먹지 못한 채 눈물만 흘리다가 사흘 만에 죽고 말았다.

– 자위후(2007). 우화로 배우는 행복한 인생수업. 서울: 휘즈프레스. –

a와 b의 동화를 읽고 그에 적합한 제목을 만들어 보시오.

a의 제목	
b의 제목	

a의 제목: a동화의 주인공인 여우와 두루미가 상대방과의 대인관계에서 잘못한 점은 무엇인가?

b의 제목: a와 b의 동화에서 의도하는 대인관계의 중요성을 파악한 후, 공통되는 주제를 만들어 보시오.

(2) 자신의 입장과 상대방의 시선을 평가

a. 까치가 새 둥지를 틀자 이웃에 사는 새들이 구경하러 몰려들었다.
종달새가 말했다.
"아주 멋지구나. 그런데 지푸라기를 너무 두껍게 깔았어."
까치가 열심히 지푸라기를 빼냈다.
앵무새가 말했다.
"튼튼하기는 한데 돌을 좀 더 쌓으면 더 튼튼하겠구나."
까치는 돌을 물어다가 나뭇가지 사이에 끼워 넣었다.
이번에는 까마귀가 말했다.
"따뜻하기는 한데, 곧 겨울이 올테니 어두운 색으로 칠하면 둥지를 더 잘 보호할 수 있을 거야."
까치가 고개를 끄덕이더니 그대로 따랐다.
머지않아 겨울이 왔다. 까치는 둥지 안에서 발이 꽁꽁 얼어붙은 채 바들바들 떨었다. 게다가 바람이 불 때마다 여기저기에서 돌이 떨어져 견딜 수가 없었다. 하지만 이보다도 더 화가 나는 것은 까치둥지를 벌집으로 착각한 아이들이 둥지를 떨어뜨리기 위해 기다란 막대기로 마구 두들겨대는 것이었다. 까치는 둥지를 떠나 먼 곳으로 날아가 다시 둥지를 만들 수밖에 없었다.

b. 옛날 어떤 아버지와 아들이 당나귀를 팔러 장에 가고 있었습니다. 아버지는 당나귀 고삐를 붙잡고, 아들은 그 뒤를 따라가고 있었지요. 두 사람이 어느 주막을 지날 때였습니다. 주막 앞에 모여 있던 장사꾼들이 두 사람을 보고 웃었습니다.
"여보게, 저기 저 어리석은 사람 좀 보게. 당나귀를 타지 않고 힘들게 끌고 가고 있네. 정말 어리석은 사람이로군, 저렇게 어리석은 주인을 만나면 당나귀 팔자도 참 편할 거야. 우리 집 당나귀는 매일

산더미 같은 짐을 싣고 다니는데."

아버지는 이 말을 듣자 갑자기 창피해졌습니다.

'정말 장사꾼의 말이 맞아. 당나귀는 원래 짐이나 사람을 태우는 데 쓰는 동물 아닌가.'

아버지는 이렇게 생각하고 당나귀 등에 아들을 태웠습니다. 그런데 얼마쯤 가다 보니 마을 정자가 나왔습니다. 그 정자 위에 노인들이 앉아 쉬고 있었습니다. 그들은 당나귀 위에 앉아 있는 아들을 보고 욕했습니다.

"저런 고얀 경우가 있나. 아버지는 힘들게 당나귀를 끌고 가는데, 아들은 편안하게 당나귀를 타고 가다니."

아버지는 이 말을 듣고 '노인 말씀이 옳아. 내가 아들놈 버릇을 망치고 있군'이라고 생각했습니다.

아버지는 다시 아들을 내리게 하고 자기가 당나귀 등에 올라탔습니다. 이렇게 길을 가다보니 개울가 빨래터에 아낙네들이 모여 있었습니다.

"가엾기도 해라. 저 약한 아이가 걸어가고 있네. 정말 못된 아버지야. 자기만 편안하면 되는가."

아버지는 이 말을 듣고 '아낙네들 말이 옳아. 아들이 다리가 아프겠어' 하며 다시 아들을 당나귀에 태웠습니다. 이렇게 우물가를 지나다가 동네 아가씨들이 모여 있었습니다.

"애들아, 저 당나귀에 두 사람이나 타고 가네. 당나귀가 힘들어하는데 동물을 사랑할 줄 모르는 사람들인가 봐."

아버지는 이 말을 듣자 또 생각을 바꾸었습니다. '아가씨들 말이 옳아. 당나귀가 장에 가기 전에 힘들어 죽으면 큰 일 아닌가.'

하지만 이제 방법이 없었습니다. 그때 지나가던 사람이 아버지의 말을 듣고 이렇게 말했습니다.

"둘이서 당나귀를 짊어지고 가면 될 게 아니오?"

그 말을 듣고 아버지는 아들에게 말했습니다.

"그것 참 좋은 방법이로군, 우리 당나귀를 짊어지고 가자."

아버지와 아들은 끙끙대며 당나귀를 짊어지고 다리 위를 걸어갔습니다. 그러나 당나귀를 짊어지고 건널 때, 당나귀가 갑자기 버둥거리는 바람에 당나귀를 다리에서 떨어뜨려 물속에 빠뜨리고 말았습니다.

– 자위후(2007). 우화로 배우는 행복한 인생수업. 서울: 휘즈프레스. –

a와 b의 동화를 읽고 그에 적합한 제목을 만들어 보시오.

a의 제목	
b의 제목	

a와 b의 동화에서 전달하려는 공통의 주제가 무엇인지 적어보시오.
그 주제를 통해 우리가 대인관계에서 주의해야 할 부분은 무엇인지 적어보시오.

(3) 상대방에 대한 겸손

외모에 열등감이 심한 콘도르가 있었다. 특히 깃털이 마음에 들지 않았다. 콘도르의 깃털이 아주 아름다운 것은 아니어도, 그렇다고 보기 싫은 것도 아니었지만, 콘도르는 다른 새들보다 아름답지 않은 깃털에 불만이 많았다.

어느 날은 콘도르가 자기 몸의 깃털을 하나씩 뽑는 것이었다. 다른 새들이 놀라서 어찌된 영문인지 물었더니 콘도르가 대답했다.

"깃털이 보기 싫어서 뽑아버리는 거야."

얼마 후 콘도르의 몸에서 새로 깃털이 나기 시작했지만 새 깃털 역시 예전과 다를 바 없었다. 콘도르는 식음을 전폐하고 자기 깃털이 흉하다고 고민하다가 앙상하게 뼈만 남은 모습이 되어버렸다.

그러자 그를 불쌍하게 여긴 새들이 깃털을 하나씩 뽑아 콘도르에게 꽂아주었다. 각양각색의 깃털을 꽂은 콘도르의 모습은 세상 그 어떤 새보다도 아름다웠다. 콘도르는 변한 모습에 만족해하며 어깨를 으쓱였다. 그런데 날이 갈수록 콘도르의 교만함이 하늘을 찌르더니, 급기야는 새들에게 자신이 새들의 왕임을 인정하라고 강요하기 시작했다.

화가 난 새들이 각자 콘도르에게 주었던 깃털을 다시 뽑아가지고 가버렸다. 이제 남은 것은 늙고 흉한 콘도르의 모습뿐이었다. 그 후로 콘도르는 성질 괴팍하고 못생긴 새로 남게 되었다.

– 자위후(2007). 우화로 배우는 행복한 인생수업. 서울: 휘즈프레스. –

위의 동화에 적합한 제목을 만들어 보시오.

위의 동화에서 인간에게 전달하려는 의도는 무엇인가?

4) 매력 있는 리더의 대인관계

(1) 링컨의 대인관계에 나타난 리더십

링컨이 변호사로 일했을 때 스탠튼이라는 사람도 같이 변호사 개업을 했다. 당시 스탠튼은 링컨보다 먼저 변호사로 일한 선배였다. 링컨과 함께 변호사 일을 하며 법정에 함께 했을 때, 스탠튼은 링컨을 무시하고 조롱하며, 변호사 경험이 얕은 링컨과 나란히 법정에 서서 일하는 것을 경멸하며 같이 일할 수 없다고 비난했다. 그리고 세월이 흘러 링컨은 미국의 16대 대통령으로 당선되었고, 후에 변호사였던 스탠튼을 국방부 장관에 임명하였다.

당시 사람들은 의아해 하며 링컨의 의도를 알고 싶어 했다. 자신을 과거에 그토록 비난하고 멸시하던 사람을 장관으로 임명한 사실에 모두 놀랐던 것이다. 이때 링컨 대통령은 다음과 같은 답변으로 사람들에게 감동을 안겨주었다. "스탠튼은 나에게 도움이 되지 않아도 국가에는 도움이 되는 사람이다." 그 후 링컨이 암살당했을 때, 스탠튼이 가장 슬퍼하며 통곡했다고 전해진다. 그는 링컨을 이렇게 평가했다. "여기 세상에서 가장 위대한 왕이 죽었다. 지금 여기 누워있는 이 사람만큼 완벽하게 인간의 마음을 지배할 수 있는 사람은 아마 없을 것이다."

사람은 사실 이성적인 동물이 아닌 감성적인 동물에 더 가깝기에 자신의 사사로운 감정으로 큰일을 그르칠 때가 많다. 공적(公的)으로 자질이 부족하고 주변에 피해를 주는 사람도 자신이 그 사람과 친분이 두텁고 돈독하다는 이유로 곁에 두려 할 때가 많다. 반대로 성실하고 강직하지만 자신에게 충고를 아끼지 않고 아첨하지 않는 것을 거슬려 하며, 공적으로 필요한데도 불구하고 사적(私的)인 이유로 버리는 안타까운 경우도 발견하게 된다. 이런 사람 주변에는 언제나 소인배나 아첨꾼만 지저분한 벌레처럼 모여들어 악취를 풍기며 국가 경제에 파탄을 초래하는 결과를 낳을 뿐이다.

조선을 망국으로 안내한 고종이 열두 살 어린 나이에 옥좌에 앉은 후, 첫 명령이 자신에게 군밤을 주지 않았던 "계동 군밤장수를 처형하라"고 지시했다는 일화가 전해진다. 이는 이덕일의 『조선 왕을 말하다』에서 정환덕이 쓴 『남가몽』에 기록되었다고 밝히고 있다. 이덕일은 고종이 만 11세의 어린 시절부터 왜곡된 권력관을 갖고 있었다고 평가한다. 이것은 부끄러운 우리 리더의 한 단면이며, 우리 역사가 비극으로 가는 서막을 예고한 장면이기도 하다. 앞서 링컨이 보여준 공정하고 대범하며 대인배의 기질과 대조되는 모습이다. 여기서 이미 리더로서 대인관계의 어긋난 처세를 보여준 고종의 행보가 망국으로 가는 발판을 마련해준 지름길이었던 것이다.

반면에 자신의 즉위를 반대하며 태종에 의해 귀향을 가게 된 황희를 훗날 임금이 된 후 다시 발탁해 정승의 반열에 올려 함께 정사를 이끌었던 세종대왕, 리더로서의 자질, 세자 시절 자신의 지위를 위협하고 죽이려 했던 화완옹주를 귀향에서 풀어주며 다시 궁궐로 불러 살게 했던 정조의 포용력, 이 모든 모습 또한 고종과 대조적인 대인관계를 보여주는 처세이다.

영국의 위대한 사상가 카알라일은 "대인배는 소인배를 다루는 솜씨로 그 위대함을 보여준다"고 했다. 인간관계의 상처와 아픔을 먼저 다스리고 사적인 감정을 국가의 공익을 위해 눌러 버릴 수 있는 참된 마음으로 실천한 대인관계의 표본이 바로 매력적인 리더의 자세일 것이다.

비록 1865년 4월 15일, 포드 극장에서 배우 부스에게 저격당한 링컨의 마지막이 비극이었어도, 정조의 의문의 죽음과 독살설이 안타까워도, 세종대왕의 허약한 건강으로 인해 53세의 나이로 돌아가신게 아쉬워도, 그들이 건강한 그릇으로 아름다운 인간관계를 만들며 값진 대인관계를 이루었던 교훈은 깊이 새겨야 할 가르침이다.

(2) 초장왕의 "절영지연"을 통해 본 대인관계: 너그러운 용서의 마음

"절영지연(絕纓之宴)"이라는 고사성어(故事成語)는 끊을 절 자에 갓 끈 영자 잔치 연자, '잔치에서 갓끈(모자의 끈)을 끊고 상대방을 용서하며 즐기는 연회'라는 뜻이다. 이것은 남의 잘못을 너그럽게 용서해주거나 위기상황에서 구해주면, 반드시 보답이 따른다는 것이다.

중국 춘추전국시대(春秋戰國時代) 초(楚)나라 장왕(莊王) 시절에, 장왕이 반역한 난을 평정하고 돌아왔다. 장왕은 반역을 진압한 신하들의 공로를 위로하기 위해 궁궐에서 성대한 연회를 베풀었다. 해가 져서 어두워진 후에도 연회가 지속되면서 촛불을 밝히고 잔치를 하던 도중 바람이 불자 촛불이 모두 꺼지고 말았다.

이때 장왕의 애첩이었던 허희가 술을 따르고 있었는데, 장왕의 신하 중 한 사람이 불이 꺼진 틈에 허희를 희롱하며 끌어안고 입을 맞추었다. 그 순간 허희는 그 신하의 갓끈을 뽑아 버렸다. 그리고 장왕에게 가서 희롱한 신하의 갓끈을 뽑았으니 불을 밝혀 그 신하에게 벌을 내릴 것을 간언했다. 하지만 그 순간 장왕은 신하들에게 단호하게 명령했다. "불을 밝히지 말고, 모두 갓끈을 뽑아 버려라. 오늘 잔치는 모두 기뻐하기 위해 베푼 것이니, 취하도록 마시고 불을 밝혔을 때 갓끈을 매고 있는 사람은 하나도 없어야 한다."

허희는 잔치가 끝난 후에 장왕이 무례한 신하를 잡지 않은 일에 대해 불평하자, 다음과 같은 이유로 허희를 설득했다. "임금과 신하가 한 자리에서 술을 마실 때에는 서로 석 잔 이상을 마시지 않으며, 낮에만 마시고 밤에는 마시면 안 되는 것이 이치이다. 오늘 승리의 기쁨에 도취되어 모든 신하와 취하도록 마시고, 또 촛불을 밝히면서까지 마셨다. 사람은 취하면 잘못을 저지를 수 있는 일이니, 그 사람을 찾아내어 벌한다면 오늘 잔치의 의미가 없지 않느냐?"

허희는 장왕의 큰 도량에 감복하게 되었다. 훗날 이 잔치를 절영회(絕

纓會)라고 부르며 장왕의 인간관계를 다루는 기술을 널리 칭찬하게 되었다. 그 후 장왕이 정나라(鄭國, 기원전 806년 ~ 기원전 375년)와 전쟁을 치르게 되었다. 이때 당교(唐狡)라는 장수가 선봉이 되겠다고 나섰다. 그리고 당교는 승리하고 돌아왔다. 장왕이 기뻐하며 상을 내리려 하자, 그는 그 상을 거부하며 예전에 허희를 희롱한 사람이 본인임을 고백했다.

노나라의 염옹(冉雍)이 훗날 이 일을 다음과 같은 시로 만들었다.

어둠 속에서 여인에게 손을 대는 것은 취한 사람의 상정이라
그런데 아름다운 손이 바람처럼 관끈을 끊었도다.
초장왕의 그 바다 같은 도량을 알 수 있으니
물이 너무 맑으면 고기가 없느니라.

결국 이러한 초나라 장왕의 넓은 도량과 사람을 다룰 줄 아는 융통성 있는 대인관계가 그저 남쪽의 오랑캐 나라에 불과했던 초나라를 훗날 중원 제후국을 넘어서는 강력한 나라로 만드는 토대가 되었던 것이다.

(3) 유비의 리더십에서 배우는 대인관계

『삼국지』에 흥미가 있는 독자라면 첫 장은 도원에서 호걸 세 사람인 유비와 관우, 장비가 만나 결의하는 장면을 기억할 것이다. 이 도원결의의 고사는 역사서에는 기록되어 있지 않고, 소설가 나관중의 창작으로 알려지게 되었다.

측근의 존경을 얻어내는 것은 매우 어려운 일이다. 정이 깊어야 하고 신의가 두터워야 하며 언행이 일치하고 표리가 들어맞는 사람만이 얻을 수 있다. 사냥꾼과 함께해야 감히 산에 오르고, 어부와 함께해야 감히 물에 나가고, 용왕과 함께해야 감히 바다에 나갈 수 있다. 사람의 성취가 어느 정도인지는 측근을 보면 알 수 있다. 재부가 최고의 붕우가 아니라 붕우가 바로 최고의 재부인 것이다.

도원결의의 고사는 우리에게 붕우를 대하는 방식을 보여주고 있다. 안정되고 믿을 만한 인간관계는 유비의 사업이 성공할 수 있었던 가장 중요한 기초가 되었다. 지혜로운 선배들은 반복해서 '행복한 생활은 어떻게 보내는 것이 아니라 누구와 함께하느냐에 달려 있음'을 강조했다. 성공의 길은 어떻게 지나가는지에 있는 것이 아니라 누구와 함께 가느냐에 달려 있다. 성공한 사람에게 가장 큰 문제는 누구와 함께할지 결정하는 것이다.

– 자오위핑(2015). 사람을 품는 능굴능신의 귀재 유비. 서울: 위즈덤하우스. –

우리를 가장 기쁘게 하는 것은 누구에겐가 필요한 존재라는 사실이다. 자신이 남을 돕는 데 없어서는 안 될 중요한 존재이며, 자기가 있음으로 해서 다른 사람에게 행복을 준다는 사실은 즐거운 생각이다. 행복은 우리가 이기심을 떠나 이타적인 존재로서 이타적인 행위를 할 때 찾아온다. 그러나 그것은 그러한 인간관계와 그 행위에 대한 자연적인 부산물로 따라 오는 것이지, 거기에 대한 대가나 상으로 오는 것은 결코 아니다.

– 윌리엄 제임스 –

많은 사람들은 타인과의 비교를 통해서 끝없는 욕망의 충족을 위해 몰두하다가 행복으로 가는 길을 잃어버린다. 좀 더 큰 이익, 좀 더 많은 재산, 좀 더 남보다 앞서려는 욕망을 따르다 보면 친구로부터 신뢰도 잃고 건강도 잃고 결국 행복의 문에서 점점 멀어진다. 욕망이 채워지지 않을 때의 갈등과 괴로움, 이것이 번뇌의 실상이다.

그래서 부처님은 말씀하셨다. "건강이 가장 큰 이익이고, 만족이 가장 큰 재산이며, 신뢰가 가장 귀한 친구이다. 그러나 마음의 평안보다 더한 행복은 이 세상에는 없다."

– 김원각, 행복의 조건 –

앞의 글을 통해 중국 역사상 가장 따뜻한 인간관계를 통해 대인관계의 모범을 보여준 유비의 리더십에서 행복한 생활의 가치와 성공을 알 수 있었다. 또한 윌리엄 제임스와 김원각의 행복에 대한 가르침도 살펴보았다.

이러한 세 가지 예문을 통해 내가 생각하는 행복한 대인관계를 만드는 조건을 만들어 보시오.

5) 시사를 통해 살펴본 대인관계

당대 사회가 살고 있는 시대에 일어난 일을 시사라 하듯이, 시사는 우리가 지금 살고 있는 시대, 생존하지 않았지만 과거의 사회 현상과 논의 등 광범위한 사회 현상과 문제를 안고 있다. 과거에도 그랬고, 지금 우리가 살고 있는 현재에도, 다른 나라에서도 끊임없이 위대하고도 아름답고, 때로는 황당하고 파렴치한 사회적 사건들이 일어나고 있다. 많은 사람들이 살고 있는 공간 안에 각기 다른 계층의 다른 사고와 행동을 하는 사람들이 숨 쉬는 터전에서 사건과 사고를 피해갈 수 없기 때문이다. 이 시대를 살고 있는 우리들의 관점에서는 과거 민중들의 대립과 충돌이 이해 불가하기도 하고, 훗날 후손들의 관점에서는 현재 사회 현상이 의아하기도 할 것이다. 이렇듯이 종교 간의 대립, 각 정당이 추구하는 정치적인 문제점, 사회 상류층의 도덕성과 지식인의 위선 등 모든 사회적인 사건들을 시사라는 범주에 포함할 수 있다.

(1) 문화 · 예술계의 대작 논란에 따른 조○○과 송○○ 화백의 대인관계

송○○ 화백은 육십을 바라보는 적지 않은 나이의 무명화가이다. 군산대학교 미대를 다니던 중 집안 형편이 어려워 학업을 포기하고 여러 작가의 조수역할을 하며 생활을 이어왔다. 서른 살이 넘어 미국으로 유학을 갔으며, 당시 비디오 아티스트 백남준의 조수역할도 했었다. 송○○ 화백은 지금도 형편이 어려워 월 20만 원을 지급하는 허름한 집에 살고 있으며, 조수역할과 그림 배달로 생계를 이어가며 살고 있다. 반면에 조○○은 대한민국에서 화려하고 유명한 고급 주상복합 아파트에 거주하며, 화투 그림을 판매한 수입으로 수십억의 이익을 보았던 것으로 알려졌다.

송○ 화백과 지인의 주장: 조○○의 화투 그림 아이디어를 비롯해 그림을 송○○이 8년 동안 300점이나 그려줬으나 작품 당 10만 원의 수고비를 받았을 뿐이라고 했다. 또한 조○○은 평소 송○○을 무시하거나 폄하하는 발언을 자주했다. 게다가 언론을 통해서도, 전시회를 개최할 때도 조○○ 자신의 창작 작품이며, 단독 작품이라고 자랑하고 다녔다. 송○○이 그림을 그려주고 직접 배달까지 해주었지만, 수고비를 제대로 지불하지 않았고 인격을 모독하는 등 수모를 당했다고 밝혔다.

조○○의 주장: 자신의 창작 작품이며 모두 내 자식처럼 아끼는 작품이다. 미술계에서 조수를 고용해 그림 그리는 작업을 도와주는 일은 오랜 관행처럼 있어왔다. 송○○의 도움을 받은 것은 사실이지만 단순히 조수로 고용해 작업을 도왔을 뿐이라고 주장했다.

조○○와 송○○ 화백이 대인관계에서 잘못된 행위와 사전에 일의 발생을 막을 수 있는 방법이 없었는지 논의해 보시오.

(2) 조○○ 땅콩 사건을 통해 본 갑질 논란과 올바른 대인관계 고찰

**항공의 조○○ 사장의 딸이며 부사장인 조○○의 '땅콩 회항 사건'은 재벌의 갑질 논란을 떠나 전 세계에까지 알려져 대한민국 재벌에 대한 불쾌한 인식과 서비스업에 대한 잘못된 관행으로 망신을 당한 사건이다. 조○○는 승무원이 땅콩을 기내 서비스로 제공한 것에 대해 서비스

매뉴얼 문제를 이유로 기내 모든 손님에게 방해가 될 만큼 호통을 쳤다. 그 후 출발하려던 비행기를 되돌려 사무장(수석 스튜어디스)을 내리게 하고 미국 공항에 그대로 두고 비행기를 재출발시킨 사건을 '땅콩 회항 사건'이라 보도했다. 기내에서 내린 사무장은 12시간을 기다려 오후 2시에 한국으로 돌아왔다.

비행기에서 내린 승무원은 사무장 직급으로, 사무장은 비행기 내 탑승객들의 안전을 책임지는 역할을 한다. 비행기 내에서 안전을 책임지는 사무장이 없다면 위급상황에서 승객들은 누구에게도 의지할 수가 없을 것이다. 예전에 조○○ 부사장은 모 회사 상무가 탑승해 승무원에게 컵라면을 던진 사건을 두고 무척이나 비판했던 사람이었다.

사건이 확대되자 **항공은 매뉴얼을 제대로 이해 못한 조○○ 부사장을 옹호하기 위해 사무장에게 책임을 전가하고, 조○○를 보호하기 위한 계획을 꾸며 직원들에게 거짓말을 하도록 지시했다.

JFK 공항 인천행 ○○항공 기내 안

여승무원: (미개봉 상태의 마카다미아 땅콩을 가져와) 견과류 드시겠습니까?
조○○: 이렇게 서비스하는 게 맞는가?
여승무원: 매뉴얼에 맞게 서비스했습니다.
조○○: 매뉴얼 가져와 봐.
박사무장: (여승무원에게 전달 받고 태블릿 pc를 조○○에게 전달한다.)
조○○: 내가 언제 태블릿 pc를 가져오랬어.
갤리인포(기내 서비스 매뉴얼을 리플릿 파일로 만든 것)를 가져 오란 말이야.
박사무장: (뛰어가서 갤리인포 파일을 가져온다.)
조○○: (팔걸이에 있는 박 사무장의 손등을 파일철로 내리치며)
누가 매뉴얼이 태블릿에 있다고 했어? 아까 그 년 나오라고 해, 당장 불러와.

여승무원: (놀라서 물러난다.)

조○○: 야, 너 거기서 무릎 꿇고 매뉴얼 찾아.
서비스 매뉴얼도 제대로 모르는 저 년 내리라고 해.

박사무장: 이미 비행기가 활주로에 들어서기 시작해서 비행기를 세울 수 없습니다.

조○○: 네가 나한테 대들어. 세우라잖아.

여승무원: 죄송합니다.

조○○: 말로만 하지 말고 너도 무릎 꿇고 사과해.

조○○: (여승무원의 어깨를 끌고 간 뒤 파일철을 말아 벽에 내리치며)
너 내려. (파일 확인 후 승무원의 서비스가 맞았다는 사실을 확인한다.)

조○○: 사무장 그 새끼 오라 그래.

박사무장: (조○○ 앞으로 다가온다.)

조○○: 이거 매뉴얼 맞잖아.
처음부터 네가 제대로 대답 못해서 저 승무원만 혼냈잖아. 네가 책임지고 내려.

**항공 본사

상무: (박사무장에게 경위서를 계속 쓰도록 강요한다.)

박사무장: ('앞으로 열심히 하겠습니다'라고 작성한다.)

상무: 어떤 처벌이라도 받겠다고 써야지. 다 본인 잘못이라고 써야 할 것 아니야?
우리는 네가 잘못이 없다는 걸 알지만, 이렇게 쓰면 사장이 좋아하겠냐?
회사 오래 다녀야지. 정년 때까지 다녀야 할 거 아니야?

박사무장: 국토교통부는 정부기관이기 때문에 거짓 진술을 할 수 없습니다.

상무: 국토교통부가 무슨 정부기관이야.
다 우리 대한항공에 있다 간 사람들이야.

[다큐] SBS 그것이 알고 싶다:
백화점 모녀와 땅콩회항 (2015.01.10.) 사건의 핵심과 마지막 멘트

박○○사무장에게 협박과 회유를 통해 거짓 진술할 것을 요구했고, 주변에 있던 승무원에게는 회사 소유의 해당 대학에 교수자리를 줄 것을 제안하며 거짓 진술을 요구했다. 그동안 재벌들의 범죄에 대한 처벌은 가벼웠다. 주로 실형 후에 병을 핑계로 집행유예 또는 사회봉사나 벌금으로 마무리되었다. 심지어 담당 검사가 해당 기업에 임원으로 채용된 경우도 있었다.

"우리에게 부끄러운 시절이 있었습니다. 오로지 경제 성장을 위해 온 국민이 허리띠를 졸라매고 산업 역군이 되었던 그때, 먹고 살 일자리를 만들어주던 재벌 기업에게 웬만한 편법과 반칙이 있더라도 쉽게 눈 감아 주곤 했던 그 시절 말입니다. 그때 잠시 그들에게 도덕과 윤리를 접어두었던 것이 오늘날 일부 재벌과 그들의 자녀들을 모두 상식과 규칙 위에 군림하는 무소불위의 갑으로 만든 건 아닐까요? 그리고 반칙이 생겼을 때 그것을 눈감아준 정치권과 사법기관, 언론도 결코 이 책임에서 자유롭지 못할 것입니다. 지난 25년 동안 재벌 일가가 저지른 범죄의 뒷이야기를 알아보면서 우리 사회가 아직도 같은 잘못을 반복하고 있음을 뼈아프게 확인해야 했습니다. 그리고 이 잘못은 마치 도미노처럼 연쇄적으로 이어지고 있습니다. 힘이 있다고 생각하는 수많은 갑들이 끊임없이 상식과 규칙을 무시하는 갑질의 유혹에 빠지게 되었습니다. **항공의 땅콩 회항 사건은 바로 이런 현실의 압축판이었습니다. 박○○사무장의 고백과 **항공 승무원들의 제보는 그래서 더욱 값지게 느껴집니다. 갑질의 사회 못지않게 새로운 사회를 만드는 것은 결국 이런 한 사람, 한 사람의 작은 용기로부터 시작되기 때문입니다."

앞서 살펴본 상류층의 '갑'질 논란과 지위를 이용한 잘못된 행위를 통해 우리 사회에 만연하고 있는 '갑'질 논란 횡포와 '갑'과 '을'의 올바른 관계를 고찰해 보자.

'갑'질 논란 횡포를 해결할 대안과 올바른 자세에 대해 논의해 보시오.

6) 직장생활에서 대인관계 능력의 중요성과 실천 방안

직장생활에서 대인관계는 자신이 세상을 보는 시각적인 요소에 영향을 끼친다. 직장생활을 할 때 나만 생각하는 것이 아니라, 나와 관련된 다양한 사람들의 시각으로도 내 자신을 평가하고 내 자신을 바라보며 사회생활을 예측하기 때문이다.

나와 다른 관점, 나와 다른 의견, 나와 다른 가치관으로 존재하고 평가받을 수 있는 곳이 직장이라는 공간이다. 이렇게 다양한 조건의 사람들과 관계를 맺고 그 속에 형성된 공동체라는 집단에서 살아가야 하는 일이 직장생활이다. 내 직업을 갖고 직장에서 업무를 성공적으로 수행하는 것 못지않게 중요하게 생각되는 것이 대인관계 능력이다. 다음 두 가지 사례를 살펴보며 직장생활에서 대인관계의 중요성을 고찰해 보도록 하자.

대기업 취업 성공 비결 알아보니, 스펙보다 인맥

취업 시장에 이런 말이 있습니다. 인맥도 스펙이다. 취업문이 워낙 좁다 보니, 취업 정보를 알려줄 인맥이 그만큼 중요한 건데요. 취업한 사람들과 미취업자를 비교해보니 이런 점이 확연히 드러났습니다.

한 신입사원은 친구가 아니었으면 취업을 하지 못했을 것이라고 얘기합니다. "회사에 자리가 남았다고 해서 친구가 저를 소개해 줬어요, 회사 팀장님한테." 그런데 친구에게 자리를 소개해줬다는 친구 역시 친척의 소개로 입사를 했습니다. 일자리를 소개한 친구도 "친척 분 중에 이 회사 다니시는 분이 있으셔서 들어가게 됐어요, 소개로. 친척의 소개가 없었으면 지금도 일자리를 구하고 다니지 않았을까 싶네요." 취업 준비생들에게는 들어가고 싶은 회사에 대한 작은 정보라도 제공해주는 사람이 있다는 건 그 자체가 경쟁력입니다.

대기업 신입사원인 윤 모 씨는 "취업 준비를 하면서 회사에 대한 정보를 얻었던 것이 합격하는 데 중요한 요소가 되지 않았나 싶습니다"라고 말합니다.

그러면 대기업 취직에 성공한 이 신입사원들은 어디서 정보를 얻었을까요?

이달 초 입사한 정 모 씨는 "제 가족 중에 그룹사 같은 경우 비슷한 계열에 근무하시는 분에게 취업 정보를 얻었어요"라고 말합니다. 또는 친구나 선후배를 통해 정보를 얻는다고 합니다.

서울시 산하 서울연구원이 청년 900여 명을 대상으로 조사한 결과, 취업에 성공한 이들은 취업 관련 정보를 선후배나 친척 등 지인에게 얻었다는 대답을 가장 많이 했습니다. 반면, 미취업자들은 주로 인터넷 취업 사이트나 카페 등에서 정보를 얻고 있는 것으로 나타났습니다. 취업난이 심해질수록 인맥이 더욱 중요하다는 씁쓸한 현실이 확인된 셈입니다.

출처: SBS 자막뉴스(2016.07.27.) 대기업 취업 성공 비결 알아보니, 취업보다 인맥 중심

신입사원의 성공을 위한 조건

국내 어느 대기업에서 신입사원을 대상으로 직장에서 성공하기 위한 조건을 설문 조사했다. 신입사원들이 가장 높게 선정한 항목은 바로 대인관계 능력이었고, 다음으로 업무 능력과 성실성을 뽑았다. 아울러 가장 보완하고 싶은 부분으로 자기계발과 어학 능력을 제시했다. 대기업에 입사할 정도의 실력이 출중한 신입사원들이 자신이 강점으로 생각하는 업무 능력에 대한 자신감보다는 대인관계 능력을 성공을 위한 주요 요인으로 제시한 것은 직장이라는 조직생활에서 개인만이 지닌 능력만 갖고서는 성공할 수 없다는 사실을 인지했다는 것을 의미한다.

취업을 위해 학창시절 하고 싶은 것을 포기하고 묵묵히 자신의 스펙 쌓기를 위해 노력해왔고, 스펙을 쌓는 것을 자신의 능력을 대변하는 것으로 인식하고 있었다면 조직생활에 갓 입문한 후에는 세상을 바라보는 눈이 달라질 것이다. 결국 사회생활에서 요구하는 것은 개개인별로 남들과 다른 차별화된 업무 능력도 중요하지만 더욱 중요한 것은 남들과 어울려 함께 일을 함에 있어서 서로 원활한 관계를 유지하고, 갈등이 있더라도 이를 해결할 수 있는 다른 차원의 능력을 지녔다면 성공이라는 길에 올라설 수 있다는 기대를 할 수 있다는 것이다.

출처: 한국경제(2007). 신입사원들, 회사이미지 보고 입사…성공조건은 대인관계.

성공적인 직장생활에 필요한 대인관계 능력을 적어보시오.

대인관계 중요성에 관한 명언

1. 진심으로 좋아하라.
"누구나 자기를 좋아하는 사람을 좋아한다." – 푸블리우스 시루스 –

2. 마음으로 경청하라.
"내 귀가 나를 가르친 스승이다." – 칭기즈칸 –

3. 평등하게 존중하라.
"인간은 저마다 신의 아들이므로, 모든 사람이 소중하다는 사실을 명심하면 저절로 좋은 인간관계를 유지할 수 있을 것이다." – 헨리 카이저 –

4. 대인배처럼 인정하라.
"너도 옳고, 그도 옳고, 나도 옳다." – 황희 –

5. 백 번 인내하라.
"화가 나거든 열을 세라. 열까지 세도 안 되면 백까지 세라." – 토마스 제퍼슨 –

6. 폭넓게 이해하라.
"그 친구가 싫어서 사귀어 볼 생각이야. 그 친구에 대해 좀 더 알아야 할 거 같아서."
– 링컨 –

7. 함부로 비난하지 마라.
"함부로 뱉은 말이 상대방 가슴을 뚫는다." – 롱펠로우 –

8. 따뜻하게 칭찬하라.
"좋은 말을 베푸는 것이 비단옷을 입히는 것보다 따뜻하다." – 순자 –

9. 활짝 웃어라.
"웃음을 아끼는 자가 가장 인색한 자다." – 바덴 –

10. 유머를 이해하라.
"운과 유머가 세상을 지배한다." – 하비 콕스 –

11. "남과 사이가 좋지 못하거나, 그 사람이 당신과 있는 것을 싫어하거나, 당신이 옳은데도 그 사람이 동조하지 않으면, 그 사람이 책망받을 것이 아니라, 정작 책망받아야 할 사람은 바로 당신이다. 왜냐하면 당신이 그 사람에게 마음과 정성을 다하지 않았기 때문이다." – 톨스토이 –

12. "영광스러운 승리는 다른 사람을 이겨서 얻는 것이 아니라, 상대가 나를 공격할 때 친절로 맞서는 것이다." – 틸롯슨 –

13. "사람은 누구나 이기적이다. 사람은 누구나 다른 사람보다 자기 자신에게 더 관심이 많다.
사람은 누구나 다른 사람들로부터 존경과 인정을 받고 싶어 한다. 좋은 인간관계를 유지하고 싶다면 이 세 가지 사실을 기억하라." – 레스 기블린 –

14. "입으로는 화를 내어도 눈으로는 웃어라." – 토마스 칼라일 –

15. "사람의 처세술에 있어서 가장 중요한 것은 정에 쏠리지 않아야 하며, 동시에 이치에도 쏠리지 않고, 두 가지를 다 억제할 줄 알아야 한다는 것이다." – 나폴레옹 –

16. "남을 너그럽게 받아들이는 사람은 항상 사람들의 마음을 얻게 되고, 위엄과 무력으로 엄하게 다스리는 사람은 항상 사람들의 노여움을 사게 된다." – 세종대왕 –

17. "다른 이의 사생활을 존중하라. 남의 물건에 허락 없이 접근하거나 손대지 말라. 특히 다른 사람의 영적이고 종교적인 부분에는 간섭하지 말라." – 인디언 명언 –

18. "남이 당신에게 관심을 갖게 하고 싶거든, 당신 자신이 귀와 눈을 닫지 말고 다른 사람에게 관심을 표시하라. 이 점을 이해하지 않으면, 아무리 재간이 있고 능력이 있더라도 남과 사이좋게 지내기는 불가능하다." – 로랜스 굴드 –

19. "남을 비난하는 것은 위험한 불꽃이다. 그 불꽃은 자존심이라고 하는 화약고에 폭발을 유발하기 쉽다. 이 폭발은 가끔 사람의 생명까지 빼앗아간다." – 데일 카네기 –

20. "인맥이라는 건 휴대전화에 저장된 사람의 수가 아니라 자신을 응원해 주는 사람의 수를 말한다." – 사유리 –

21. "남과 교제할 때, 먼저 잊어서는 안 될 일은 상대방에게는 상대방 나름대로의 생활 방식이 있으므로 혼란스럽게 하지 않도록 남의 인생에 함부로 간섭해서는 안 된다는 것이다."
– 헨리 제임즈 –

22. "언제 어디서 능력 있는 사람을 만나게 될지 알 수 없다. 따라서 나는 항상 모든 사람과의 만남이 하나의 인터뷰라고 생각한다." – 잭 웰치 –

23. "열매를 맺지 않는 과일 나무는 심을 필요가 없고, 의리가 없는 벗은 사귈 필요가 없다." – 명심보감 –

24. "나에게 혼자 파라다이스에서 살게 하는 것보다 더 큰 형벌은 없을 것이다." – 괴테 –

25. "남에게 호감을 얻으려면 상대방과 즐겁게 동참하고 있다는 것을 보여주어라." – 조셉 아디스 –

앞에서 대인관계에 관한 명언을 살펴보았다. 25가지 명언 중 가장 공감이 가는 것을 기억하자.

명언 25가지 중 가장 공감이 가는 5가지를 선정해 보고 이런 명언을 지키지 못해 실수나 후회했던 경험을 적어보시오.

내 자신이 생각하는 올바른 대인관계에 대한 명언 3가지를 창작해 보시오.

'감히 말대꾸해? 부하 직원 때리고 머리채 잡은 회사원

광주 서부경찰서는 12일 말대꾸를 했다는 이유로 부하 직원을 때려 상처를 입힌 혐의(상해)로 회사원 A(43)씨를 불구속 입건했다. A씨는 지난 6일 밤 11시 30분께 광주 광산구의 자신이 일하는 자동차 부품 제조 회사에서 부하 직원 B(30)씨의 얼굴을 주먹으로 수차례 때리고 머리채를 잡아 공장 안을 끌고 다닌 혐의를 받고 있다.

A씨는 경찰 조사에서 "직원들 앞에서 말대꾸한 것에 화가 났다"며 "직장 내 기강 확립을 위해 때렸다"고 진술한 것으로 전해졌다. 경찰은 생산라인 총괄팀장을 맡은 A씨가 다른 직원에게도 직위를 이용해 부당한 행동을 했는지 수사를 확대할 방침이다.

출처: 연합뉴스(2016.09.12.). '감히 말대꾸해?' 부하 직원 때리고 머리채 잡은 회사원 중

위의 기사에 적합한 명언을 창작해 보시오.
대인관계에서 폭력이나 폭언을 사용하는 잘못된 경우 대처 방안을 논의해 보시오.

펄벅 여사 어머니 이야기

장편소설 『대지(大地)』의 저자로 1938년 미국 여성 최초의 노벨 문학상 수상자이자 세계 인권 평등 운동에 힘써 당시 가난한 한국 고아들의 교육에 헌신을 다했던 펄벅 여사(Pearl S. Buck, 1892~1973)를 기억하고 있을 것이다. 어린 시절 펄벅 여사는 선교사인 아버지를 따라 중국에서 어린 시절을 보내게 되었다. 중국에서 지내던 어느 해 심한 가뭄이 들어 마을 사람들 모두 심각한 고민에 힘들어 하고 있는 상황이었다. 마침 펄벅의 아버지는 여행을 떠나 집에는 펄벅의 어머니와 어린 딸인 펄벅 여사 두 사람뿐이었다.

그 시절 마을에는 가뭄이 지속되는 이유가 백인들이 마을에 거주하며 신을 분노하게 만들어서 농사를 망쳤다는 흉한 소문이 돌고 있었다. 이러한 이상한 소문은 점점 번져 마을 사람들의 분노가 폭발해 버렸고, 급기야 사람들은 이 백인들을 마을에서 몰아내야 한다며 무서운 흉기를 들고 기운 센 남성들이 펄벅 여사의 집으로 쳐들어 왔다.

이 소식을 들은 펄벅의 어머니는 대문과 집안의 모든 문을 활짝 열어두고는 펄벅에게 집안에 있는 찻잔을 모두 꺼내 차를 따르게 하고 케이크와 과일을 접시에 담게 했다. 마치 손님들을 반갑게 맞이하기 위해 잔칫상을 준비한 것처럼 거실에 단정하게 앉아 사람들을 맞을 준비를 하고 있었다.

잠시 후 시끄러운 함성과 함께 몽둥이를 든 사람들이 거칠게 대문을 열고 거실로 몰려왔다. 마을 사람들은 굳게 잠겨 있을 것이라고 여겼던 문이 열려 있자 황당한 표정으로 집안을 구석구석 들여다보았다. 그러나 펄벅의 어머니는 “잘 오셨습니다. 모두들 앉아 차 한 잔 드세요” 하고 정중하게 차린 음식을 권하며 친절하게 맞이했다.

잠시 망설이며 당황하던 사람들은 차를 마시며 케이크를 먹기 시작했다. 천천히 차와 케이크를 먹으며 평소처럼 평온하게 웃으며 놀고 있는 아이들과 어머니의 얼굴을 보며 그냥 돌아갔다.

그리고 그날 밤 마을 사람들이 그토록 염원하던 비가 내리기 시작했다. 훗날 어머니는 어른이 된 펄벅 여사에게 그날 밤의 두려운 심정을 고백했다. 그리고 만약 도망칠 곳이 없는 막다른 골목이 아니었다면 그런 용기가 나지 않았을 것이라고 회상했다. 펄벅 여사는 어린 시절 이러한 경험 때문에 언제나 절망 속에서 용기를 가질 수 있는 힘을 얻었다고 확신했다.

펄벅 여사 어머니의 일화를 통해 우리가 대인관계를 개선할 수 있는 방안에 대해 논의해 보시오.

펄벅 여사를 감동시킨 한국 농부의 마음

펄벅 여사가 1960년에 처음 한국을 방문했다. 우선 여행지를 농촌마을로 정하고 경주를 방문하던 그녀의 눈에 진기한 풍경이 발견됐다. 그것은 황혼 무렵, 지게에 볏단을 진 채 소달구지에 볏단을 싣고 가던 농부의 모습이었다. 펄벅은 힘들게 지게에 짐을 따로 지고 갈 게 아니라 달구지에 실어버리면 아주 간단할 것이고, 농부도 소달구지에 타고 가면 더욱 편할 것이라 생각했다.

펄벅이 농부에게 다가가 물었다.

"왜 소달구지를 타지 않고 힘들게 갑니까?"

그러자 농부가 대답했다. "어떻게 타고 갑니까. 저도 하루 종일 일했지만, 소도 하루 종일 일했는데요. 그러니 짐도 나누어서 지고 가야지요."

당시 우리나라에서는 흔히 볼 수 있는 풍경이지만, 그녀는 고국으로 돌아간 뒤 이 모습을 세상에서 본 가장 아름다운 풍경이었다고 했다.

"서양의 농부라면 소달구지 위에 짐을 모두 싣고, 자신도 올라타서 편하게 집으로 향하는 일을 당연하게 생각했을 것이다. 하지만 한국의 농부는 소의 짐을 덜어 주고자 자신의 지게에 볏단을 한 짐 지고 소와 함께 귀가하는 모습을 보며 온몸에 전율을 느꼈다"고 고백했다.

또 펄벅 여사는 따지 않은 감이 달려있는 감나무를 보고는 "따기 힘들어 그냥 두는 건가?"라고 물었다가 "까치밥이라 해서 겨울새들을 위해 남겨둔 것"이라는 설명을 듣고 "바로 이거다. 내가 한국에 와서 보고자 했던 것은 고적이나 왕릉이 아닌, 이것 하나만으로도 나는 한국에 잘 왔다고 생각한다"라고 감동받기도 했다.

이렇게 감이나 대추 하나를 따더라도 '까치밥'은 남겨두는 작은 배려를 하는 민족이 우리 민족이다. 우리 선조들은 씨앗을 심어도 셋을 심었다. 하나는 하늘(새)이, 하나는 땅(벌레)이, 나머지는 사람이 먹겠다는 의미에서였다. 이렇듯 씨앗 하나에도 배려하며, 소의 짐마저 덜어주려는 선조들의 마음을 감동으로 받아들인 펄벅 여사의 자세가 대단하다.

펄벅 여사가 발견한 경험이 우리에게 전달하려는 의미가 무엇인지 생각해 보시오.

야사로 전해지는 황희 정승과 소 이야기

옛날에 한 선비가 시골길을 가다가 밭갈이를 하는 늙은 농부를 만났다. 그 농부는 검정 소 한 마리와 누렁 소 한 마리인 두 마리의 소로 밭을 갈고 있었다. 우연히 지나가던 선비가 그 농부를 불러 다음과 같이 물어 보았다.

"노인장, 검정 소와 누렁 소 중 어느 소가 일을 더 잘합니까?"

그러자 농부는 잠시 일을 멈추고 선비에게 가까이 다가가 선비의 귀에다 입을 대고 작은 소리로 답했다.

"힘은 검은 소가 낫지만 일은 누렁 소가 더 잘 합니다."

그러자 선비는 무척 놀라고 당황하며 노인에게 물었다.

"아니 노인장, 그게 무슨 비밀이라고 귓속말로 합니까?"라며 어이없는 표정을 지어 보였다. 농부는 선비에게 얼굴을 붉히며 말하기를 "말 못하는 짐승일지라도 흉보는 말이 귀에 들어가면 좋을 리가 있겠습니까?"

우연히 만난 농부의 말에 선비는 깊은 감명을 받게 되어 남을 비난하는 말을 해서는 안 된다는 사실을 깨닫게 되었다. 그 선비가 우리에게 알려진 조선의 명재상 황희이다. 물론 야사로 전해지는 이야기라 그 진실 여부는 정확히 알 수 없다. 하지만 늙은 농부가 황희 정승에게 귓속말로 전해준 소에 대한 이야기는 우리에게 큰 가르침을 전해 준다.

우리는 많은 사람들과 관계를 맺으며 가정에서도 직장에서도 사람들과 비교당하고 경쟁하며 살아간다. 그 속에서 내가 타인을 비난하기도 하고 내 자신이 반대로 타인에게 비난당하기도 하면서 불쾌하고 민망한 일들을 겪게 된다. 그저 무심하게 던진 부정적인 말 한 마디로 인해 상대방에게 상처를 입히고 훗날 내 인생을 결정하는 큰 사건으로 다가올 수도 있다는 사실을 깊이 인식해야 한다. 그러므로 대인관계에서 사소한 말 한마디도 주의해야 하는 것이다.

소 이야기를 통해 대인관계에서 주의해야 할 점을 생각해 보시오.
대인관계에서 상대방을 배려하지 않아 발생한 문제점을 적어보시오.

쉬어가기

세익스피어에게 배우는 9가지 인생지혜

1. 학생으로 계속 남아 있어라.
: 배움을 포기하는 순간 우리는 폭삭 늙기 시작한다.

2. 과거를 자랑하지 마라.
: 옛날 이야기밖에 가진 것이 없을 때 당신은 처량해진다.
삶을 사는 지혜는 지금 가지고 있는 것을 즐기는 것이다.

3. 젊은 사람과 경쟁하지 마라.
: 대신 그들의 성장을 인정하고 그들에게 용기를 주고 그들과 함께 즐겨라.

4. 부탁받지 않은 충고는 굳이 하려고 하지 마라.
: 늙은이의 기우와 잔소리로 오해받는다.

5. 삶을 철학으로 대체하지 마라.
: 로미오가 한 말을 기억하라.
"철학이 줄리엣을 만들 수 없다면 그런 철학은 꺼져버려라."

6. 아름다움을 발견하고 즐겨라.
: 약간의 심미적 추구를 게을리하지 마라.
그림과 음악을 사랑하고 책을 즐기고 자연의 아름다움을 만끽하는 것이 좋다.

7. 늙어가는 것을 불평하지 마라.
: 가엾어 보인다. 몇 번 들어주다 당신을 피하기 시작할 것이다.

8. 젊은 사람들에게 세상을 다 넘겨 주지 마라.
: 그들에게 다 주는 순간 천덕꾸러기가 될 것이다.
두 딸에게 배신당한 리어왕처럼 춥고 배고픈 노년을 보내다가 분노 속에서 죽게 될 것이다.

9. 죽음에 대해 자주 말하지 마라.
: 죽음보다 확실한 것은 없다. 인류의 역사상 어떤 예외도 없었다.
확실히 오는 것을 일부러 맞으러 갈 필요는 없다.
그때까지는 삶을 탐닉하라. 우리는 살기 위해 여기에 왔다.

Chapter 05

자기관리와 이미지메이킹

현대사회에서 성공하기 위해 필요한 요소 중 커다란 영향을 끼치는 영역은 '이미지'일 것이다. 이러한 이미지는 사회생활과 일상생활을 하는 데 있어 개인의 능력발휘와 기회부여에 강하게 작용하여 많은 사람들에게 자신의 이미지 형성과 개선에 중요한 역할이 된다는 사실은 이미 오래 전부터 인식되고 있었다. 인생은 하나의 큰 기회라고 한다. 무수한 선택의 순간에서 우리는 기회를 얻어 그 기회를 어떻게 획득하느냐에 따라 자신의 삶에 영향을 끼친다. 즉 자신의 결정에 의해 미래 모습이 달라지는 것이다. 여기에 이미지도 하나의 기회이다. 지금 내 이미지와 이미 지난 과거의 이미지 그리고 조금 더 발전할 수 있는 미래의 나의 이미지는 내가 결정할 수 있기에 스스로 가꾸고 체계적으로 관리하도록 노력해야 한다.

이 장에서는 성공하기 위해 중요한 영향을 미치는 이미지에 대한 이해를 시작으로 자신의 외적 이미지와 내적 이미지를 발전시키는 방법과 자신에게 적합한 이미지를 연출할 수 있도록 전반적인 부분을 살펴보도록 할 것이다.

자신의 이미지를 분석하기 위해 자신이 지닌 장점과 부족한 부분, 자신만의 독창적인 브랜드 구축, 자기관리를 위해 필요한 표정, 자세, 인사법 등 기본적인 매너를 익히도록 하자. 여기서는 성공적인 자기계발과 학교생활과 취업, 직장생활에 도움을 주는 방법과 긍정적인 사고 및 자신감 회복에 관한 이론을 실천해 보는 데 목적을 두었다.

1) 이미지메이킹(image making)의 정의

이미지는 라틴어 '이마고(imitari 흉내 내다 + age = 흉내 낸 것)'가 어원으로, 사전적으로는 형태나 모양, 느낌, 영상, 관념을 의미한다. 이미지란 '어떤 사람이나 사물로부터 받은 느낌', '상대의 눈에 비쳐지는 자신의 형상', '마음속에 그려지는 사물의 감각적 영상, 표상, 심상 즉 마음속에 투영된 영상'을 말한다. 그러므로 개인의 이미지는 그 사람만이 지닌 독창적인 느낌으로 그 대상에 대한 만남이나 소문에 의해 발생하는 것으로 볼 수 있다. 한 개인에 대한 인식이 타인에게 각인되어 형성되므로 가능한 좋은 부분을 부각시켜 바람직한 모습으로 연출해야 한다. 하지만 거짓이나 부정적인 방법으로 억지로 꾸며 가식과 위선적인 이미지로 비쳐진다면 곧 그 실체가 드러나게 된다. 자신의 장점을 알리고 상대방을 불쾌하거나 불편하게 하지 않도록 주의해야 한다.

자신의 아름다운 부분을 돋보이게 하고 결점은 감추며, 새로운 모습으로 타인에게 인식되기를 바라는 미적 욕구는 매우 자연스러운 것이다. 외모 의존도가 지나치지 않는다면 이를 통해 자기만족을 얻기도 한다. 여성의 경우는 여성의 외모를 중요하게 생각하는 풍토가 아직도 존재하기 때문에 패션 연출과 액세서리 활용, 메이크업을 통해 이미지를 개선하면 긍정적인 내적 이미지가 구축되어 개인의 능력을 극대화할 수 있다(임진이 · 양종국, 2012).

이미지메이킹(image making)은 개인이 지닌 내적인 요소와 외적인 요소의 통합으로 형성된다. 자신이 지닌 이미지의 장점을 발견하고 향상시켜서 자신의 이미지와 상황에 적합한 이미지를 외적으로 발산시켜 좋은 모습으로 변화와 발전을 안겨주는 것을 목적으로 해야 한다. 또한 개인이 추구하는 목표를 이루기 위해 자기 이미지를 전체적으로 관리하는 행위이자, 개인이 자기 발전을 위해 모든 노력을 기울이는 것이다. 따라서 이미지메이킹을 다음과 같이 정의할 수 있다.

첫째, 자기 스스로 자신에 대해 느끼는 주관적인 이미지의 실재 모습과 허상의 모습을 제대로 분석하여 자신의 정체성을 확립하는 일이다. 둘째, 자신이 스스로 지각한 자신의 이미지와는 달리 타인이 느낀 이미지를 통해 자신의 객관성을 제대로 분석해 보는 것이다. 셋째, 지금의 현실적인 이미지를 자신이 추구하고자 하는 이상적인 이미지로 변화시키기 위해 노력하는 일이다. 즉 개인 스스로 자아실현에 도달하기 위해 목표를 확립하고 발전해 나가야 하는 것이다. 그러므로 이미지메이킹은 한 개인의 성장과 성공뿐만이 아닌, 개인이 소속한 직장과 단체집단 및 사회와 나아가 국가 발전과 행복을 창출하는 기반이 된다.

2) 이미지메이킹의 중요성

다산(茶山) 정약용(丁若鏞)이 강진으로 유배를 갔을 때, 4년간 머물렀던 집에 붙인 당호를 사의재(四宜齋)라고 지었다. 이 뜻은 '생각, 용모, 말, 동작(행동)을 마땅히 바르게 하는 방'이라는 의미이다. 이는 이미지메이킹의 개념과도 비슷하다. 이미지메이킹은 개인이 추구하는 목표를 이루기 위해 자기 이미지를 통합적으로 관리하는 행위(김경호, 2004)로서, 자신이 추구하는 목표를 향하여 개인의 생각, 용모, 말, 행동을 통합적으로 관리하는 것이기 때문이다.

로버트 치알디니는 『설득의 심리학』에서 "외모가 좋은 사람이 사회생활에서 유리한 점은 분명하다. 그러나 좋은 외모의 영향력과 적용 영역은 사실보다 훨씬 과소평가되고 있다"고 하였다. 이렇듯 사회생활에서 인간관계와 개인의 이미지가 밀접한 관계가 있기에 좋은 인간관계를 맺기 위해서는 이미지메이킹이 중요하다.

현대사회에서 외모는 사회생활에 많은 영향을 미치며 이미지메이킹은 사회적으로 성공여부를 좌우할 수 있다. 그러므로 이미지를 개선시켜야 하는 사람은 성공한 사람이 아니라 성공하려는 생각과 의지가 있는 사람이다. 얼굴의 생김새와 매력 즉 신체적 이미지는 사회생활에 많은 영향을 미치며, 대인관계에서 첫 대면 시 여러 가지 신체 외모로 인해 그 사람의 이미지가 형성된다(Hansen & Hansen 1988).

현대사회는 인터넷의 발달과 대중매체의 화려한 도전 속에 살아가고 있는 시대이다. 그러므로 자신이 의식하거나 의도하지 않았어도 자신의 이미지가 노출될 때가 많다. 개인에게 있어서 바람직하고 좋은 이미지가 최고의 경쟁력을 안겨 준다. 즉 이미지메이킹은 개인의 성장과 가치를 높여주는 최고의 무기라 할 수 있다.

이미지메이킹의 중요성을 부각시켜 주는 다음과 같은 일화가 있다. 1960년 제35대 미국 대통령 선거 때의 일이다. 선거 유세 때 지지도와 인지도에서 공화당 후보인 닉슨에게 밀리던 민주당 후보 케네디의 제안을 받아들여 대통령 선거유세 때 후보자 간 TV토론이 펼쳐졌다. TV토론에서 핵심적인 대안인 정책과 관련된 내용보다는 대중들에게 다른 부분이 시선을 끌고 있음을 알 수 있었다. 바로 이러한 내용을 전달하는 후보자의 비언어적인 요소인 목소리의 톤이나 속도와 발음, 토론에 임하는 자세와 청중을 바라보는 표정과 시선 등이 주목되고 있었다. 결국 당시 정치 신인에 불과했던 케네디가 닉슨을 꺾고 미국 역사상 최연소로 대통령에 당선되는 쾌거를 달성한다.

이러한 성과는 그날 TV토론에서 보여주었던 젊은 케네디의 단정하면서 자신감 넘치는 이미지가 큰 작용을 했기 때문이다. 그 이후로도 레이건, 클린턴, 오바마 등도 토론에서 부각되는 자신의 이미지를 잘 활용해 대통령에 당선되는 영광을 안게 되었다. 이는 사람에게 전달하는 이미지의 중요성을 입증해 주는 중요한 사건이었다.

3) 이미지메이킹의 구성요소

이미지는 사람의 내면에 있는 생각, 습관, 감정, 욕구, 심성 등의 내적인 이미지와 표정, 자세, 헤어스타일, 패션, 메이크업, 매너를 포함하는 언어적 커뮤니케이션 등의 외적인 이미지로 나누어진다. 어떤 사람을 대면할 때 생각하는 형체, 표정, 음성, 말투, 옷차림, 성격, 헤어스타일, 자세, 걸음걸이, 얼굴 생김새 등 그 사람에 대한 수많은 모습들이 머릿속에서 형체를 만들어 각인시킨다. 또 그러한 형체를 편집하고 재구성하게 되는데, 이렇게 그 사람에 대한 생각들과 감정들이 모여 '이미지'가 된다.

그리고 자신이 지닌 이미지 중에서 장점을 드러내고 단점을 고쳐가며 상대방에게 긍정적이고 매력적인 이미지를 창조해 내는 것이 이미지메이킹이다. 훌륭한 이미지메이킹은 먼저 내적 이미지를 만들고, 이를 기반으로 자신의 좋은 점을 부각시킬 수 있는 외적 이미지를 창조해 나가는 것이라 볼 수 있다.

이미지메이킹은 20세기 후반부터 시작해서 작게는 개인으로부터 크게는 국가적인 사업으로까지 확대되어 지속적인 연구가 이루어지고 있다. 대중매체의 활발한 확산과 개인의 역량 강화, 다양한 면접 체계 증가 등도 그 이유이다. 개인의 면접시험에서부터 유명한 정치인들까지 자신의 이미지 관리를 위해 전문가의 조언을 받기도 하고 고가의 비용을 지불하고 철저하게 교육을 받기도 한다.

이러한 이미지메이킹은 그 시대가 요구하는 미의식과 가치관을 내적으로 흡수해 외적으로 발휘될 때 가능하다. 성공적인 이미지메이킹은 사람들로부터 호감을 얻을 뿐만 아니라, 직무 능력을 높이고 주목받는 인간으로 평가받을 수 있는 표현기법 중 하나이기도 하다. 이러한 이미지메이킹의 구성요소를 자세히 살펴보도록 하자.

(1) 외모

외모는 사람의 마음가짐과 사고의 작용을 받고, 그 사람의 감정을 드러내거나 생활 습관에 영향을 끼친다. 그 사람이 보여주는 자세와 행동을 동반하며 얼굴표정과 화술에도 영향을 준다. 외모는 내적인 욕구와 외적인 형태의 종합적인 요인들에 의해 외부로 표현된다.

(2) 표정

표정은 사람의 내적인 감정 상태와 외적 상황에 작용을 받고, 생각이나 욕구를 반영한다. 한 사람이 담고 있는 표정 속에 화술과 행동이 동반되며, 외모와 자세에도 영향을 준다.

(3) 자세

자세는 사람의 감정 상태나 신체적인 욕구의 작용에 의해 외적으로 반영된다. 이러한 자세는 생활 습관 속에 자리 잡아 그 사람의 인상이나 행동에 영향을 미친다. 지금 현재 자신의 상황이나 감정에 따라 다양한 자세를 취하기도 하고, 그 순간 감정에 의해 태도가 다르게 드러난다.

(4) 행동

개인이 보이는 행동은 개인이 지닌 욕구와 습관의 작용을 받고 감정과 생각에 영향을 준다. 그렇게 표출되는 행동에는 개인이 내비치는 표정과 외모가 반영되어 화술과 자세에도 포함된다.

(5) 화술

화술은 사람들이 생각하는 사고의 작용을 받고, 마음가짐과 행동에 대한 욕구에 영향을 미친다. 한 개인의 습관이나 사고방식이 생각을 만들고, 그 생각과 지식, 사고방식 등이 반영되어 말로 표현된다. 그 모든 상호작용 속에 자신의 생각이나 주장을 잘 표현해야 원만한 화술을 이룰 수 있는 것이다.

4) 이미지메이킹의 종류

(1) 실제적 자기 이미지

자신이 실제로 지닌 이미지로 신체적, 정신적, 감각적으로 구성되어 있다.

(2) 이상적 자기 이미지

자신이 꿈꾸거나 욕망하는 인물에 대한 모습을 이상적으로 그린다. 주로 대부분의 사람들이 외형을 관리할 때 실제 자신의 이미지보다는 추구하는 이상적인 이미지에 근접하도록 자기 자신의 이미지를 만든다.

(3) 면경적 자기 이미지

자기 자신이 타인에게 보이고 싶은 이미지로서 자신의 겉모습이 상대방에게 어떻게 느껴지는지를 상상하고, 이러한 상상을 통해 자기 스스로 자신감 또는 반감을 느끼기도 한다.

(4) 상황적 자기 이미지

특별한 상황에서 상대방이 자기 자신에 대해 생각해 주길 바라는 자신의 이미지를 말한다. 대부분의 사람들은 다양한 자신의 이미지를 가지고 각자 상황에 맞는 이미지에 적합한 겉모습과 행동을 묘사하게 된다. 대부분 활동을 하면서 그 상황과 장소에 따른 적합한 이미지를 구성하는 일이 필요하다. 예를 들어 시간, 장소, 성별, 자신의 상황과 위치 등에 따라 각각 다른 이미지를 구성하는 것이 중요하다.

5) 이미지메이킹의 방법

이미지를 향상하기 위해서는 자신 스스로 자기 자신을 올바로 판단해야 한다. 이러한 자세에서 시작해 자신이 지닌 본래 이미지와 자신이 바라는 이미지를 비교해야 한다. 자신의 실제 이미지를 제대로 분석하고 개선해야 하며, 올바른 신념과 변화에 대한 확신을 가진다면 긍정적인 이미지를 창조할 수 있을 것이다. 무엇보다 바람직한 이미지메이킹은 자기 자신의 내면과 외면이 조화를 이루고, 그러한 조합이 일치했을 때 어색하지 않고 바람직한 이미지를 표현할 수 있다.

(1) 외적 이미지메이킹

우선 자기 자신의 외형을 객관적으로 판단하는 일이 필요하다. 자신이 지닌 외형의 신체적인 장점을 살리고 단점을 보완하여 매력을 발산해야 한다. 상대방과 대면할 때 지닌 표정, 자세, 패션, 스타일, 화술 등을 자신에게 적합하면서도 이상적으로 추구하는 이미지와 어울리도록 자신의 개성에 맞게 연출하는 일이 필요하다. 닮고 싶은 어떤 사람과 유사한 인상을 지녔다는 부분을 생각해서 외적으로 이미지를 구성하면 된다. 예를 들어 미국 대통령 클린턴과 오바마도 케네디 대통령의 이미지를 벤치마킹하여 성공한 사례이다.

(2) 내적 이미지메이킹

외적 이미지와는 다르게 내면에 내재되어 있는 정신적인 형상을 말한다. 사람들이 처음에는 외적으로 발산되는 이미지로 그 사람을 판단하고 그 사람의 성격이나 가치관 등을 평가하게 된다. 그러나 외형이 훌륭한 사람과 함께 생활하는 시간이 지속되면서 그 사람의 가식이나 포장된 외적 이미지를 알게 되면 대부분 큰 실망을 하게 된다. 반면에 외적 이미지가 호감을 일으키지는 못했지만 내적인 이미지에서 발산되는 장점에 의해 매력을 느끼게 되면, 그 사람에 대한 판단이 긍정적으로 변하게 된다. 그러므로 외적인 모습을 가꾸는 것 못지않게 내적인 이미지를 성실하게 다듬는 노력도 게을리 해서는 안 된다. 즉 자신의 성격, 태도, 가치관 등도 살펴보고 내적으로 발산되는 이미지의 장점을 살려 단점을 분석한 후, 그것을 고쳐나가는 노력도 함께 이루어져야 한다.

6) 이미지메이킹의 효과

이미지메이킹을 통해 다음과 같은 효과를 발휘할 수 있다. 첫째, 자기 자신을 존중하는 자아존중감을 향상시킬 수 있다. 둘째, 자신에 대한 열등감을 극복하여 자신감을 형성할 수 있다. 셋째, 자신의 이미지 구축을 통해 대인관계능력을 높일 수 있다. 사람들은 자기 자신에 대해 지니는 자신의 이미지를 어떻게 발휘하느냐에 따라 대인관계 범위나 지속성, 능력이 다르게 나타나게 된다. 즉 사람이 자기 자신에 대해 지니는 이미지는 긍정적일 수도 부정적일 수도 있다. 무엇보다 자기 이미지가 긍정적일수록 대인관계를 원만하게 형성할 수 있고, 자신의 이미지 향상을 위해 긍정적인 노력을 하는 사람일수록 자기 성취감과 소통 능력을 높여 인간관계에서 고립되거나 실패하지 않을 확률이 높다.

쉬어가기

이미지메이킹 십계명

제1계명 열린 마음을 가져라.
닫힌 창고보다는 열린 뒤주가 낫다.

제2계명 첫인상에 승부를 걸어라.
한 번 실수는 평생 고생이 되기 때문이다.

제3계명 외모보다는 표정에 투자하라.
표정이 안 좋다면 다른 것에 투자한 만큼 낭비이다.

제4계명 자신감을 소유하라.
당당하고 야무진 모습은 무언의 설득력이다.

제5계명 열등감에서 탈출하라
상황을 바꿀 수 없다면 생각을 바꿔라.

제6계명 객관적인 자신을 찾아라.
진정한 자기 발견은 달러($)보다 값지다.

제7계명 자신을 목숨 걸고 사랑하라.
자신을 아낄 줄 모르는 사람은 남도 아낄 줄 모른다.

제8계명 자신의 일에 즐겁게 미쳐라.
즐겁지 못한 일은 모두가 고역이기 때문이다.

제9계명 신용을 저축하라.
쌓여 가는 신용은 성공의 저금통장이다.

제10계명 남을 귀하게 여겨라.
아무리 못났어도 나보다 나은 점이 있기 때문이다.

– 김경호(1999). 타고난 생김새는 어쩔 수 없다 그러나. 서울: 문화마당. –

이미지메이킹 이론에 대해 살펴보았다.
이미지메이킹 이론을 통해 나의 이미지를 분석해 보시오.

내 자신이 생각하는 나의 이미지 분석

나의 이미지를 꽃으로 비유한다면?

나는 내 이미지에 어느 정도 만족하는가?(100점 만점을 기준으로 몇 점)

내가 생각하는 나의 이미지를 한 마디로 정의한다면?

내가 생각하는 나의 이미지와 유사한 동물은?

내가 생각하는 나의 이미지의 좋은 부분을 찾아보시오.

내가 생각하는 나의 신체적인 요소와 내면에서 고쳐야 더 좋아질 수 있는 부분은?

나의 이미지 개선을 위해 어떤 노력을 하는가?

다른 사람들이 생각하는 나의 이미지 분석

다른 사람들은 나의 이미지를 ___________ 라고 말한다.

다른 사람들은 나에게 _________________ 닮았다고 말한다.

다른 사람들은 나의 ______________________ 좋은 점이라고 칭찬한다.

다른 사람들은 나의 _______________________ 불편해 한다.

'쉬어가기'에서 이미지메이킹 십계명을 살펴보았다.
내 자신이 이미지메이킹 십계명을 창작해 보시오.

앞의 이미지메이킹 이론을 바탕으로 내 자신의 이미지를 그림으로 그려보시오.

이미지리더십 - 이미지리더십을 분석해 보자. -

다음 상황을 잘 읽고 집계표에 "매우 그렇다(5), 대체로 그렇다(4), 보통이다(3), 대체로 그렇지 않다(2), 절대로 그렇지 않다(1)"로 기입한다.

1. 나를 처음 만나는 사람들은 대체적으로 나의 인상이 좋다는 말을 한다.
2. 다른 사람들은 내가 일하는 것을 보면 전문가라는 느낌을 받는다.
3. 다른 사람들은 내가 열등감보다는 자신감이 넘치는 사람으로 알고 있다.
4. 나의 이미지는 다른 사람들에게 신뢰를 주기에 충분하다.
5. 나는 일을 할 때 항상 활기가 넘치며 주변 사람들도 좋아한다.
6. 나에게 맡겨진 일은 쉽게 포기하지 않고 해결될 때까지 집중하는 편이다.
7. 나의 유머는 다른 사람들을 즐겁고 유쾌하게 해 줄 수 있다.
8. 나에게는 다른 사람들을 목표한 곳으로 움직이게 할 수 있는 영향력이 충분히 있다.
9. 다른 사람들은 나의 의견과 방법을 인정하고 존중하는 편이다.
10. 나는 다른 사람들의 생각이나 방법을 잘 들어주는 편이다.
11. 내가 리더로 있는 공동체에서는 내가 잠시 자리를 비워도 언제나 훌륭히 잘 돌아간다.
12. 나는 스스로 기발한 아이디어를 낼 수도 있고 다른 사람들이 새로운 생각을 하도록 할 수 있다.
13. 나는 다른 사람들의 단점과 장점을 가려낼 수 있지만 항상 단점보다는 장점을 칭찬해 주고 있다.
14. 나의 업무 스타일과 행동 등을 다른 사람들이 그대로 따라하거나 모방하는 편이다.
15. 나는 어떤 문제에 봉착해도 구성원들과 함께 슬기롭게 헤쳐 나가는 편이다.

이미지리더십 집계표

대인관계 이미지	업무수행 이미지	문제해결 이미지
1	2	3
4	5	6
7	8	9
10	11	12
13	14	15
합산 점수	합산 점수	합산 점수

전체 합계:

나의 생활을 분석하자.

나의 하루 시간표를 분석해 보시오.

나의 하루는 주로 어떤 일을 하며 시간을 보내는가?

나와 자주 교류하는 사람들은 어떤 유형의 사람들인가?

나에 대한 사람들의 평판은?

최근 내가 겪은 가장 힘든 경험은?

최근 내가 겪은 가장 행복한 일은?

Chapter 06

자기 이해를 통한 이미지컨설턴트

자아(自我)는 사전적 의미로 사고, 감정, 의지, 체험, 행위 등의 여러 작용을 주관하며 통일하는 주체로서 사람이 모든 개인적이며 사회적인 활동을 하는 이미지를 포함한다고 볼 수 있다. 사람은 성장하면서 '나는 누구인가?'라는 의문을 품게 된다. 이러한 의문에 대해서는 유전적으로 이어받은 선천적인 성품과 후천적으로 습득한 학습과 경험 또는 자기계발을 통한 노력 등이 다양하게 표출된다고 할 수 있다.

사람들은 자기 나름대로 추구하는 목표가 있으며 성취하고자 하는 삶이 있다. 과거보다 더 나은 현재를 살기 원하며, 지금보다 나은 성공한 미래를 위해 지속적으로 노력한다. 성공한 삶을 위해서는 여러 요소가 필요하겠지만, 그중에서 가장 처음으로 자기 자신에게 과감하게 투자해야 한다. 지식을 얻기 위해 독서하고 외국어를 습득하고 각종 면허증을 취득하여 자신의 내적 발전을 위해 노력하듯이, 자신의 이미지를 지속적으로 가꾸고 변화시키는 이미지컨설팅도 외양을 위한 중요한 성공 요인 중 필수적인 요소이다.

1) 이미지컨설팅의 5단계

성공적인 자기 발전과 자신을 올바로 이해하기 위해서 우선 이미지컨설팅 5단계를 살펴보도록 하자.

(1) 자신을 제대로 알기 위해 노력하자

무엇보다 자신에 대해 객관적으로 파악해 보는 일을 가장 먼저 실행해 보도록 하자. 자신이 지닌 장점과 단점을 파악하고 장점을 최대한 살려 좋은 이미지를 부각시키는 일이 중요하다. 주변의 가족이나 친구에게 나의 장점과 단점에 대해 질문해 보도록 하자. 물론 상대방에게 단점을 지적하고 충고해 주는데 기분 좋은 사람은 없겠지만, 그들이 보는 불편한 시각을 고쳐나가는 일도 필요하기 때문이다. 부족한 부분을 다듬고 좋은 점을 살려나가는 것도 이미지 발전에 일차적으로 필요한 요소가 된다.

(2) 자신이 선호하는 모델을 선정하자

자신이 이상형으로 추구하는 모델을 선정해보도록 하자. 그러한 모델을 선정한 후 자신이 이루고자 하는 목표를 향해 조금씩 준비해 보는 것이 자기 발전에 필요한 일이다. 예를 들어 우리나라 조기 유학 성공 사례로 유명한 국회의원 홍정욱은 어린 시절 케네디 대통령에 관한 책을 읽고 감동하여 케네디를 닮기 위해 미국으로 유학을 결심했다고 한다. 그리고 케네디가 졸업한 학교를 다니며 그의 흔적을 발견하고 그를 닮기 위해 노력했다고 한다. 이렇듯 자신이 추구하고자 하는 목표를 설정하여 그 인물의 이미지를 닮기 위해 자신을 변화시키는 일을 통해 이미지를 새롭게 형성해 나갈 수 있다.

(3) 자신을 개발하자

사람들은 누구나 상대방에게 좋은 이미지를 얻고 싶어 한다. 그러기 위해서 좋은 이미지로 인식된 유명한 사람이나, 성공한 인물을 보며 그 사람의 이미지를 닮고 싶어 한다. 하지만 막연하게 꿈만 꾼다면 그러한 이미지를 형성할 수 없다.

바람직한 이미지를 만들기 위해서는 내 자신이 원하는 이미지를 구체적으로 설정하고, 현재 내 자신이 지닌 이미지를 올바로 분석하고, 나의 이미지와 이상적으로 꿈꾸는 이미지의 현실적이며 명확한 가능성을 개발해 보아야 한다. 그 사람이 지닌 웃음, 가치관, 말투, 사고 등을 통해 끊임없이 자기 자신을 다듬고 개발하기 위해 외적으로도 내면적으로도 투자를 아끼지 말아야 한다.

(4) 자신을 꾸미자

사람의 내면이 좋은 부분으로만 가득 채워져 있어도 겉모습에서 드러나는 이미지를 무시할 수는 없다. 대부분의 사람들이 지속적인 만남과 오랜 경험을 통해 그 사람의 내면이 알찬 이미지로 구성되었음을 평가하기 마련이다. 즉 처음에는 겉모습에 드러난 외형을 통해 이미지를 분석하게 되어 있다. 예를 들어 우리가 누군가에게 선물을 받았을 때를 떠올려 보자. 좋은 내용물도 겉에 꾸며진 포장이 어떤가에 따라 기대감과 신비감이 쌓이게 된다. 같은 내용물도 어떻게 포장했느냐에 따라 물건의 가치와 그것을 바라보는 사람들의 시각이 확연히 다르게 나타난다. 자신의 진정한 내면의 가치를 드러내기 위해서는 외면의 이미지도 소홀하지 않게 꾸며야 그 가치를 더욱 살릴 수 있는 것이다.

(5) 자신을 마케팅하자

현대사회는 자신을 유용하게 홍보해야 하는 전략적인 시대이다. 예를 들어 좋은 물건을 만들었어도 마케팅을 효과적으로 하지 못하면 그 상품은 실패하고 만다. 즉 내 자신의 이미지가 스스로 훌륭하다는 판단이 들어도 상대방에게 내 이미지가 부정적으로 느껴진다면 의미없는 일이 되고 만다. 상대방에게 나의 이미지가 훌륭하게 발휘되도록 자신을 홍보해야 한다. 자신의 가족, 친구, 취업하고자 하는 기관, 경쟁자 등 모든 사람에게 좋은 이미지를 다듬었다면 그 이미지를 적재적소에 홍보해 자신을 필요한 사람으로 만들도록 전략을 잘 세워야 한다. 무엇보다 상품도 다른 상품과는 차별화된 장점을 지녀야 소비자가 서로 구매하고자 하는 충동을 느끼는 것처럼, 사람도 다른 사람이 지니지 못한 매력이 있어야 타인이 지속적으로 나를 찾게 된다. 그러므로 타인과 차별화되고 개성 있는 자신만의 브랜드를 디자인하여 홍보하도록 노력해야 한다.

아무리 장점을 많이 지니고 재주가 많아도 그 기회를 우선 잡을 수 있어야 한다. 그 기회는 자신이 먼저 상대방에게 어떤 방식으로 홍보해 성취하느냐에 달려있기 때문이다.

자기 이해를 통한 이미지 이론을 살펴보았다.
다음 물음에 답해보도록 하자.

나는 어떤 사람인가? 다음 단어를 살펴보자.

도전하는	내성적인
차분한	급진적인
활동적인	조심성 있는
열정적인	친절함
과묵한	겸손함
밝음	우울함
진취적인	예민함
낙천적인	분석적인
매력적인	성실함
건전함	깔끔함
리더십	제2인자
흥미로운	차가움
솔선수범함	방관함

- 위의 해당 항목에서 자신에게 적합한 것을 5개 고르시오.

- 위의 항목에서 자신에게 부족한 부분과 노력해야 하는 부분은 무엇인지 고르시오.

살아 있는 목소리를 위한 14가지 생활습관

하루 생수(1.8L) 한 병 마시기

맵고 짠 음식 피하기
하체를 편하게 하기
바른 자세로 말하기
술을 삼가기
목의 피로를 풀고 수분을 공급하는 차를 자주 마시기
헛기침을 하지 않기
노래방 효과를 피하기
웨이트 트레이닝 하기
목이 쉬는 침묵시간을 가지기
노래를 할 때 자신의 음역(고음, 저음)을 넘나들지 않기
따뜻한 수건으로 목을 감싸기
취침 3시간 전부터 금식하기
정기검진을 받기

– 평소 나의 목소리를 점검해 보자. –

- 나의 목소리나 말투에서 고쳐야 할 부분은 무엇인가?

- 나는 어떤 목소리가 가장 듣기 싫은가?

- 내가 생각하는 유명인 중에 목소리가 좋은 사람은 누구인가?

– 김창옥(2005). 목소리가 인생을 바꾼다. 서울: 다산북스. –

쉬어가기

나를 보는 연습을 하자.

마음은 다만 마음이지, '마음'은 '나'가 아니다.
마음을 멈추고 다만 나를 바라보라.
"무서워 죽겠다."
"힘들어 죽겠다."
"미워 죽겠다."
"죽겠다"라고 하는 것은 '마음'이지 '나'가 아니다.
날개가 달린 비둘기가 네 발 달린 고양이에게 물려죽는다.
비둘기는 고양이와 눈이 마주치는 순간 그만 얼어붙어서 꼼짝을 하지 못한다.
비둘기를 죽게 하는 건
"무서워서 꼼짝할 수 없어"라는 그 마음이다.

비둘기가 '마음'을 두고 '나'를 바라본다면 날아서 도망을 갈 수도 있을 텐데 말이다. 그런 비둘기가 된 자살인구들이 교통사고로 죽는 사람들보다 많아진 시대다. 우리는 스스로 마음을 멈추고 나를 바라보는 연습이 필요할 때이다. 멋지고, 용기 있고, 패기 있고, 아름다운 '나'를 보는 연습을 하자.

– 틱낫한 –

2) 퍼스널 이미지와 성공적인 기법

(1) 퍼스널 이미지

퍼스널 이미지(Personal Image)는 개인이 만들어 내는 각자의 이미지로 각 개인마다 다르게 형성된다. 즉 한 개인이 보여주는 표정, 자세, 태도, 외모 등에서 드러나는 특성이 다양한 방법을 통해 지각되고 연상되는 것을 뜻한다.

'나'라는 사람은 이 넓은 세상에 한 사람일 뿐 두 사람일 수는 없다. 물론 태어나면서부터 외형이 같은 쌍둥이로 태어나는 경우도 있지만, 그들도 생각, 느낌, 성격, 가치관 등은 다르게 형성되고 표출된다. 완전히 똑같은 사람이 존재할 수 없고 각자 지닌 특색과 성향이 다른 방향으로 존재하므로 개인은 각자가 만들어 내는 이미지가 형성되게 마련이다.

퍼스널 이미지는 개인의 지각과 경험을 통해 나름대로 개성 있는 이미지가 형성되기 때문에 그 이미지의 특성에 따라 개인적인 차이가 나타난다. 앞서 이미지(image)란 '어떤 사람이나 사물로부터 받은 느낌', '상대의 눈에 비쳐지는 자신의 형상', '마음속에 그려지는 사물의 감각적 영상, 표상, 심상 즉 마음속에 투영된 영상'을 말한다고 설명했다. 즉 대상에 대한 고유한 느낌이나 특유한 감정을 뜻한다. 이러한 것들은 사람들의 취향이나 사고방식에 따라 두뇌에서 인식되고 창조된다. 그러므로 이미지는 개인마다 주관적인 견해를 가지고 그 대상을 대하지만, 대중들의 기억에 한 사람을 평가하는 이미지가 유사한 경우도 있고, 상반되는 주장으로 평가받으며 대립되는 이미지도 존재한다. 즉 개인의 이미지는 그를 평가하는 타인에 의해 다양성과 복합성을 지니게 된다.

내 자신이 표현하고자 하는 내 모습과 타인에게 인식되는 내 모습이 완전히 일치하지는 않는다. 무엇보다 가장 중요한 목적은 내가 원하는 내 이미지를 상대방도 그렇게 평가해 긍정적인 상태로 인식시켜 주고 싶은 것이 자신이 바라는 소망일 것이다. 따라서 타인이 주관적인 판단으로 평가한 나의 모습을 객관화시켜, 그것을 발전시켜 나만의 독창적이면서 고유한 나만의 퍼스널 이미지로 창조해야 한다.

(2) 퍼스널 이미지 성공 기법 - 표정

상대방에게 나의 이미지를 긍정적인 모습으로 각인시켜 성공적인 인간관계와 사회생활의 좋은 성과를 거두기 위해서는 무엇보다 퍼스널 이미지에 투자해야 한다. 우선은 사람과의 첫 대면에서 그 사람에 대한 인상이 형성되므로 첫인상이 중요한 요소로 작용한다. 그러므로 현대사회에서는 첫인상을 성공적으로 관리하는 것도 하나의 전략이라 볼 수 있다. 사람들은 첫인상에서 나쁜 느낌을 받으면 그 후 다시는 그 사람과 만남을 지속하고 싶지 않은 불쾌한 판단을 내리며, 그 사람을 기피하게 된다. 즉 원만한 대인관계에서 첫인상은 사회적 상호작용의 시작이며 관계의 마지막이 될 수도 있다는 사실을 심각하게 고려해야 한다. 우선 첫인상을 결정하는 이미지 중 가장 높은 비중을 차지하는 부분은 시각적인 요소이다. 처음 사람과 대면했을 때, 가장 눈에 익숙하게 들어오는 부분이 그 사람의 인상 즉 표정이다. 밝은 표정과 호감 가는 미소를 통해 상대방으로부터 공감을 얻어낼 수 있기 때문이다.

미국의 심리학자 메라비언의 법칙에 따르면, 첫인상을 결정하는 요소로 가장 높은 비중을 차지하는 요소는 단연 외모였다. 첫 번째로 시각적인 이미지가 80%를 차지하는데, 여기에는 태도, 표정, 제스처 등이 있다. 그 다음 요소가 청각적인 이미지로, 목소리에서 전해지는 어조, 억양 등을 들 수 있다. 마지막으로 성격적인 측면으로, 말의 내용에서 드러나는 언어, 인격, 교양 등을 통해 그 사람의 첫인상이 인식된다고 주장하였다. 무엇보다 처음 느껴지는 외모에서 가장 중요한 요소는 표정이며, 좋은 인상을 남기는 표정은 단연 미소를 담은 모습이었다. 우울하거나 딱딱한 표정으로 대하는 사람에게는 거부감이 느껴지지만, 웃는 모습으로 다가오는 밝고 적극적인 사람의 태도는 주변을 부드럽고 활기차게 만들어 준다. 즉 첫인상을 제대로 관리하기 위해서는 매력적인 얼굴로 장식해 지속적으로 좋은 만남을 구축하는 토대가 되도록 준비해야 한다.

사람의 얼굴에는 80여 개의 표정근이 있어서 7천 가지 이상의 다양한 표정을 연출할 수 있다고 한다. 그러므로 이러한 표정을 변화시키는 훈련을 통해 매력적인 모습을 표현하여 성공적인 사람의 얼굴로 거듭나야 한다. 다음 그림을 통해 성공적인 표정을 만들기 위해 주의해야 할 신체적인 요소를 살펴보도록 하자.

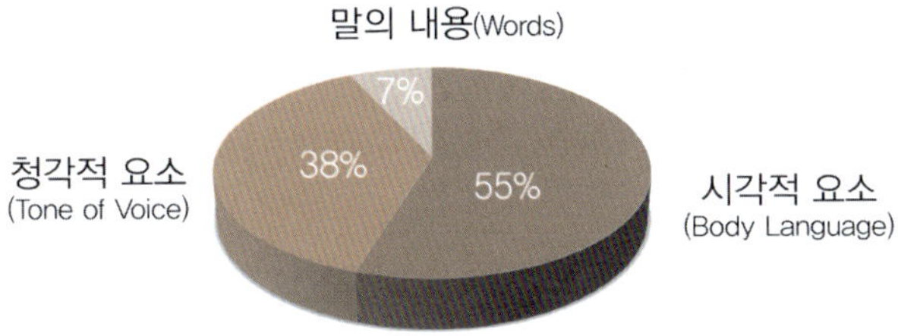

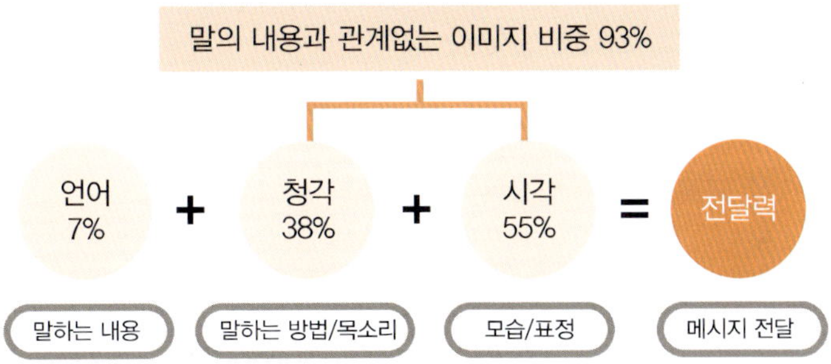

인사담당자가 꼽은 첫인상 결정요인

※인사담당자가 351명 복수응답 결과(응답률 %), 자료제공: 잡코리아

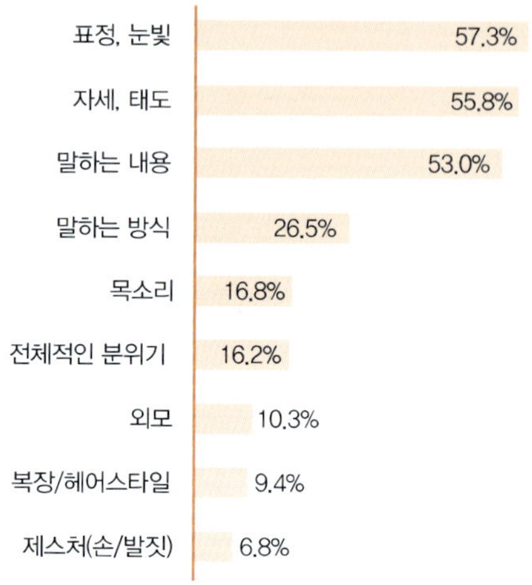

퍼스널 이미지 성공을 위한 방법

성공적인 표정을 만들기 위한 요소

워밍업을 철저히 하고 몸과 마음의 긴장을 충분히 풀어라.
거울을 보고 체크하면서 올바른 방법을 마스터하라.
움직이고 싶은 근육에 의식을 집중하라.
천천히 충분히 움직여라.
꾸준히 지속하라. 매일 15분 5가지 이상의 운동을 습관화하라.
무리하는 것은 금물, 지치지 않도록 주의하라.

– 이누도 후미코(2005). 얼굴표정근운동법: 페이스닝. 일산: 북스넛. –

조심해야 할 눈의 표정

눈을 피하며 대화하지 말자.
상대방을 보지 않고 다른 곳을 보며 산만하게 하지 말자.
멍하거나 졸린 눈으로 상대방을 응시하지 말자.

눈에 지나치게 강한 힘을 주며 바라보지 말자.
상대방 눈을 너무 뚫어지게 쳐다보며 대화하지 말자.
눈으로 상대방을 위로 아래로 지나치게 관찰하듯이 살펴보지 말자.

내가 상대방과의 만남에서 표정이나 눈의 동작에 대해 개선할 부분은 무엇인가?

(3) 퍼스널 이미지 성공 기법 – 자세

자신의 이미지 중 상대방에게 느껴지는 태도가 큰 몫을 차지한다. 그 중에서 중요한 영역을 차지하는 자세는 결코 무시할 수 없는 부분이다. 특히 한 사람이 타인에게 드러내는 자세에 대한 이미지는 선천적으로 타고나는 신체의 부위와는 다른 차이점을 지니고 있다. 즉 한 개인이 지닌 태도 이미지 중 자세는 태어나는 순간 정해진 것이 아닌, 자신의 오랜 생활 모습에서 형성된 습관이다. 개인의 노력에 의해 얼마든지 좋은 자세를 가다듬고 매력적인 겉모습으로 포장할 수 있기에 늘 주의를 기울여야 한다. 주로 그 사람의 자세를 보면 그 사람의 현재 기분이나 신체 상태를 판단하게 되고, 주변 사람들의 관심과 주목을 받으며 그 사람의 이미지를 평가하게 되는 도구가 된다.

한 개인이 취하는 자세로 인한 느낌은 상대에 대한 관심의 표현이며 존경의 의미를 나타낸다. 예를 들어 나보다 연령, 지위가 높은 사람과 마주했을 때의 자세와 친구 간의 자세는 다르게 취하게 된다. 또한 상대방에 대한 친밀감과 신뢰감에 따라 자세는 무시할 수 없는 행동으로 표출된다. 즉 사람들과의 교류나 첫인상 또는 인간관계 형성에서 대화를 나누기 전, 보여주는 자세를 통해서도 그 사람의 이미지 형성에 큰 작용을 하게 된다.

흔히 표정으로 상대방의 마음을 알 수 있고, 자세로 그 사람의 성품을 느낄 수 있는 근거가 된다고 한다. 바른 자세는 좋은 외적 이미지 형성의 기본이 되며, 단정한 이미지 형성에 근거로 작용한다. 타인과의 만남에서 그 사람이 취하는 자세로 인해 호감을 증가시키기도 하고, 반대로 좋은 외모와 달리 자세로 인한 반감을 가중해 불쾌한 이미지로 기억에 남게 되는 경우도 많다. 주로 자세는 후천적인 노력과 습관에 의해 유지되므로 꾸준히 노력을 기울여야 한다.

좋은 자세

• 여성의 서 있는 자세

정면을 향해 시선을 응시한다.
오른손을 위로 하여 아랫배에 얌전하게 둔다.
등과 허리, 가슴을 곧게 편다.
무릎과 발뒤꿈치는 붙이고, 발을 넓게 벌리거나 흔들거리지 않도록 한다.

• 남성의 서 있는 자세

턱을 내밀지 않고 정면을 향해 시선을 응시한다.
양손을 바지 선에 살짝 붙인다.
무릎과 발뒤꿈치는 붙이고, 양발을 넓게 벌리거나 떨지 않아야 한다.
등과 허리, 가슴을 곧게 편다.

• 여성의 앉은 자세

상체를 구부리지 않는다.
등을 의자에 기대거나 넓은 간격을 두고 앉지 않는다.
무릎과 발끝을 붙이고, 손을 바르게 모아 무릎 위에 둔다.
짧은 치마를 입었을 경우에는 단정한 무릎덮개를 사용하는 것도 좋다.

이때 다리를 벌리거나 신발을 벗어 상대방을 불쾌하게 하는 행동은 주의해야 한다.
움직일 때, 치맛자락과 다리 자세를 잘 다듬으며 일어날 때 조심해야 한다.

• 남성의 앉은 자세
상체를 곧게 편다.
등과 의자 등받이 사이를 기대거나 상체를 움직여 거만해 보이지 않도록 한다.
다리를 너무 넓게 벌리지 않고 손을 무릎 위에 둔다.
바지 길이와 신발의 상태를 깔끔하게 확인한다.

• 여성의 걷는 자세
무릎 안쪽이 서로 가볍게 스치도록 걷는다.
다리를 벌려 발의 보폭을 너무 크게 해서 걷지 않도록 한다.
팔 움직임을 크게 하거나 지나치게 흔들지 않도록 한다.
신발을 시끄러운 소리가 나도록 하거나 끌면서 걷지 않도록 한다.

• 남성의 걷는 자세
등과 어깨를 곧게 편다.
시선은 정면을 향해 걸어간다.
무릎을 펴고 좌우의 발을 벌리거나 흔들거리지 않고 평행이 되도록 보폭을 약하게 걷는다.

내 자신의 태도를 구체적으로 살펴보자. 평소 나의 자세에서 걸음걸이, 앉은 자세, 손동작 등을 검토해 보자. 고쳐야 할 습관이 무엇인지 적어보시오.

(4) 퍼스널 이미지 성공기법 – 대화예절

상대방과 대화할 때 긍정적인 이미지를 위한 방법

• 상대방 눈을 바라보며 대화하기

부드럽게 바라보며 대화에 임해야 한다. 눈을 의식적으로 피하고 다른 곳을 산만하게 바라보며 정서가 불안해 보이는 모습으로 상대를 바라보며 대화하는 것은 좋은 모습이 아니다.

• 미소를 지으며 대화하기

늘 화가 나 보이거나 불만에 가득한 표정, 무표정한 얼굴로 대화에 임하는 것은 상대방의 기분까지 우울하게 만들어 대화를 그만두고 싶게 만드는 첫 걸음이 된다. 자신이 아무리 좋은 장점을 지니고 있어도, 처음 대화에서 호감을 얻지 못하면 다음 기회를 얻기 힘들어진다. 처음 대화에서부터 불편한 얼굴과 마주하면 누가 다시 그 사람과 대화를 이어가고 싶겠는가? 가능한 웃으며 밝은 표정으로 대화에 임하도록 하자.

• 개방적인 태도로 대화하기

상대방과 대화할 때, 자신이 일방적으로 대화의 주도권을 가지고 자신의 자랑이나, 타인에 대한 지나친 험담이나 소문, 고민, 푸념을 늘어놓는 것도 주의해야 한다. 그 분위기에 적합한 밝고 좋은 공통의 주제로 대화를 이끌어가야 한다는 사실을 명심해야 한다.

• 성의 있는 태도로 대화하기

상대방의 질문이나 대화 내용을 적절하게 반응해 주어야 한다. 중간에서 말을 끊거나 참견을 하거나 두리번거리며 건성으로 대답하는 것은 상대방을 불편하게 하는 일이다.

• 부정적 화법보다는 긍정적 화법을 사용해 대화하기

상대방이 누구든지 대화에 임할 때는 가능한 부정적인 표현은 피하는 것이 좋다. 같은 표현도 부드러운 말투로 상대방 기분을 상하지 않도록 좋은 쪽으로 대답하고 수용해 주어야 한다.

• 가능한 경어를 사용해 대화하기

첫만남이나 관계를 지속적으로 유지해 가는 데 있어서 가능한 상대방을 존중하며 대화를 하고 있다는 생각이 들도록 배려해주어야 한다. 즉 말이 선하고 고운 사람이 교양이 있다는 인식을 남겨준다. 예를 들어 아무리 고학력에 다양한 지식을 갖추고 있어도 빈정거리는 말투에 존중하지 않는 천박한 말투로 명령이나 지적하는 것 같은 느낌을 준다면 그 사람과 더 이상 대화를 지속하고 싶어하지 않게 된다.

자기 이미지를 찾아보자. - 자신의 이미지 분석 -

다음 20가지 중 내 자신이 이미지 발산을 위해 가장 중요하게 생각하는 것 5가지를 적어보시오.

1. 온유함
2. 친절함
3. 조용함
4. 다정함
5. 편안함
6. 조신함
7. 밝음
8. 예의바름
9. 차분함
10. 친절함

11. 성실함
12. 진중함
13. 매력적임
14. 눈치 빠름
15. 인내력
16. 깔끔함
17. 추진력
18. 명랑함
19. 활동적임
20. 사교적임

다음 10가지 중 내 자신에게 가장 강한 것과 가장 부족한 부분을 한 가지 적어보시오.
가장 강한 것 번호:___________ 가장 부족한 것 번호: ________________

1. 미소 짓는 얼굴
2. 시간관념의 철저함과 성실성
3. 겸손한 태도와 자세
4. 교양 있는 말투
5. 단정한 외모와 복장
6. 순발력 있는 재치
7. 세련된 매너
8. 능숙한 대화 능력
9. 유머 감각
10. 풍부한 지식과 능숙한 표현력

사람의 마음을 열기 위한 대화법 10계명

1. 상대방의 입장과 상황을 헤아려본 뒤 말한다.
2. 상대의 눈높이에 맞춰 쉽고 편한 말투로 얘기한다.
3. 다른 데 한 눈 팔지 않고 오직 대화에만 집중한다.
4. 상대의 취향과 가치관이 나와 다르더라도 존중한다.
5. 상대를 이기겠다는 생각을 버리고 대화에 집중한다.
6. 상대방의 꿈과 이상에 대해 기대감을 나타낸다.
7. 상대방의 능력을 인정해주고 용기를 북돋아 준다.
8. 상대의 아픔을 내 일처럼 받아들이고 위로를 건넨다.
9. 의견이 다르더라도 상대가 말할 때 권리를 제한하지 않는다.
10. 사적인 얘기를 먼저 털어 놓으며 쉽게 가까워진다.

– 이기주(2013). 적도 내 편으로 만드는 대화법. 서울: 황소북스. –

다음 표현을 자신이 창작해 세련된 대화법으로 바꾸어 보자.

내가 서비스업인 항공사에 근무하는 승무원이라고 생각하고 승객으로부터 곤란한 부탁을 요청받았을 때, 고객 기분이 상하지 않도록 어떻게 재치 있고 부드럽게 대답해 대화를 이어갈지 대답을 만들어 보시오.

예문) 승객: 너무 더운데, 항공기 고장이면 안전에 이상 있는 거 아니에요? 나 내려주세요.

승무원: 고객님 우선 불편하게 해 정말 죄송합니다. 이륙 전에는 냉방 시스템이 원활하지 않을 수 있습니다. 이는 안전상의 문제가 있는 것이 절대 아니니 걱정하지 않으셔도 됩니다. 이륙 후에 바로 시원해질 것입니다. 너무 더우시다면 제가 시원한 얼음물 한 잔 먼저 가져다드리겠습니다.

만일 내가 승무원이라면 어떻게 대답했을지 위의 예문을 참조해 원만한 대화를 창작해 보시오.

쉬어가기

명품사람

마음이 편해야 입은 옷이 명품이고
시간을 아끼고 잘 지켜야 시계가 명품이고
반가워하는 물건이 나와야 가방이 명품이고
배고픈 사람에게 지폐가 나와야 지갑이 명품이라는데
언제가 너그러움과 따뜻함이 가득한 마음을 가진 명품인 사람들은 어디에 계시는지요.

– 한희숙(2017). 길을 묻는 그대에게. 서울: 한강. –

명품

고객을 단 한마디로 정의하는 것은 화를 자초하는 일이다.
명품을 살 때는 100만 원도 아깝지 않지만
때로는 우유값 30원, 50원 차이를 놓고 따지기도 하는 것이 고객이다.
어떨 땐 제품 선택의 최우선 기준을 디자인으로 삼고 다른 경우에는
제품의 질을 우선시하기도 한다.

– 이장우(2001). 마케팅 잘하는 사람, 잘 하는 회사. 서울: 더난. –

모두 다 당신 편

당신의 재능은 사람들 머리 속에 기억되지만,
당신의 배려와 인간적인 여백은 사람들 가슴 속에 기억됩니다.
가슴으로 당신을 기억하는 사람들은 모두 다 당신 편입니다.

– 이철환(2006). 못난이만두 이야기. 서울: 가이드 포스트. –

이미지 지수를 높이는 40가지 성공기술

1. 자기 성공을 위한 뚜렷한 비전과 구체적인 목표가 있다.
2. 나쁜 습관은 소수이고, 좋은 습관은 다수이다.
3. 매사에 긍정적이고 적극적이다.
4. 자신의 감정을 적절하게 통제할 수 있는 감정주인이다.
5. 나의 발전과 성장을 위한 다양한 분야의 독서를 규칙적으로 한다.
6. 나만의 문화생활이나 휴식시간을 정기적으로 가진다.
7. 다른 사람이나 환경 때문에 화를 내는 일을 자주 하지 않는다.
8. 내가 하는 말에서 신바람과 향기가 풍긴다.
9. 성공한 미래의 내 모습을 영화로 만들어 수시로 상영한다.
10. 활동은 명랑하고 경쾌하여, 다른 사람들이 나를 보기만 해도 기쁨을 느낀다.
11. 나의 주위에 가슴으로 통할 수 있는 좋은 사람들이 많다.
12. 약속은 특별한 경우를 제외하고는 반드시 지킨다.
13. 항상 사소한 일들도 메모하는 습관을 가지고 있다.
14. 고민하며 주춤거리기보다는, 먼저 행동으로 옮기며 실천한다.
15. 일단 세운 계획은 끝까지 완수하는 끈기가 있다.
16. 삶에서 쓸데없는 행위들을 매일 매일 줄여 나간다.
17. 내가 벤치마킹하는 이미지 성공모델이 있다.
18. 평소에 거울을 보고 미소를 훈련해, 어디서든 자연스러운 미소를 지을 수 있다.
19. 짧은 시간에 나의 의사를 분명하게 잘 전달한다.
20. 자연스러운 메이크업으로 나의 독특한 개성을 부각시킨다.
21. 체중이 불어나면 그 즉시 식사량 조절이나 운동을 한다. 그리하여 일정한 몸매를 유지한다.
22. 나의 약점은 감추고 강점은 부각시키도록 옷을 입을 수 있는 패션 감각이 있다.
23. 시간과 장소에 맞게 적절한 연출을 할 수 있다.
24. 몸의 자세가 반듯하게 균형을 이루고, 걸음걸이가 당당하다.
25. 몸짓과 제스처는 우아하고 품격이 나타난다.
26. 사람을 만나면 내가 먼저 친절하게 인사한다.
27. 고급언어를 사용하여 교양지수가 높다.
28. 상대가 말을 할 때는 눈을 바라보며 몰입하여 경청한다.
29. 몸과 마음을 최고의 건강상태로 만들기 위하여, 에너지를 높여 주는 음식을 섭취하며, 주 3회 이상의 규칙적인 운동, 활력이 넘치는 생각을 하고 있다.

30. 겸손한 토양 위에, 자신감과 자부심의 나무가 무성하게 자라있다.
31. 어느 한쪽에 편중됨이 없이, 감성과 이성이 골고루 발달되었다.
32. 세상에서 최고의 자산이 자신이라는 사실을 인식하고, 자신을 사랑하고 가꿀 줄 안다.
33. 나의 이미지 가치를 올리기 위한 성공전략을 가지고 있다.
34. 나의 전체를 명확하게 전달할 수 있는 '자기 브랜드'가 있다.
35. 나를 명품으로 보이게 만드는 명함을 가지고 있다.
36. 신발, 가방, 필기구, 넥타이 등 액세서리가 나의 가치를 높여준다.
37. 나의 경력과 가치를 높일 수 있는 전문지식과 성공 능력을 날마다 업그레이드 하고 있다.
38. 스트레스에 짓눌리기보다는 작은 즐거움도 확대해 삶을 즐겁게 디자인한다.
39. 남과 비교하기보다는 나 자신에게 숨겨진 위대함을 발굴하여 특별하게 다듬는다.
40. 지금! 당장! 자신을 명품인재로 만들기 위한 구체적인 실천전략을 만들어 하나씩 실천한다.

위의 40가지 항목을 하나씩 체크하라. 그리하여 부족한 항목의 성공지수가, 최고 점수가 나올 수 있도록 조금씩 보완하라. 그렇게 매일매일의 삶을 성공적으로 자신을 디자인하면 당신도 명품인재가 될 수 있다.

– 유철수(2005). 명품인재 짝퉁인재. 서울: 이지북. –

퍼스널 이미지 성공을 위한 방법 - 좋은 이미지를 만들기 위한 비법 -

1. 단정하게 옷을 입자.
2. 정중하게 인사하자.
3. 첫인상에서 밝은 미소와 좋은 표정으로 대하자.
4. 대화할 때 눈을 응시하며 성실하게 경청하자.
5. 자신의 매력을 보여주기 위해 노력하자.
6. 상대방의 입장에서 듣고 공감하자.
7. 바른 자세로 임하고 상대방을 대하는 동안 자세를 점검하자.
8. 주변 사람들의 시선과 입장을 배려하자.
9. 상대방의 입장과 기분을 배려하자.
10. 산만하거나 부주의한 자세로 상대방을 대하지 말자.

위의 내용을 바탕으로 내 자신이 생각하는 좋은 이미지를 만들기 위한 비법을 만들어 보시오.

3) 퍼스널 이미지 성공 사례 인물 탐색

현대사회는 과거 경제 성장과 발전을 목표로 무작정 달려오던 시대와 달리 여러 가지 통신 수단과 대중의 시선을 주목받고 또 대중에게 다양한 각도로 평가받는 시대로 변화되었다. 그러한 시대 변화는 자신의 이미지를 성공적으로 관리하는 일을 무척 중요하게 평가받는 시대로 각인되어 퍼스널 이미지를 제대로 키워나가고 성공한 인물들의 이미지를 탐색하는 작업을 모색하게 되었다. 이러한 시대에 '내 자신을 어떻게 전달하고 표현할 것인가'에 대해 심사숙고해 보아야 한다. 내가 내적으로 갖춘 좋은 기질과 실력이 외적으로도 아름답게 발산된다면 나의 경쟁력이 조금 더 가치 있게 실현될 수 있기 때문이다.

여기서는 역사적인 인물 중에서 이미지가 훌륭했던 인물들의 사례를 살펴보고, 현대사회 유명 인물 중 이미지 개선에 성공한 인물과 그 영향에 대해 분석해 보며 자신의 이미지 관리와 개발에 필요한 요소를 찾아보도록 하자.

(1) 이미지가 좋은 군주

➡ 세종대왕의 업적과 모범적인 군주 이미지

청년 세종대왕이 임금의 자리에 오르면서 극심한 가뭄이 이어졌다. 이 때문에 굶어죽는 백성들의 시체가 늘어나자 세종대왕은 육조관아에 임금의 내탕금으로 죽을 끓여 백성들을 먹이게 했다. 경복궁으로 돌아온 세종대왕은 신하들의 반대에도 불구하고 경회루 앞에 초가집을 짓게 한다. 그것도 새 재목이 아닌 낡은 재목으로 허름한 초가집을 짓게 하였다.

그때부터 세종대왕은 백성들의 고통과 삶을 함께 하겠다며 초가집에서 집무를 보면서 의식주를 해결하였다. 대표적인 업적으로 첫째, 전 세계에서 가장 독창적이고 과학적인 한글을 창제하여 백성들도 문자를 쉽게 탐독하여 문화 수준을 높여주었다. 둘째, 백성들을 위해 합리적인 세금 제도를 마련했다. 당시 관리가 직접 전국의 가가호호를 방문하여 백성들의 의견을 묻고 기록하여 세금을 측정하기로 한 일이다. 셋째, 신분보다 능력 있는 인재를 등용하기 위해 노비에 불과했던 장영실을 발탁해 과학기술을 발전시켰다. 넷째, 약자의 편에서 복지정책을 실시했다. 장애자를 위한 특혜와 복지 시설 확장, 여자 노비에게 백 일간의 출산 휴가를 주고, 그 남편에게도 한 달간의 출산 휴가를 주어 아내의 산후조리를 돕도록 했다.

정조의 수원화성 공사에 담긴 애민군주 이미지

조선 22대 임금이자 사도세자의 아들인 정조는 조선 후기를 대표하는 성군이다. 학자 군주라 불릴 만큼 학문적으로도 뛰어난 두각을 드러내며 『일성록(日省錄)』을 비롯한 『홍재전서(弘齋全書)』 등의 서적을 집필한 일도 대단하지만, 수원화성 공사 때 정조가 보여준 공사 진행 방법과 철학은 전 세계에서 찾아볼 수 없는 애민정신이 뚜렷이 드러나 감동을 주고 있다.

당시 정조는 파격적이고 특별한 방식으로 공사를 진행했다. 거대한 성 하나를 건설하면서 가난한 백성들에게 세금을 거두지 않았으며, 역사상 최초로 부역에 종사하는 백성들에게 임금을 지급한 일이다. 그 시절 백성들에게 부과되는 의무 중 하나인 부역은 무척이나 부당하고도 고통스런 의무였다. 강제로 이주해야 했고, 공사에 필요한 비용도 직접 백성이 세금으로 충당해야 했으며, 공사 중 식량이나 임금이 지급되지 않는 것은 당연한 의무사항 중 하나였다. 그러나 정조는 당시 임금의 개인 재산인 내탕금을 오래 전부터 저축해 그 비용으로 공사를 진행했다.

또 정약용이 설계하고 창작한 거중기를 이용해 십 년 계획이었던 공사를 삼 년 만에 완공한다. 백성들에게 공사 기간 동안 일한 날짜만큼 임금을 지급해 주었고, 고위관료들이나 착용하던 털모자를 하사했으며, 의복과 한약을 지어주면서 위로해주었다. 그 시절 그 누구도 흉내 낼 수 없었던 애민정신을 실천하며 공사를 마무리했다. 수원화성은 계획보다 일찍 완공했지만 부실하지 않았고, 백성들의 일자리를 마련해 준 계기가 되었으며, 1997년 유네스코 세계문화유산으로 등록되었다.

(2) 이미지가 좋은 의료인

아름다운 의료인의 이미지 - 공병우

공병우(1906~1995) 박사는 1926년 평양의학강습소를 수료한 후, 조선의사 검정시험에 합격했다. 그 후 1936년 일본 나고야제국대학에서 의학박사 학위를 취득하고, 1938년 공안과를 개원했다. 공병우 박사는 대한민국 최초의 안과의사, 최초로 안과병원을 개업, 최초로 쌍꺼풀 수술을 집도했고, 최초로 콘택트렌즈를 도입하였다. 또 평생 동안 양심을 지키며 환자들을 올바로 진료하고 불우한 환자를 무료로 진료해 준 모범적인 의료인이었다. 연구를 위해 방문했던 미국 귀국 후, 우리나라 맹인들을 위해 맹인용 지팡이를 개인비용으로 도입해 무료로 시각장애인들에게 나눠 주었다. 또 당시 최초로 구급차를 도입해 전국을 돌며 가난한 환자들을 무료로 진료해 주며 시각장애인을 위한 학교를 설립하였다.

공병우 박사의 의사로서의 열정과 함께 한글을 사랑한 한글 학자로서 한글 타자기를 발명한 공로를 잊어서는 안 된다. 그는 한글 학자 이극로와의 만남을 계기로 우수한 한글을 세계에 알리고 후학들이 한글로 쉽게 책을 번역하고 작성할 수 있는 한글 타자기를 개발하게 된다. 그러한 노력으로 한글 타자기는 미국 특허를 받게 되고, 이어서 시각장애인을 위한 점자 한글 타자기도 개발하게 된다. 늘 연구와 개발의 열정을 멈추지 않았던 공병우 박사는 82세의 나이에 한글문화원을 설립한다. 당시 실력 있는 젊은 연구원들과 보다 편리한 한글 프로그램을 개발하는 데 지원을 아끼지 않았다. 현재 우리가 편리하게 사용하고 있는 '아래아 한글'의 탄생도 공병우 박사의 성과였다.

"나의 죽음을 세상에 알리지 마라. 장례식도 치르지 마라. 쓸 만한 장기는 모두 기증하고, 시신은 대학에 실습용으로 기증하라. 유산은 시각장애인 복지를 위해 써라." 이 유언은 공병우 박사가 남긴 마지막 당부였다. 이러한 당부 덕분에 공병우 박사의 무덤도 없고, 제사를 지내지도 않았으며, 장례식도 치르지 않았고, 시체도 없으며, 공병우 박사의 죽음도 시간이 지난 후에야 알려지게 되었다.

공병우 박사는 당시 신문에서 '한국의 고집쟁이'로 선정될 만큼 자신만의 강인하고 올바른 철학과 실용적인 고집으로 삶을 이어왔다. 복잡한 형식을 싫어해 병원 개업식 등 집안 행사를 거의 치르지 않았다. 옷치장에 보내는 시간이 아깝다며 넥타이를 매지 않고, 사과궤짝으로 침대를 만들어 사용했다. 아들 결혼식 때, 며느리 폐백을 없애고 서로 악수로 끝냈다. 콧물 닦았던 휴지도 모아 다시 신발 닦는 데 사용했고, 낮잠 자는 사람들에게 시간이 아깝다며 호통을 치곤 했다. 이렇게 자신에게는 지독할 정도로 검소하게 살았지만, 불우한 이웃이나 환자들에게는 끝없이 관대하고 베푸는 삶으로 일생을 마쳤다.

(3) 이미지가 좋은 연예인

노블레스 오블리주를 실천한 연예인 - 차인표

연예인 차인표는 국내 해운업계에서 손꼽히는 기업의 오너 아들이자, 미국 시민권을 갖고 있었다. 미국 명문대에서 석사 과정을 마치고 해운업계 직원으로 일하다가 연예계로 들어서게 되었다. 연예인으로 인기 절정에 있을 무렵, 차인표는 미국 시민권을 포기하고 삼십이 넘은 늦은 나이에 약혼자를 두고 군대에 입대하게 된다. 이는 당시로서는 놀라운 선택으로 주변 사람들을 감동하게 했다. 한 기업을 경영하는 부유층이 아닌 일반 서민들도 아들을 군대 보내기 싫어 불법을 저지르고, 정상적인 신체의 일반인들도 군대를 가기 싫어하는 현상이 대부분이었기 때문이다.

사실 차인표는 당시 늦은 나이에 대한민국 국민이 아닌 미국 시민권자로, 군대를 가지 않아도 되는 나이까지 미국에 거주하다 다시 대한민국 시민으로 살 수도 있었다. 하지만 차인표는 비열하거나 비정상적인 방법을 선택하지 않고 당당히 군대에 지원해 현역으로 복무를 마쳤다. 그 후에도 아버지의 기업을 전문경영인에게 넘기고 자질이 없는 자신은 물러나는 일이 옳다고 선언하며 연예인으로 충실히 살아가고 있다. 차인표는 아들이 있는데도 공개입양을 통해 두 아이의 아버지가 되었고, 전 세계의 가난하고 소외받은 이웃을 위한 기부를 아끼지 않으며 지금도 성실한 봉사 활동을 이어가고 있다.

게다가 2010년 SBS연기대상 시상식에서 다음과 같은 수상 소감으로 신선한 충격과 감동을 주었다. “새해가 밝았는데 행복한 일들을 하셔야죠. 여러분 컴패션을 통해 세계의 가난한 어린이들과 결연을 맺으십시오. 결연하시는 순간부터 여러분의 인생이 더욱 행복해질 것입니다.” 그리고 2011년 『오늘예보』라는 소설을 발표하면서 “인간 삶의 메뉴에 여러 가지가 있지만 자살은 포함되어 있지 않습니다. 자살은 결코 우리가 선택할 수 있는 것이 아닙니다. 인간이 선택할 수 있는 것은 단 하나, 세상을 끝까지 살아 내는 것, 더 많은 사람을 사랑하고 생명을 계속하는 것입니다." 차인표는 당시 수상 소감과 기자회견 발언처럼 지금까지 늘 자신의 선택에 정직한 결정을 내리며 최선을 다해 동료들과 후배들로부터 존경받는 연기자로 살아가고 있다.

(4) 이미지가 좋은 기업인

마스시다 회장의 경영 철학

일본인이 가장 존경하는 기업인이자 경영의 신으로 불리는 마스시다 고도스케(1894~1989)는 마스시다 전기를 세계적인 기업으로 성장시킨 경영인이자 교육 사업가이다. 당시 패전국이었던 일본이 세계 경제의 선진국으로 성장하는 데는 마스시다 회장이 설립한 회사가 있었기에 가능했다. 어린 시절 자전거 가게 점원을 시작으로 시멘트 회사 운반 사원을 거쳐 1910년 오사카 전등 주식회사 견습 사원으로 입사한다. 그 후 1918년 마스시다 전기 기구제작소를 부인과 처남과 함께 설립한다. 이 기업은 내셔널 파나소닉으로 세계 유명 기업으로의 출발점이 되었다. 1930년대 마스시다는 기업가로서 자신의 사명을 다음과 같이 전했다. "좋은 물건을 싸게 많이 만들어 공급함으로써 가난을 몰아내 물질적 풍요를 실현하고 사람들에게 행복을 가져다준다"는 신념으로 이후 매출액을 늘려갔다. 일본 최초로 1965년 주 5일제 근무를 도입했고 1960년대 중반 일본이 개방경제체제를 추구하면서 경영 예술론을 펼쳐 나갔다. 또 1979년 마스시다는 새로운 리더를 양성하기 위해 사재 70억 엔을 들여 (재)마스시타 정경숙을 설립했다. 마스시다는 생애를 마치는 순간까지 산하 570개 기업에 종업원 13만 명을 거느린 대기업의 총수로서 존경받았다.

마스시다 회장은 자신의 성공비결을 묻는 기자에게 하늘로부터 세 가지 은혜를 받았기에 성공할 수 있었다며 그 성공비결 세 가지를 다음과 같이 설명했다. 첫 번째로 가난하게 태어난 것에 감사하고, 두 번째로 허약하게 태어난 것에 감사하고, 세 번째로 못 배운 것에 감사한다고 했다. 이러한 세 가지는 모든 사람들이 불행으로 여기는 약점인데, 은혜라는 말에 놀라 그 이유를 묻자, 그는 다시 다음과 같이 답했다. 가난하게 태어났기에 부지런히 일해야 성공할 수 있다는 사실을 배웠고, 허약한 탓에 건강의 소중함을 알았고, 초등학교도 졸업하지 못했기에 세상 모든 사람들을 스승으로 알고 배움에 전념하려 했다는 것이다.

유일한의 경영 철학

대한민국 기업의 역사가 시작된 지도 백 년이 지났다. 하지만 안타깝게도 노블레스 오블리제를 실천한 기업인은 찾아보기 힘들다. 하지만 기업인으로서 최초로 도덕교과서에 실린 올바른 윤리 경영을 실천한 인물로는 유일한 박사가 유일하다. 유일한 박사는 평양에 정착한 아버지 유기연으로부터 일찍이 서구 문물을 접하고 장사하는 법을 지켜보며 성장했다. 아버지의 권유와 선교사의 도움으로 유일한은 아홉 살 어린 나이에 미국으로 떠나 그곳에서 신문배달과 우유배달 등으로 학비와 생활비를 벌며 성실하게 생활했다. 당시 유일한은 사람들에게 실용적인 도움이 될 수 있는 상업계통으로 공부하여 장사를 시작했다. 그리고 동양인 최초로 미국인 의사가 된 호미리 여사와 결혼하게 된다. 처음에는 미국에서 숙주나물을 판매하는 사업을 시작하여 성공을 거두고, 1926년 한국으로 귀국한 유일한은 유한양행을 설립한다. 식민지 국가의 가난에 굶주린 국민들에게 기업을 세워 일자리를 창출해 주기 위한 목적에서였다. 1936년에는 주식회사로 전환해 주식의 10% 정도를 종업원들에게 나누어 주었다. 즉 국내 기업으로는 최초로 종업원 지주제를 실시한 것이다. 유일한은 1945년 해방된 후에도 불법 정치 자금을 건네준 일이 없고, 세금을 탈세하지도 않았으며, 1962년에는 제약회사 최초로 주식공개를 실시했다.

유일한의 경영인으로서의 근검과 투명성은 1963년 대통령으로부터 표창장을 받으며 인정되었고, 1964년 국무총리로부터 우량 상공인 표창, 1968년 동탄산업훈장, 1970년 국민훈장모란상 등을 수상했다. 유일한은 기업에서 얻은 이익은 사회로 환원해야 하며, 기업의 이윤은 유능한 인재를 양성하는 교육 사업에 주력해야 한다는 뜻을 세웠다. 1952년부터 시작된 교육 사업은 명칭 변경과 통합을 거치며 지금의 유한대학교와 유한공업고등학교로 자리잡았다. 유일한은 평생 동안 근검절약하며 성실한 삶을 살다가 1971년 운명했다. 유일한 박사가 남긴 유언장은 대한민국 모든 기업인들에게 모범이 되며, 모든 사람들에게 감동을 주었다.

유일한 박사의 유언장

손녀에게는 대학 졸업까지 학자금 1만 달러를 준다. 딸에게는 학교 안에 있는 묘소와 주변 땅 5천 평을 물려준다. 그 땅을 동산으로 꾸미고, 결코 울타리를 치지 말고 중·고교 학생들이 마음대로 드나들게 하여 그 어린 학생들의 티 없이 맑은 정신에 깃든 젊은 의지를 지하에서나마 더불어 느끼게 해 달라. 내 소유 주식은 전부 사회에 기증한다. 아내는 딸이 그 노후를 잘 돌보아 주기 바란다. 아들은 대학까지 졸업시켰으니 앞으로는 자립해서 살아가거라.

(5) 이미지가 좋은 정치인 성공 사례

한 개인의 특정한 이미지를 대중에게 알려 그 효과를 얻고자 하는 데 대표적인 역할이 '정치인 이미지'라 할 수 있다. 미국의 정치 광고의 전문가인 '죠 맥기니스(Joe Mcginnis)'는 의도적으로 창출된 후보의 이미지가 선거 당락에 직접적인 영향을 준다고 주장하였다. 정치인들은 개인이나 기업인 등 타 분야의 사람들보다 이미지메이킹에 인위적인 요소를 강하게 부과한다. 기본적인 목표가 최고 지도자 자리의 당선이므로 후보자 개인의 직접적인 능력이 드러나야 하고, 이러한 자질을 다양한 매체를 통해 이미지메이킹해야 한다. 정치인은 유권자들이 원하는 가장 좋은 국민의 대표자란 이미지를 선보여야 하므로, 각자에 맞춘 이미지를 창조하고 그 속에 형성된 이미지를 조정해야 한다. 지속적으로 노력하는 모습으로 호감을 얻을 수도 있고, 가식적으로 동정심에 찬 이미지로 호소할 수도 있다. 국민들은 후보자가 당선 후에도 자신들이 생각하는 지도자로서의 이미지로 정치에 임하기를 원하므로, 정치인들은 다음 선거를 준비하기 위한 이미지메이킹을 멈출 수 없다.

대중매체로부터 무분별하게 쏟아지는 많은 양의 정보는 시민들의 판단기준을 혼란스럽게 만들고 실질적인 내용이나 진실한 잣대로 합리적인 판단을 내리는 일을 힘들게 할 때가 많다. 그러므로 그 순간에 편하게 다가오는 느낌 즉 '이미지'로 결정을 내리는 현상이 일어났다. 예를 들어 소비자가 제품을 구매할 때를 살펴보자. 물건의 좋은 성능보다는 광고효과나 그 광고 속 배우의 이미지나 회사의 이미지 또는 제품의 외형에 드러나는 이미지를 보고 그 제품을 선택하는 경우가 많이 있다. 현대사회는 언론의 자유와 쉽게 접할 수 있는 대중매체의 영향을 강하게 전달하는 시대이다. 이러한 현상은 정치와 선거에 있어서도 이미 그 효과를 발휘했다. 대중매체로 인해 판단과 결정에 '이미지'가 무척 중요한 요소로 작용하기 때문이다.

정치인은 유권자에게 감정적이고 감성적인 요소를 자극하여 특정의 이미지를 연출하고, 유권자들은 그들이 내세운 구호와 시각적인 이미지가 주는 느낌으로 결정하는 경향이 짙어졌다. 즉 후보자 개인이 부각되고 정책이나 공약 등 언어적인 요소보다는 각 후보가 던지는 외모나 표정과 말투 등 비언어적인 요소에 더욱 집착하는 경향이 강하게 나타났다. 그래서 개인적으로 이미지를 관리해주는 직업이 등장하고, 이미지 연출을 위해 상세하게 연습하며 이미지 창출에 심혈을 기울이게 되었다.

이러한 '이미지'가 선거의 당락을 결정하게 될 정도로 정치인에게 있어서 퍼스널 이미지메이킹은 이제 무시할 수 없는 요소가 되어 버렸다. 성공적인 이미지메이킹 전략으로 자기계발에 성공을 거둔 정치인의 사례를 다음을 통해 살펴보도록 하자.

존 F. 케네디(1917~1963)

앞서 이미지메이킹의 중요성에서 언급한 정치인 케네디에 대해 다시 한 번 더 상세히 살펴보도록 하자. 미국 35대 대통령 케네디(John F. Kennedy)는 정치인의 이미지메이킹 1호라고 할 수 있을 것이다. 1960년 미국 대통령 선거 당선은 케네디 개인이 지닌 매력을 유감없이 발휘했던 TV토론회에서였다. 당시 세계 최초로 케네디와 닉슨이 선거를 앞두고 대중매체를 통해 토론회에 참여했다.

당시 TV출연 전까지 여론 조사에서 케네디보다는 닉슨이 앞서는 추세였으므로 모두들 닉슨의 당선을 예상했었다. 하지만 TV라는 미디어의 속성과 대중에게 감동을 줄 수 있는 이미지 연출을 위한 리더십을 무시한 닉슨과 달리, 케네디는 이 기회를 적합하게 활용했다. 단순히 목소리만 전해지는 청각적인 요소에만 유리한 라디오와는 다른 TV의 효과를 간파한 것이다. 우선 젊고 준수한 자신의 외모를 외적으로 활기차게 보이도록 시각적인 효과를 발휘했고, 특히 적절한 표정과 동작을 통해 젊은이들과 여성 유권자들의 마음을 사로잡아 버렸다. 즉 케네디는 당시 TV를 이용한 자신의 이미지 향상을 통해 국민들이 현재 원하는 그 시대에 적합한 정치인의 요소를 발휘해 성공할 수 있었던 것이다.

빌 클린턴(1946~)

미국 42대 대통령인 빌 클린턴(Bill Clinton)하면 어떤 이미지가 떠오르는가? 여성들은 주로 준수하고 잘 생긴 외모, 스캔들 등이 떠오르겠지만, 무엇보다 깔끔하고 유연한 사고, 신사다운 세련된 이미지로 대중들의 호감을 얻으며 이미지메이킹에 성공한 대통령이라 할 수 있다. 당시 선거유세와 취임식 때 색소폰을 연주하는 모습이 TV를 통해 전해지면서 대중들에게 개성 강한 멋있는 중년 남자의 이미지가 느껴져 큰 공감을 일으켰다. 그 후 클린턴의 인기가 높아져 지지율이 상승했고, 당시 미국도 평화롭고 정치적으로도 안정된 경제 속에서 원만한 국가의 모습이 유지되고 있었다.

무엇보다 TV라는 매체를 이용해 자신의 이미지를 재치와 활기찬 모습으로 전달하여 장점을 부각시켰다. 클린턴이 재임기간 지저분한 스캔들로 위기를 겪으며 전 세계적인 수치를 당하기도 했지만, 그동안 이루어낸 업적과 밝은 이미지를 통해 위기를 모면하며 두 번이나 대선에 성공해 무사히 정치인 생활을 마쳤다. 미국 역사상 세 번째로 젊은 대통령이며, 가장 평화로운 경제적 확장 기간을 지속시킨 대통령으로 평가받고 있다.

버락 오바마(1961~)

미국 44대 대통령인 오바마(Barack Obama)는 전 세계인이 주목하듯이, 최초의 아프리카계 대통령이다. 그 후 다시 45대 대통령으로 연임되면서 미국 역사상 하나의 혁명과도 같은 인물이 되었다. 과연 '최초로 흑인 미국 대통령이 탄생할 수 있을까?'라는 전 세계인들의 의문과 관심 속에 이뤄진 대선은 오바마의 승리로 끝났다.

무엇보다 오바마의 대선 승리는 외모에서 풍기는 이미지가 큰 기여를 했다. 즉 '스타일의 완성'이라 할 수 있게 파격적인 스타일로 색다른 이미지를 연출했다. 우선 오바마는 키가 크고 모델처럼 체형이 좋았다. 차갑고 부유한 이미지가 아니면서 동정심 어린 초라한 이미지도 아닌, 순수하고 무난한 이미지로 다가왔다.

선거 유세 동안 긍정적이며 희망적인 연설로 대중들에게 감동을 주었고, 그동안의 대통령 후보들과 다른 패션 감각을 선보이며 새로운 이미지메이킹 전략으로 다가섰다. 젊고 건강한 대통령의 이미지를 강조하며, 거리 유세 때는 재킷과 넥타이를 벗고 단추를 풀며 자신감과 소탈한 모습으로 서민들에게 보수적이지 않은 열정적인 이미지를 선보였다. 때로는 파격적으로 심플한 청바지 차림과 운동화를 신고 뛰어다니는 활동적인 모습을 부각시켰고, 큰 키에 적절하게 마른 몸매다운 날렵함과 상황과 장소에 따른 다른 패션으로 호감을 얻으며 지지도를 높여갔다. 이후 오바마는 전략적인 패션을 통해 자신만의 독특한 퍼스널 이미지를 구축해 새로운 시대의 최초의 흑인 대통령으로 성공하며 미국 국민들의 사랑을 받았다.

힐러리 클린턴(1947~)

힐러리 클린턴(Hillary Rodham Clinton)은 빌 클린턴의 부인으로, 단순히 퍼스트레이디의 자리에만 그쳤던 인물이 아니다. 무엇보다 그가 풍기는 이미지는 '우먼파워'일 것이다. 과거 변호사를 거쳐 국무장관, 상원의원, 대선까지 출마하며 미국 역사 속의 굵직한 사건에 등장하며 강한 여성 리더십을 발휘했다. 또한 독특한 패션 이미지 전략을 추구한 정치인이라 할 수 있다.

과거 힐러리는 대학시절과 변호사 시절에 전형적인 모범생 여학생다운 검고 두꺼운 안경에 무채색 옷을 주로 즐겨 입는, 다소 촌스럽고 평범한 스타일이었다고 한다. 하지만 영부인이 된 후, 지적이며 당차고 세련된 여성의 이미지를 과시하는 전형적인 커리어우먼의 강한 이미지를 연출하며 지금까지 세계인들에게 성공적인 여성 이미지를 강력하게 주입시켜 주고 있다.

힐러리는 상황에 따른 적합한 이미지메이킹을 시도했다. 즉 자신에게 어울리고 그 시대 상황에 비난받지 않을 이미지를 컨설팅했던 것이다. 예를 들어 클린턴이 재임기간 중 의료보험 개혁 실패 및 스캔들 등 몇 번의 실책을 저질렀을 때는 다소 수수하고 심플한 모습의 이미지로 대중들 앞에 자신도 반성하는 평범한 모습의 이미지를 선보였다. 그 후 남편의 뒤를 이어 자신도 정치활동에 나서게 되었을 때는, 활기차고 열정적인 힘이 넘치는 여성 정치인 모습의 스타일로 변신을 시도했다. 영부인 시절의 여성스럽고 세련된 원피스나 투피스 정장이 아닌, 활동적이며 밝은 바지 정장으로 대중 연설과 정치에 참여했다.

힐러리에게 이런 일화가 전해진다. 클린턴이 대통령 당선 후 우연히 함께 주유소에 들렀는데, 그 주유소 사장이 바로 예전의 힐러리 남자친구였다고 한다. 클린턴이 힐러리에게 자신만만한 표정으로 "당신이 저 남자와 결혼했다면 지금 주유소나 하고 있지 영부인이 아니었겠네." 그러자 힐러리가 당당하게 대답했다. "저 남자가 나와 결혼했다면 지금 저 남자가 대통령이었겠지" 라고 답했다고 한다.

이렇듯 힐러리는 당당하고 멋진 여성의 상징이자, 젊은 여성들이 존경하고 닮고 싶은 인물로 성공했다. 이러한 기반에는 힐러리의 끊임없는 자기 발전을 위한 관리 능력과 도전 정신이 있었기에 가능했다고 판단된다. 21세기를 대표하는 여성 리더의 이미지를 구축한 힐러리의 성공은 그녀가 지닌 자신감과 상황에 따른 적합한 판단 능력과 이미지메이킹 전략에 있었다. 이 모든 것은 변화와 혁신을 두려워하지 않는 자신만의 성취감에서 발휘되었던 것이다.

(6) 21세기 CEO신화를 이끈 성공적인 이미지

빌게이츠(1955~)

21세기를 움직이는 하나의 상징이 된 인물로 누구나 이 사람을 떠올릴 것이다. 바로 마이크로소프트 기술 고문인 빌게이츠이다. 빌게이츠 하면 언제나 IT 산업의 대명사, 컴퓨터 천재, 세계 제일의 부자 등의 수식어가 늘 따라다닌다.

하지만 이 모든 성과를 이루기 위한 밑거름에서부터 시작한 빌게이츠의 노력에서 본받을 점은 무엇일까? 아마도 철저한 자기관리 능력과 깨끗한 이미지일 것이다. 남보다 빠른 환경 적응 능력이 우선 한몫을 차지했다. 빌게이츠는 IT기술에 의해 급변하는 환경에서 주변의 많은 경쟁자들을 물리치고 세계 최고의 소프트웨어 기업의 신화를 탄생시켰다.

또한 현실 적응 능력 및 냉철한 판단력과 도전정신은 실패와 좌절에도 굴하지 않았다. 무엇보다 기회가 왔을 때 망설이지 않는 추진력과 깔끔한 마무리로 마지막까지 좋은 이미지를 남겼다.

이렇게 세계적인 성공신화를 이끈 빌게이츠가 지금은 경영 일선에서 은퇴하고 부인과 함께 자선사업에 전념하고 있다. 사람은 늘 물러날 때를 제대로 알아야 추한 마무리를 만들지 않지만, 이론만큼 실천이 힘든 것이 사람 마음이다. 빌게이츠는 21세기를 주름잡으며 성공한 기업인으로서, 늘 소탈하고 절용할 줄 아는 지혜를 가진 인물이다. 비즈니스를 위해 비행기를 탈 때도 비싼 좌석이 아닌 평범한 좌석에서 저렴한 음식을 먹고, 화려하지 않은 차림으로 친근한 이미지를 선보였다. 빌게이츠 자신만이 고수하는 실용적이고 독특한 패션 이미지 전략은 유용한 개성이다.

불필요한 형식을 지양하는 빌게이츠의 성향은 직장 내에서 격식에 얽매이지 않는 즉 타이를 풀고 일하자는 노타이 예찬론자였다. 빌게이츠는 노타이가 트레이드마크가 되어 버린 패션 이미지를 선보였다. 하지만 늘 환경의 변화와 적응력에 강한 그의 성향답게 국제적인 회의나 그 밖의 격식이 요구되는 자리에 참석할 때는 단정한 정장차림으로 타이를 착용했다. 주로 도트 패턴의 타이를 착용해 화제가 되었는데 도트 패턴의 타이는 규칙적이면서도 지적이고 스마트한 느낌을 선사하기 때문이다. 실제로 IT나 전자업계 직장인들이 가장 많이 찾는 타이 스타일이 도트 패턴이라고 한다.

시간의 중요성과 실용적인 일에 몰두하며 격식을 사양하는 빌게이츠도 자신의 이미지를 고려해 중요한 모임에서는 이미지메이킹을 하였다. 사실 세계 최고의 부자가 두려울 것도 없고 주변에 자신에게 아첨하는 사람들만 몰려와 정작 자신은 편안한 차림으로 있어도 되겠지만, 이미지 관리에는 누구도 소홀할 수 없기 때문이다.

스티브 잡스(1955~2011)

빌게이츠와 더불어 21세기 성공한 CEO의 한 사람으로 IT업계 신화이자 전설 같은 인물인 이 사람. 총 458개의 특허를 취득하며 기술 혁신을 이끈 인물. 애플의 대표인 스티브 잡스의 성공과 아쉬운 죽음 그리고 자신만이 추구했던 이미지를 살펴보자.

스티브 잡스는 중년의 나이에도 청년 같은 이미지를 고수했고, 검은 크루넥과 다소 거칠고 낡아 보이는 청바지와 편한 운동화를 신으며 늘 간편한 차림을 고수했다. 특이하게도 중요한 공식석상이나 사업계획을 발표해야 하는 프리젠테이션 장소에서도 이러한 차림을 유지했다는 사실이다. 스티브 잡스만의 개성이 담긴 취향과 독특한 패션은 애플의 브랜드 이미지와 조화를 이루어 긍정적인 효과를 주었다. CEO의 권위적이거나 딱딱해 보이지 않는 캐주얼한 차림, 무채색 옷(특히 검은색), 닳은 청바지 차림과 간편하고 가벼운 운동화는 부지런함의 상징이자 경영인의 도전정신과 혁신이라는 이미지와 함께 적절한 만족과 조화를 이루었다. 애플의 창의성과 심플한 이미지 전략은 그 제품을 찾는 소비자들에게 부드럽게 전달되어 성공을 거둘 수 있었다. 애플이라는 제품이 심플하면서 모던한 디자인을 추구했듯이, 스티브 잡스도 대중들에게 친근한 아저씨, 꾸미지 않는 수수한 차림으로 청년 정신을 심어주는 이미지를 각인시켰다.

쉬어가기

스티브 잡스 명언

1. 진정으로 만족하는 유일한 길은 당신이 위대한 일이라고 믿는 일을 하는 것이고 위대한 일을 하는 유일한 길은 당신이 사랑하는 일을 하는 것이다. 사랑하는 사람을 찾듯이 사랑하는 일을 찾아라.
2. 살아보니 돈은 중요하지 않더라. 매일 밤 잠들기 전에 '오늘 정말 멋진 일을 했다'고 말할 수 있는 것이 중요하다.
3. 다른 사람의 삶을 사느라 한정된 시간을 낭비하지 마라. 중요한 것은 당신의 마음과 직관을 따르는 용기를 내는 것. 이미 마음과 직관은 당신이 하고자 하는 바를 알고 있다.
4. 실패의 위험을 감수하는 사람만이 진짜 예술가이다. 늘 갈망하고 우직하게 나아가라.
5. 언젠가 죽는다는 사실을 기억하라. 그럼 당신은 정말로 잃을 게 없다.

– 휴먼스토리(2011). 스티브잡스의 세상을 바꾼 말 한마디. 서울: 미르북스. –

쉬어가기

스티브 잡스의 세상을 바꾼 말 한 마디

- 우주를 놀라게 하자: 자신의 역량을 모두 쏟아 부어야만 할 정도로 거대한 꿈을 꾸며 매 순간 자신의 꿈을 확신하고 가치가 있는지 되새겼다.
- 해군이 아니라 해적이 돼라: 고집불통, 독재자, 이기주의자란 비난과 함께 자유로운 열정과 해적정신이 있었다. 매킨토시 개발팀의 워크숍에서 해적 로고가 새겨진 셔츠를 나눠준 일이 있다. 다른 사람들의 시선, 고정관념, 규칙에 얽매이지 않고 세상이 놀랄 일을 하자는 뜻이었다. 스티브 잡스는 자유로운 사고 속에 아이디어가 교류되고 감동적인 제품이 창조된다고 믿었다.
- 평생 설탕물만 팔 건가요?: 이 말은 스티브 잡스가 펩시 사장 존 스컬리를 영입할 때 했던 유명한 말이다. 이 말은 스컬러의 도전정신을 부추겼다.
- 나의 비즈니스 모델은 비틀즈다: 비틀즈는 스티브 잡스 인생에 영향을 주었다. 비틀즈의 비즈니스 교훈을 경영기법에 적용하고 비틀즈처럼 창의적이고 도전적인 정신을 통해 혁신적인 제품을 생산할 수 있었다고 한다.
- 창의력은 연결하는 능력이다: 세상에 없는 물건을 만들기 위해서는 마음대로 생각하고 상관없는 물건끼리 연결하는 능력이 필요하다고 했다. 특히 아이패드와 아이폰4를 발표하면서 애플은 기술과 인문학의 중간에 있다고 하며 정반대의 학문을 연결했다. 스티브 잡스는 개량을 통한 소비자 욕구 만족과 창의적 욕구는 가까이 있다며 늘 유심히 관찰하고 직관적으로 중요한 것을 골라내는 데 주목했다.
- 좋아하는 일을 하라: 일에 대한 열정은 비즈니스와 브랜드, 제품과 고객에 대한 배려까지 영향을 미친다. 그는 사랑하는 일을 찾아야 한다는 것을 늘 강조했다.
- 항상 갈망하라, 무모할 만큼: 어리석어 보이는 것도 과감하게 추진했다. 스티브 잡스는 갈망과 용기를 통해 실패를 경험하면서도 과감하게 일을 추진했다. 자신이 가진 갈망과 용기를 이용하면서도 세상에 대한 도전을 멈추지 않았다.
- 죽음을 상기하라: 스티브 잡스는 "죽는다는 것을 상기하는 것은 인생에서 커다란 선택을 내리는 데 가장 중요한 도구가 된다"고 했다. 인생의 중요한 순간마다 곧 죽을지도 모른다는 사실을 상기하는 일은 잡스에게 삶의 의미를 깨닫게 해주는 중요한 도구가 된다고 하였다. 죽음 앞에서는 외부의 기대, 자부심과 자만심, 수치심과 실패에 대한 두려움이 힘을 잃고, 진실로 중요한 것만 남기 때문에 죽음을 생각하는 것은 실패나 상실의 두려움에서 벗어나는 최고의 길이 될 것이다.

- 여정은 보상이다: 스티브 잡스는 20세 때 인도여행을 통해 많은 경험을 했고, 살아갈 길을 발견했다. 이러한 일들이 인생에 도움을 얻어 불우한 태생이면서도 진취적으로 살아갔다. 어린 나이에 시장의 변화를 간파했고 시대에 적합한 판단력과 통찰력을 지녔다. 또한 열정적으로 도전하던 삶을 통해 혁신의 경영인, 창조적인 예술가라는 찬사다운 성공을 안겨주었다.

– 휴먼스토리(2011). 스티브잡스의 세상을 바꾼 말 한마디. 서울: 미르북스. –

**내가 닮고 싶은 인물을 선정해 그 사람의 이미지를 분석해 보자.
(외모, 목소리, 일, 자세 등)**

그 사람의 이미지를 그려보시오.

지금 내가 그 사람을 닮기 위해 어떤 노력이 필요한지 적어보시오.

4) 이미지 분석

자신의 이미지를 경험과 지각을 통해서 스스로 진단해 보도록 하자. 자신이 분석하는 나의 성격, 성향이 다른 사람에게 어떻게 평가되고 판단되는지 알아보고, 나와 타인의 이미지가 어떻게 다르며, 어떤 면에서 두각을 드러내는지 살펴보는 데 도움이 될 것이다.

스스로 생각하는 내 이미지에 적합한 항목에 표시하고 자신의 이미지를 향상시키는 요소가 무엇인지 파악한 후, 새롭게 이미지를 개선할 수 있는 방법을 익히고 발전시키도록 노력하자.

이미지 지수 체크리스트

A 그룹: 내적 이미지	Yes	No
1. 현재의 내 이미지에 만족하는 편이다.		
2. 나에겐 뚜렷한 희망과 목표가 있다.		
3. 나쁜 습관보다 좋은 습관을 더 많이 가지고 있다.		
4. 상대가 나를 어떻게 생각할까 늘 의식한다.		
5. 매사에 긍정적이고 적극적이다.		
6. 나는 감정적이기보다 이성적이다.		
7. 서점에 가면 꼭 자기계발서나 성공스토리를 다루는 코너를 찾는다.		
8. 잔잔한 클래식 음악을 들으며 책 읽는 것을 즐긴다.		
9. 각종 문화행사에 대한 관심이 많아서 즐겨 찾는다.		
10. 분노를 느낄 때 심호흡을 하며 흥분을 가라앉힌다.		
11. 눈치(이해력과 판단력)가 빠른 편이다.		
12. 무력감과 우울증에 빠져있는 시간이 짧다.		
13. 자동차나 전철 속에서 성공한 미래의 내 모습을 자주 그린다.		

A 그룹: 내적 이미지	Yes	No
14. 매일 짧게라도 명상을 한다.		
15. 사람들을 만나는 것이 즐겁고 대인관계도 원만하다.		
16. 남에게 말한 계획은 반드시 지키려고 노력한다.		
17. 항상 메모하는 습관을 가지고 있다.		
18. 스트레스가 쌓이면 영화를 보거나 좋아하는 운동을 한다.		
19. 컴퓨터 앞에 있는 시간이 즐겁다.		
20. 생각하고 고민하는 것보다는 먼저 행동으로 옮긴다.		
21. 시간 약속을 잘 지키는 편이다.		
22. 친구와 쓸데없는 수다를 떨고 나면 시간이 아깝다는 생각이 든다.		
23. 하루의 수면 시간은 다섯 시간 내외이다.		
24. 내 사전에 심심하고 무료한 시간이란 있을 수 없다.		
25. 나에겐 이미지 모델이 있다(내가 닮고 싶어하는 인물이 있다).		

B 그룹: 외적 이미지	Yes	No
1. 대체로 나의 외모에 만족한다.		
2. 거울이 있으면 습관적으로 몸 전체의 표정을 쭉 훑어본다.		
3. 나보다 매력적인 사람을 만나면 그 사람의 외적 이미지를 관찰한다.		
4. 평소 잘 웃는 편이다.		
5. 사람을 처음 만날 때 웃으면서 악수를 할 수 있다.		
6. 직장 상사로부터 꾸중을 들을 때 멋쩍은 미소를 띤다.		
7. 사람들 앞에 나서는 것이 결코 두렵지 않다.		
8. 화장을 자연스럽게 잘 하는 편이다(남자는 면도를 잘하고 다닌다).		
9. 얼굴에 트러블이 생기면 재빨리 피부과에서 진료를 받는다.		

B 그룹: 외적 이미지	Yes	No
10. 체중이 불어나면 그 즉시 식사량 조절에 들어간다.		
11. 피부색에 맞는 컬러와 체형의 결점을 커버하는 패션 감각이 있다.		
12. 튀는 패션 컬러와 스타일을 좋아하며 상황에 맞는 옷을 입을 줄 안다.		
13. 단정한 패션스타일을 좋아하며 상황에 맞는 옷을 입을 줄 안다.		
14. 상사를 만날 때 검정색 옷(양복)을 입지 않는다.		
15. 여러 종류의 스카프(넥타이)를 가지고 있다.		
16. 귀고리, 목걸이 등 액세서리를 한꺼번에 다 착용하지 않는다.		
17. 자세는 구부정하지 않고 반듯하며 걸음걸이가 당당하다.		
18. 몸짓과 제스처는 우아하고 품위가 있다.		
19. 인사성이 좋고 친절하다.		
20. 상대방을 배려하는 습관이 몸에 배어 있고 공중도덕을 잘 지킨다.		
21. 내 목소리가 상대에게 거부감을 주지 않는지를 늘 의식한다.		
22. 교양 있는 말투로 겸양어를 자주 사용한다.		
23. 상대의 말을 잘 듣는 편이다.		
24. 대화할 때 상대의 눈을 쳐다본다.		
25. 음식을 깨끗하게 먹고 쩝쩝 소리 내지 않는다.		

A와 B 항목에서 자신에게 해당하는 yes항목의 개수를 합산하여 아래 평가항목을 통해 자신의 이미지 결과를 알아본다.

▶ 이미지 지수 평가결과

Ⅰ영역: A, B가 각각 12~25

당신은 내적 이미지와 외적 이미지 모두에 관심이 대단히 많은 사람이다. 또한 삶에 대한 의욕도 대단히 강하므로 자신만의 개성을 지속적으로 잘 개발한다면 원하는 바를 무엇이든 이룰 수 있다.

Ⅱ영역: A 12~25 / B 12 미만

당신은 내적 이미지의 가치를 중요하게 여기는 사람이다. 때로는 외적 이미지를 추구하는 사람들에게서 우월감을 느낄 때도 있다. 그러나 당신은 생각을 바꾸지 않으면 안 된다. 당신은 스스로 이런 생각만 고치면 무엇이든 받아들일 수 있는 잠재력을 지닌 사람이다. 지금부터 외적 이미지에 눈을 돌리면 빠른 속도로 외적 이미지의 개선효과를 볼 수 있다. 당신의 지성에 걸맞은 외적 이미지가 구축된다면 당신은 너무나 매력적인 사람이 될 것이다.

Ⅲ영역: A, B 각각 12 미만

당신은 내적 이미지와 외적 이미지 모두 관심이 부족한 사람이다. 무슨 일을 해도 잘 되지 않는다는 패배의식을 가지고 있으며 자신감이 부족하여 매사에 소극적인 사람이다. 먼저 행동하면서 외적 이미지를 구축해보자. 그러면 어느새 내적 이미지마저 강화된 당신을 발견하게 될 것이다.

Ⅳ영역: A 12 미만 / B 12~25 미만

당신은 외적 이미지에 대한 관심은 많으나 자신에게 맞는 즉 만족할 만한 외적 이미지를 찾지 못하여 내적 이미지의 강화 효과를 보지 못하는 사람이다. 좀 더 전략적 차원에서 외적 이미지를 추구할 필요가 있다. 그러면 자신감을 끌어내어 점차 내적 이미지를 강화할 수 있다. 약간만 노력하면 성공할 가능성이 높은 사람이다.

셀프 이미지 분석 - 다양한 각도에서 이미지 분석 -

내가 본 나의 이미지

내가 되고 싶은 이미지

타인이 본 나의 이미지

이미지 개선 계획 및 노력할 점

자신의 특성을 이해하고 수용하기
- 스스로 자신의 생활태도 및 상황과 이미지 분석 -

내가 본 나의 일반적인 능력의 특성 및 강점?

내가 본 나에게 가장 적합한 적성은?

내가 가장 흥미 있어 하는 분야는?

내가 지닌 성격적인 특성과 그 성격에서 발휘되는 가장 큰 강점은?

내가 가진 가치관과 그 가치관의 가장 큰 특성은?

내가 원하는 나의 진로 및 희망하는 분야는?

현재 가정환경과 학교 및 기타 사회생활에서 나타나는 나의 이미지는 어떠한가?

5) SWOT란 무엇인가?

(1) SWOT분석

특정한 문제를 원만하게 구성하기 위해 나의 강점은 살리고 약점은 줄여가며 보완하고, 기회를 제대로 활용하면서 위협을 최소화하는 계획을 수립하여 자신의 계발에 적극적으로 활용하는 것이다.

- Strength: 강점
- Weakness: 약점
- Opportunity: 기회
- Threat: 위협

좀 더 구체적으로 살펴보면 다음과 같다. SWOT분석은 기업의 내부 환경을 분석해 강점과 약점을 발견하고, 외부 환경을 분석해 기회와 위협을 찾아내 이를 토대로 강점은 살리고 약점은 보완하며, 기회는 활용하고 위협은 억제하는 마케팅 전략을 수립하는 것을 의미한다. 이때 사용되는 4요소를 강점·약점·기회·위협(SWOT)이라고 하는데, 여기에서 강점과 약점은 경쟁기업과 비교할 때 소비자로부터 강점과 약점으로 인식되는 것이 무엇인지, 기회와 위협은 외부 환경에서 유리한 기회, 불리한 요인은 무엇인지를 찾아내 기업 마케팅에 활용할 수 있다. 기업 내부의 강점과 약점, 기업 외부의 기회와 위협을 대응시켜 기업의 목표를 달성하려는 SWOT분석에 의한 마케팅은 다음과 같이 4가지 전략으로 이뤄진다.

① SO(강점–기회) 전략으로 시장의 기회를 활용하기 위해 강점을 사용하는 전략을 선택하는 것이다.

② ST(강점-위협) 전략으로 시장의 위협을 회피하기 위해 강점을 사용하는 전략을 말한다.

③ WO(약점-기회) 전략은 약점을 극복함으로써 시장의 기회를 활용하는 것이다.

④ WT(약점-위협) 전략은 시장의 위협을 회피하고 약점을 최소화하는 전략이다.

일부에서는 기업 자체보다는 기업을 둘러싸고 있는 외부 환경을 강조한다는 점에서 위협·기회·약점·강점(TOWS)으로 부르기도 한다(매일경제 시사용어사전).

(2) SWOT분석 예문

- S(강점): 현재 자신이 지닌 좋은 장점

ex) 긍정적인 가치관
사교적이고 강한 친화력
실용적인 사고
풍부한 독서량

- W(약점): 자신이 지닌 약점을 알고 보완

ex) 인내력이 부족
집중력 부족
외국어 능력 부족
감정 표현 부족

- O(기회): 외부 환경으로부터 자신에게 찾아올 수 있는 기회

  ex) 정부의 일자리 창출 정책

  청년 창업 대출

  소상공인 대출

- T(위험): 외부로부터 닥치는 위험 요소

  ex) 부족한 외국어 실력

  전문성 부족

  관련 분야 직무 능력 부족

(Strength) S	W (Weakness)
- 중국에서 유학생활 - 유럽 어학연수 - 자전거 여행 - 유럽 횡단 오토바이 여행 - 젊은 나이 - 뻔뻔함	- 군대 문제 - 경제적 능력 부족 - 불분명한 진로 - 다급한 성격 - 휴학중인 대학생활
(Opportunity) O	T (Threat)
- 경험 중시하는 사회로 변화 - 다국적화 되어감 - 지속적인 외국기업의 국내진출 - 인재상의 변화 - 경기의 지속적인 회복세	- 싸이 문제로 인해 병특 기회 좁아짐 - 현역이 아닌 남자를 바라보는 사회적 인식 - 갈수록 좁아지는 취업의 문

앞의 예문을 바탕으로 자신의 SWOT를 분석해 보시오.

개인별 SWOT분석

Strength(강점)	– – – – – –
Weakness(약점)	– – – – – –
Opportunity(기회)	– – – – – –
Threat(위기)	– – – – – –

전략	세부 내용	우선순위
SO 전략		
ST 전략		
WO 전략		
WT 전략		

포트폴리오 예시

진학 포트폴리오

1. 활동명:
2. 활동기간:
3. 주관단체:
4. 담당자 및 연락처:
5. 동기:

6. 내용:

7. 소감:

8. 아쉬운 점 및 개선점:

9. 증빙자료(사진 및 수상기록)

작성한 SWOT분석을 통해 자신만의 포트폴리오를 만들어 보시오.

자신의 목표 설정하기 - 설정한 목표를 실천하기 위한 10계명 작성 -

자신이 설정한 목표를 실천하기 위한 구체적인 방안을 10가지 적어보시오.

직업 정보 분석 – 장래 희망하는 직업에 대한 탐색 –

1. 내가 원하는 직업 세계 분석하기

2. 내가 원하는 직업과 좋아 보이는 직업 탐색

3. 내가 원하는 직업의 전망과 좋은 점

4. 원하는 직업을 갖기 위해 준비해야 할 사항

5. 원하는 직업과 어울리는 나의 이미지 개선점

이미지 향상을 위한 노력 - 긍정적 이미지를 위한 자기반성 -

1. 일주일 동안 가장 즐거웠던 일은 무엇인가?

2. 일주일 동안 가장 감사한 일은 무엇인가?

3. 긍정적 이미지를 위한 나의 경청 자세를 점검해 보자.
   1) 얼굴표정
   2) 눈빛
   3) 억양과 어투
   4) 자세

4. 일주일 동안 나의 실수로 인해 부정적인 이미지로 기억된 일은 무엇인가?

5. 내가 추구하는 인생의 목표란?

6. 자신이 가장 원하는 행복은 무엇인가?

Chapter 07

진로계획과 취업을 위한 이미지메이킹 전략

앞서 설명했듯이, 이미지란 개인이 지닌 자기만의 고유한 기호이자, 내가 아닌 다른 사람에게 각인되고 평가받는 총체적인 정보라고 할 수 있다. 이러한 이미지에는 한 개인이 지닌 얼굴, 체형, 목소리, 표정, 옷차림, 메이크업, 자세, 성격 등 모두 포함된다고 볼 수 있다.

이미지메이킹은 사전적 의미에서 드러난 뜻처럼, '이미지를 바꾸다', '이미지를 향상시키다'처럼 자신의 이미지를 개선하고 발전시키는 것을 목적으로 노력하는 것이다.

무엇보다 현대사회는 자신의 진로선택과 취업을 위해서도 이미지메이킹이 중요한 요소로 작용하였다. 이미지메이킹은 자신에게 어울리는 복장, 메이크업과 액세서리 등의 착용을 통해 이미지에 대한 호감과 만족감을 향상시켜 주고, 사회적 지위 향상과 직업선택과 직장생활에서 능력을 발휘하는 데 도움을 준다.

특히 앞으로 진로를 선택하고 취업을 준비하는 사람들에게 면접을 비롯해 처음 학교생활이나 사회생활을 시작하는 데 있어서 이미지 개선과 발전은 무척 중요한 일이다. 여기서는 면접 준비나 학교 및 사회생활에 필요한 이미지메이킹의 전반적인 요소를 살펴보며 자신에게 적합한 전략을 세워 실천해 보도록 하자.

1) 면접을 위한 이미지메이킹

면접에서 얼굴, 옷차림 등을 포함하여 외모가 차지하는 비중은 60%가 넘으니 무척 큰 비중을 차지한다고 볼 수 있다. 면접관의 질문에 대한

답변 내용과 목소리 등에서 느껴지는 음성적 요소는 30% 정도이고, 몸짓이나 전반적인 자세 등은 그 나머지 비중을 차지한다. 이렇게 많은 비중을 차지하는 외적 이미지에 의해 첫인상이 결정되므로, 인생의 당락이 결정되는 외적 이미지를 통해 좋은 이미지로 면접관에게 합격점을 얻게 되면 취업과 학교 및 직장에서의 생활이 더욱 편해질 것이다.

면접은 늘 마지막 최종 평가 항목으로, 학교에서 학생을 선발하거나 직장에서 원하는 인재를 채용하기 위한 과정으로 그곳에 소속된 높은 계급의 사람이 참석하여 결정하는 경우가 대부분이다.

면접관과 그 주변 심사위원들은 걸음걸이, 앉은 태도, 습관 등으로 구직자의 인성을 예상하고 내면을 분석하려 든다. 예를 들어 머리를 자주 만지거나, 손을 산만하게 움직이거나, 눈으로 주변을 정신없이 쳐다보는 등의 행위는 신체적으로 산만하고 불안하다는 인상을 남길 수 있으니 주의해야 한다. 그러므로 고개를 반듯하게 고정시키고 뚜렷하게 말하는 연습을 해야 한다. 우울하고 침체된 분위기는 자신감이 없어 보이므로 미소를 품은 부드러운 표정으로 시선을 고정시켜 면접관을 응시해야 한다.

어렵거나 당황스러운 질문에 답을 못하더라도 자신감을 잃은 표정으로 말을 더듬지 않고 잠시 생각할 시간을 통해 정직하게 대답하는 것이 좋다. "무슨 말을 해야 할지 모를 때는 솔직하게 말하라"는 명언이 있다. 거짓말로 위기를 모면하려는 행동은 오히려 감점을 받는 요소가 될 수도 있음을 명심해야 한다.

면접에서 가장 많은 부분을 차지하는 요소인 외모는 자신의 아름다움을 돋보이게 하여 장점을 발휘하는 부분이다. 여기서는 자신의 결점을 감추고 좋은 부분을 부각하기 위해 부드럽고 단정한 패션과 액세서리, 메이크업을 적절하게 활용해 외적 이미지를 개선하여 긍정적인 내적 이미지가 드러나도록 능력을 표출해야 한다.

(1) 외적 이미지메이킹 – 용모 및 복장

면접은 첫 시작을 위해 평가받는 곳이므로 자신의 이미지에 관련된 모든 영역을 철저하게 연습해 최대한 좋은 이미지로 평가받도록 최선을 다해야 한다. 즉 누구에게나 호감을 줄 수 있는 용모와 옷차림이 되도록 신경을 써서 좋은 이미지를 과감하게 보여주어야 한다.

① 두발

사람의 두발 모양이 전체 인상에서 거의 80%를 차지한다는 통계가 있다. 두발을 단정하고 깨끗하게 정리하자. 평소에도 머리가 정돈되지 않은 사람을 보면 아무리 비싸고 화려한 옷과 가방을 착용하고 다녀도 단정한 인상을 느끼지 못한다. 그만큼 자신에게 어울리는 머리 모양과 관리는 이미지에서 무척 큰 부분을 차지한다.

면접에서는 유행에 민감한 염색이나 특이한 머리 모양을 하지 않아야 한다. 가능한 앞머리가 눈을 가리지 않도록 하고, 흘러내리지 않도록 깔끔하게 정리하도록 하자.

② 얼굴 및 화장

남자의 경우는 얼굴을 깨끗하게 보이도록 면도를 해야 한다. 여자의 경우는 자연스러우며 밝은 분위기로 화장하고, 너무 진한 화장이나 향이 강한 향수를 삼가야 한다.

③ 구강 및 손과 발 관리

면접에 임하기 전 반드시 입에서 풍기는 냄새를 제거하고 깨끗한 구강 상태를 점검해야 한다. 무의식중에 손과 발을 점검하지 않을 수도 있지만, 손톱을 짧고 단정하게 정리하고, 진한 매니큐어는 바르지 않도록 한다. 신발도 깨끗이 닦고 가능한 굽이 높지 않은 검정색이나 베이지색 계통을 신는 것이 좋다.

④ 복장

복장이 단정하고 깨끗한 것은 기본이다. 값비싼 명품이나 고급스러운 옷을 입고 면접에 임하라는 뜻이 아니다. 반드시 옷을 깔끔하게 정돈해서 입어야 한다는 것으로, 얼룩이나 구김이 없도록 하고, 깔끔한 무채색 계열의 정장을 착용하도록 한다. 여성의 경우 연한 살구색 계열의 스타킹을 착용해야 좋다. 그리고 실수할 때를 대비해 여분의 스타킹과 바느질도구도 지참하도록 하자.

⑤ 액세서리

면접에 임할 때는 가능한 액세서리를 하지 않는 것이 좋다. 만일 액세서리를 착용한다면 시계는 단정하고 심플한 디자인으로 착용하고, 화려하거나 특이한 모양의 반지나 귀걸이를 하지 않도록 한다.

앞의 주의사항을 정리하면 다음과 같다. 면접에서는 단시간에 자신의 인상을 긍정적으로 각인시켜야 하므로 깔끔하고 단정한 이미지가 필요하다. 즉 성실하고 밝은 인상을 강하게 심어주는 일이 중요하다. 옷차림은 원피스보다는 무릎길이의 심플한 투피스가 단정한 이미지를 나타낼 수 있다. 심플한 재킷 안에 셔츠를 받쳐 입는 것이 제일 무난한 이미지 연출법이다. 여기에 색상은 화려하지 않은 검정색, 회색, 베이지색 계열의 재킷에 흰색이나 푸른색 계열의 셔츠를 적합하게 갖춰 입는 것이 단정해 보인다. 무더운 여름이라도 짧은 소매의 셔츠만 입는다거나 스타킹을 신지 않고 발톱이 드러나는 신발을 신고 면접에 임하는 것은 예의에 어긋나는 행동이다. 발톱이 보이지 않은 앞과 뒤가 막힌 구두를 신도록 하고, 구두 굽은 너무 높지도 낮지도 않은 5~7cm 정도가 적당하다. 또 액세서리는 너무 크고 화려한 것은 피하고 유행하는 장신구를 착용할 필요도 없다.

면접에 임하는 이미지 연출이라 해서 무조건 경직되고 딱딱한 인상으로 표현하라는 뜻이 아니다. 어느 직종에 종사할 것이며 어느 분야의 면접에 임하는 것에 따라 조금씩 다르게 연출하기도 한다. 그러므로 자신이 지원하고자 하는 직종과 그곳 분위기에 적합한 스타일에 맞게 정보를 찾고 면접에 임하도록 하자.

(2) 외적 이미지메이킹 - 셀프 면접 메이크업

면접에서 첫인상은 무척 중요한 요소를 차지하는 만큼 그 인상을 결정하는 외모에서 풍기는 분위기가 큰 비중을 차지한다. 면접에 임하기 전 메이크업은 필수적인 요소로서 자신의 장점을 드러내고 단점을 보완할 수 있으며, 보다 좋은 인상을 표현할 수 있는 중요한 부분이다.

면접 전과 면접에 대비하는 시간 동안 수시로 자신의 메이크업을 점검하고 스스로 메이크업을 할 수 있어야 위급한 상황에 대비할 수 있다. 여기서 간략하게 면접에 대비한 셀프 메이크업 방법을 알아보도록 하자.

첫째, 깨끗한 피부를 표현하자. 우선 사람이 이목구비가 아름다워도 피부가 맑지 않으면 깨끗한 인상으로 보이기 어렵다. 가능하면 깨끗한 피부를 표현하기 위해 결점이 커버되는 화장품(컨실러, 파운데이션 등)을 사용하자.

둘째, 메이크업 중에서 큰 부분을 차지하는 눈썹에 신경을 써야 한다.

너무 진하거나 모양이 어색하면 전체적인 인상에서 우습거나 나쁘게 작용하는 부분이다. 너무 진하지 않은 색으로 부드럽고 단정한 느낌의 아치형으로 그려주자. 눈썹을 검은색을 사용해 일자형으로 굵고 진하게 그리면 너무 강하고 무서운 인상을 줄 수 있기 때문이다.

셋째, 적합한 아이섀도를 사용하자. 일상적인 만남이나 기타 모임이 아닌 면접에서는 화려한 펄이나 글리터 섀도를 피하도록 하자. 면접은 무엇보다 단정하고 깔끔한 인상으로 그곳에 입사하는 것이 목적이지, 화려함이나 아름다움을 자랑하는 곳이 아니다. 그러므로 베이지색 계열의 점잖고 은은한 색상으로 표현하자.

넷째, 좋은 인상을 위한 눈과 눈빛에 신경을 써야 한다. 눈을 통해 사람들은 그 사람의 면모를 확인하게 된다. 눈을 또렷하게 보이기 위해서는 얇고 너무 진하지 않은 아이라인과 마스카라를 사용해 총명한 눈빛으로 보이도록 해야 한다.

다섯째, 입술화장은 단정하게 보이도록 한다. 무엇보다 건강한 느낌으로 보이기 위해 입술이 촉촉하고 부드럽게 표현되는 연한 분홍빛이나 로즈빛이 도는 색으로 정리하자. 이러한 색으로 건조하지 않게 표현하면 생기 있는 모습을 연출할 수 있다.

면접 준비 용모 복장 점검 - 남성의 용모 복장 점검 -

용모

1. 앞머리의 길이는 눈을 가리는가?
2. 머리의 염색 여부(면접에 임할 때 염색은 피해야 한다)
3. 머리의 냄새와 기름기, 비듬 점검
4. 수염과 얼굴의 지저분한 털을 정리
5. 눈의 충혈과 안경착용 여부(안경은 지나치게 크거나 색깔이 화려하고 특이한 모양은 피해야 한다)

복장

1. 옷의 다림질이 잘 되었는가?
2. 옷에 비듬이나 먼지 등 이물질이 묻었는지 점검한다.
3. 셔츠의 칼라와 소매가 더럽지 않은지 점검한다.
4. 주머니에 시각적으로 무거워 보이는 물건을 많이 넣지 않아야 한다.
5. 양말의 색상이 화려하거나 구두에 어울리지 않는 것은 착용하지 않아야 한다.
6. 구두는 깨끗하게 닦아야 한다.

면접 준비 용모 복장 점검 - 여성의 용모 복장 점검 -

용모

1. 앞머리의 길이는 눈을 가리는가?
2. 머리의 염색 여부(면접에 임할 때 염색은 피해야 한다)
3. 머리의 냄새와 기름기, 비듬 점검 및 긴 머리는 단정하게 묶는 것이 좋다.
4. 기본적인 화장하기(너무 진한 화장과 색채는 피한다)
5. 손톱 깔끔하게 정리하고 진한 손톱 치장하지 않기

복장

1. 옷의 색상 점검(무채색 계열의 단정한 색상을 선택한다)
2. 옷이 치마일 경우 무릎 위의 짧은 치마는 삼가고 다림질 여부 확인하기
3. 셔츠의 칼라와 소매가 더럽지 않은지 점검한다.

4. 주머니에 시각적으로 무거워 보이는 물건을 많이 넣지 않아야 한다.
5. 스타킹 점검하기(치마를 입었을 경우에는 연한색 스타킹을 착용하고 올 풀림이 없는지 확인한다)
6. 구두 점검하기(구두는 무채색 계열에 굽을 확인하고 너무 높지 않은 것으로 선택)

면접과 일상생활 및 모임에서 복장 점검 - 좋지 않은 인상을 남기는 모습 점검하기 -

우리가 그저 지나쳐 버린 사소한 행동으로 타인에게 좋은 인상을 남기지 못할 수 있다. 작은 부주의함으로 자신의 이미지에 손상을 끼치지 않는지 다음 사항을 점검해 보자.

1. 여성의 스커트가 코트 밖으로 빠져나와 있거나 셔츠가 스커트 밖으로 나와 있는 것
2. 남성의 경우 셔츠가 바지 벨트 밖으로 나와 있거나 벨트가 너무 낡은 것
3. 구두가 너무 지저분한 것
4. 가방이 너무 낡고 무겁게 보여 모양이 일그러진 것
5. 속옷이 너무 드러나 보이게 입은 차림
6. 옷이나 타이에 얼룩이 묻은 것
7. 여성의 경우 머리에 고무줄 자국이 있는 것
8. 남성 여성 모두 샌들을 신었을 때 발을 가꾸지 않아 지저분한 발 모습
9. 귀 속이 지저분하게 보이는 것
10. 손톱이 지저분하거나 너무 길어 정돈되지 않은 것
11. 안경을 착용한 경우 안경을 닦지 않아 지저분한 것
12. 염색한 머리가 자랐지만 새로 염색하지 않아 정돈되지 않아 보이는 머리 모양

2) 퍼스널 컬러와 이미지메이킹

퍼스널 컬러(personal color)란 각 개인이 자신에게 어울리는 피부, 머리카락, 눈동자 등의 신체 색을 돋보이게 하는 색을 말한다. 사람마다 다른 피부색과 어울리는 색을 찾아 조화를 이뤄 생기 있고 활기차게 보이도록 하는 고유의 컬러다. 사람들은 가끔 자신이 좋아하는 색과 자신에게 어울리는 색을 같은 개념으로 받아들일 때가 있다. 하지만 좋아하는 색이 반드시 나에게 어울리는 색이 아니며, 이러한 착각은 이미지 연출에 손상을 줄 수 있다. 모든 사람에게는 자신에게 적합한 개개인의 컬러 즉 퍼스널 컬러가 있다.

자신에게 어울리는 색상은 얼굴을 더욱 뚜렷하게 해주고 더 좋은 이미지로 빛나게 해준다. 어울리지 않는 색상은 자신의 피부색을 어둡게 만들어 얼굴의 좋은 부분을 부각시키지 못할 수도 있다. 그러므로 자신의 신체 색상과 조화를 이루어 밝고 생기 있는 활기찬 모습으로 연출해 좋은 인상을 주는 색, 퍼스널 컬러를 이해하여 자신에게 어울리는 이미지로 연출하도록 하자.

(1) 나의 퍼스널 컬러 찾기와 사계절 컬러 이론

나의 퍼스널 컬러를 찾기 위해서는 먼저 남들이 생각하는 나의 느낌이나 성격을 파악하여 내 이미지를 객관적으로 분석해 보기 바란다. 그 후 나의 신체색상이 따뜻한 느낌인지 차가운 느낌인지 구분하는 일이 중요하다. 퍼스널 컬러를 결정하는 신체 색상은 주로 나의 피부색, 머리카락색, 눈동자의 색이다.

4계절 컬러 이론을 바탕으로 자신에게 어울리는 퍼스널 컬러를 연출하여 사회생활에 적합하게 자신의 이미지를 연출해 보도록 하자. 20세기 초 독일 바우하우스의 교수 요하네스 이텐(Johannes Itten)은 개인의 타고난 색상을 사계절로 구분하여 계절에 해당하는 색상을 분류하였다.

사계절을 온도감으로 구분하면 따뜻한(warm) 색은 봄과 가을, 차가운(cool) 색은 여름과 겨울로 분류된다. 피부색, 머리카락색, 눈동자색 또한 따뜻한 색과 차가운 색으로 나누어진다. 예를 들어 피부가 노르스름하면 'warm'계열, 피부에 붉은 기가 있으면 'cool'계열이라 할 수 있다.

색의 강약 즉 딱딱하고 부드러움은 톤을 기준으로 구분하는데, 딱딱한 색은 진하고 강한 느낌을 주고, 부드러운 색은 밝고 부드러운 느낌을 준다. 사계절을 색의 강약으로 나누면 봄과 여름은 부드러운 색, 가을과 겨울은 딱딱한 색으로 분류된다.

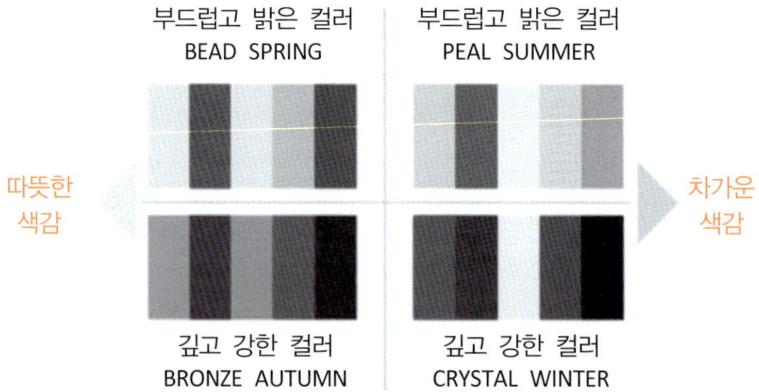

(2) 색의 계절별 특징과 컬러 이미지

사계절에 따른 특징은 전체적인 분위기와 이미지, 자신의 신체 색상으로 분류할 수 있다. 자신에게 적합한 계절을 진단하여 나에게 어울리는 색과 어울리지 않는 색을 구분하여 조화를 이루도록 해야 한다.

봄(spring)의 이미지는 생기 있고 발랄한 느낌을 준다. 주로 밝고 노란 피부색에 눈동자는 밝은 갈색으로 머리카락색도 밝은 갈색 계열에 해당

한다. 이러한 봄의 이미지에 어울리는 색상은 노란색을 베이스로 하는 원색이나 따뜻한 느낌의 핑크색의 밝은 색으로 이미지를 부각시키는 것이 좋다. 즉 전체적으로 명랑하고 로맨틱한 이미지로 자신을 연출하는 것이 어울리는 이미지이다.

여름(summer)의 이미지는 부드럽고 여성스러운 느낌으로 주로 흰색이나 약간 붉은 빛이 도는 피부색에 눈동자는 검정색 또는 부드러운 갈색으로 머리카락색도 검은색 또는 갈색이다. 이러한 여름 이미지에 어울리는 색상은 깨끗하고 차가운 계열의 흰색이나 회색이며, 오렌지색 계열의 메이크업이나 금색의 액세서리는 피하는 것이 좋다.

가을(autumn)의 이미지는 성숙하고 차분한 느낌을 준다. 주로 어둡거나 구릿빛의 피부색에 눈동자는 황갈색으로 머리카락색도 갈색 또는 구릿빛 적갈색이다. 이러한 가을 이미지에 어울리는 색상은 따뜻한 베이지색, 브라운 계열의 카키색, 오렌지색이 좋다. 부드럽고 깊이 있는 색을 사용하면 성숙하고 우아한 분위기를 연출할 수 있으며, 차갑거나 진한 원색을 사용하면 어색할 수 있다.

겨울(winter)의 이미지는 차갑고 도시적인 느낌을 준다. 주로 창백한 흰 피부 또는 푸른빛이 도는 검은 피부색에 눈동자는 검은 색과 회갈색으로 머리카락색도 주로 검은색과 은발이 있다. 이러한 겨울 이미지에 어울리는 색상은 차갑고 강한 색이 어울리며, 색의 대비가 큰 색도 소화 가능하다. 차가운 금속 소재와 실버 액세서리가 잘 어울리고, 탁한 색이나 따뜻한 계열의 난색은 피하는 것이 좋다.

(3) 색과 이미지

기본적으로 색과 이미지에 대한 기본 이론을 알아두면 자신에게 적합한 옷의 코디, 화장법, 면접이나 각종 모임에 효과적으로 활용할 수 있다. 여기서는 색을 난색, 한색, 중성색으로 분류해 보고자 한다. 난색은 주로 따뜻해 보이는 색으로 빨강, 주황, 노랑과 같은 계열을 말한다. 반면에 파랑, 남색 계열과 같이 시원해 보이는 색은 한색이라 한다. 또 보라색이나 자주색 등 차갑지도 따뜻하지도 않은 중간 정도의 느낌을 주는 색은 중성색이라 표현한다. 각 색상에 따라 남들에게 보여주는 이미지가 다르게 전달되는데, 난색은 활동적인 느낌이고 한색은 차분한 느낌을 안겨준다. 색은 우리 인간의 감정을 전달하는 효과가 있다. 색에 대한 느낌을 제대로 알면 자신에게 어울리도록 연출할 수 있으며, 이를 통해 이미지를 향상시킬 수 있다.

퍼스널 컬러 진단

나는 어느 계절 사람인가?
사계절 컬러 자가 진단법(목이나 속살의 피부색을 기준으로 판단)을 통해 알아보자.

1. 당신의 피부색은 어떤가?
   1) 밝은 노란빛 2) 희거나 붉은빛
   3) 어두운 노란빛 4) 푸르거나 누런빛

2. 당신의 피부 투명도는 어떤가?
   1) 맑고 윤기 있음 2) 뽀얗고 윤기가 없음
   3) 탁하고 윤기가 없음 4) 맑지 않고 윤기 있음

3. 당신의 얼굴형은?
   1) 둥근형 2) 계란형 3) 긴형 4) 각진형

4. 당신의 얼굴 생김새는?
   1) 이목구비가 동글동글한 귀여운 얼굴 2) 눈매가 부드럽고 시원한 편안한 얼굴
   3) 이목구비가 부드럽고 친근한 얼굴 4) 이목구비가 뚜렷하고 차가운 얼굴

5. 눈동자와 머리카락의 색은?
   1) 갈색 눈동자와 갈색 머리카락에 윤기 있음
   2) 갈색 눈동자와 갈색 머리카락에 윤기 없음
   3) 진한 갈색 눈동자와 진한 갈색 머리카락에 윤기 없음
   4) 검은 눈동자와 검은 머리카락에 윤기 있음

진단방법: 1번이 세 개 이상이면 봄, 2번이 세 개 이상이면 여름, 3번이 세 개 이상이면 가을, 4번이 세 개 이상이면 겨울 사람

퍼스널 컬러 진단을 통한 사계절 컬러 이미지

봄은 따뜻함, 밝음, 부드러움, 선명함

어울리는 색상 – 노란색이 가미된 원색과 중간색의 베이지색, 따뜻한 느낌의 핑크색, 산호색, 노란색 등 밝은 색상

메이크업 유형 – 밝고 화사한 톤의 투명한 화장

파운데이션 – 밝은 톤의 베이지 계열로 투명하게 표현

아이섀도 – 핑크, 오렌지 계열의 밝고 화사한 톤

블러셔 – 핑크, 오렌지 계열

립 – 핑크, 오렌지의 중간 계열

여름은 부드러움, 서늘함, 차가움, 흐린 색

어울리는 색상 – 핑크 계열의 파스텔 톤이나 흰색, 파랑색 등의 한색을 배색

메이크업 유형 – 밝고 투명하게 파스텔 톤 화장

파운데이션 – 자연스러운 표현, 베이지 계열의 톤 사용

아이섀도 – 파스텔 톤의 화사한 느낌의 화려한 분위기

블러셔 – 핑크나 브라운 계열 혈색 느낌

립 – 자연스럽고 연한 중간 계열 베이지, 브라운 핑크색 등

가을은 따뜻함, 딱딱함, 진함, 흐린 색

어울리는 색상 – 베이지색, 카키색, 올리브, 브라운, 그린, 오렌지색

메이크업 유형 – 포인트 색상으로 표현하여 고전적 이미지 연출

파운데이션 – 피부색보다 한 단계 어두운 톤으로 내추럴 베이지 계열로 표현

아이섀도 – 핑크, 베이지색, 퍼플 계열 등 어두운 톤과 중간 톤 사용

블러셔 – 오렌지, 피치, 베이지 사용

립 – 브라운이 가미된 중간색이나 짙은 색상

겨울은 어두움, 차가움, 딱딱함

어울리는 색상 – 차가운 블루 계열

메이크업 유형 – 원 포인트 메이크업과 강한 색상

파운데이션 – 베이지 계열로 두께감 있게 표현

아이섀도 – 블루 계열, 와인, 실버, 그레이 등

블러셔 – 핑크 계열로 자연스럽게 표현

립 – 레드 계열 등으로 입술 강조하면 효과적임

색상으로 분석하는 나의 성향 - 색상의 특성과 나의 성격 -

다음 11가지 색상을 떠올리며 그 색상에 대한 나의 느낌을 적어보시오.

빨강색

핑크색

주황색

초록색

노랑색

파랑색

베이지색

보라색

흰색

회색

검정색

11가지 색상 중 내가 가장 좋아하는 색을 순서대로 적어보시오.

첫 번째 좋아하는 색상

두 번째 좋아하는 색상

세 번째 좋아하는 색상

내가 주로 즐겨 입는 옷은 어떤 색상인가?

내가 가장 싫어하는 색상과 그 이유는?

나에게 가장 어울리는 색과 그 이유는?

나에게 어울리지 않는 색상과 그 이유는?

* 첫 번째는 개인의 본질, 내가 어떤 사람인가?
두 번째는 정신적 측면에서 내가 처해 있는 현실
세 번째는 목표달성을 위한 행동

- 빨강색: 제일 강한 채도와 자극성이 있는 색으로 열정과 격렬한 감정이 있는 색이다. 활력과 생기를 느끼게 해주고, 주로 검정이나 네이비색과 조화를 이룬다. 빨강색을 좋아하는 사람은 사교적이며 경쟁심이 강하고 정열적인 성격이다. 삶에 대한 의지가 충만하고 감정 기복이 심한 단점도 있다. 주로 군 지휘관, 기업 경영인 등의 직업이 많다.
- 핑크색: 주로 여성미를 상징하며 여성들이 즐겨 찾는 색상이지만, 피부 톤이 희고 맑은 남성들도 핑크 계열 셔츠가 잘 어울린다. 원래 빨강색에서 분노와 에로티시즘이 제거된 색으로 낭만적이고 여성스러움, 이성에게 부드러움과 긍정적인 이미지를 상징하는 색이기도 하다. 분홍색이나 자주색을 좋아하는 사람들은 친절하고 사려 깊고 이해심이 많으며, 공상을 즐겨하는 성격이다. 주로 교육자, 상담자, 간호사 등 타인을 보호하는 직업에 적합하며 그 일에서 보람을 느낀다.
- 주황색: 강한 느낌에 다소 눈을 피곤하게 하는 색상으로, 피부가 희고 윤곽이 뚜렷하지 않으면 소화하기 힘든 색상이다. 주황색을 좋아하는 사람의 성격은 사교성이 뛰어나고 관대함과 추진력이 있으며 집중력과 센스 있는 사람들이다. 그러면서 사치와 즐기는 놀이문화를 좋아하는 면도 강하다. 주로 정치가, 전도사 등의 직업에 종사한다.
- 초록색: 안전과 평화 보호를 상징하며 자연의 시원하고 편안한 느낌과 젊음과 생명을 떠올리게 한다. 초록색은 베이지색과 아이보리색

등의 천연 순수한 계열 색과 어울린다. 초록색을 좋아하는 사람의 성격은 깔끔하고 단정하며 조심성이 있고 변화를 좋아하지 않는다. 성실하고 예의바르고 외교적인 수완도 좋은 사람들이다. 초록색이나 녹색 계열을 좋아하는 사람들은 주로 풍족한 생활을 선호해 사업가가 많고 안정된 삶을 원해 의사, 약사 등을 선호한다.

- 노랑색: 젊고 생기 있는 색으로 밝고 명랑한 분위기를 연출한다. 하지만 오랫동안 보고 있으면 눈이 피로해지는 단점이 있다. 동양에서는 왕의 권위를 나타내는 강한 이미지의 색이지만, 서양에서는 질투, 비겁, 편견의 부정적인 이미지를 상징하기도 한다. 노랑색을 선호하는 사람의 성격은 이성적이고 논리적인 성격이고 책임감과 권위의식이 강하다. 노랑색을 좋아하는 사람들은 대부분 솔직하고 원활한 의사소통 능력을 지니고 있어 상담사, 언론인, 매스미디어 종사자의 기질이 풍부하다.
- 파랑색: 파랑색은 차분하고 차가우면서도 보수적이고 합리적인 경향을 나타낸다. 주로 여름에 즐겨 사용하는 색이지만, 사계절과 남녀 모두에게 어울리는 색상 중 하나이다. 파랑색을 좋아하는 사람의 성격은 현실성이 없는 아이디어를 창출하는 면도 있지만, 빠른 결단력과 뛰어난 통찰력으로 참신한 상상력을 발휘하기도 한다. 또한 강한 인내심과 깔끔한 일처리로 합리적인 면이 강하면서 창의력이 뛰어나다. 주로 변호사, 작가, 철학자 등의 직업을 갖는 사람이 좋아하는 색상이다.
- 베이지색: 모든 사람들이 무난하게 입을 수 있는 색상으로 부드러움, 단정함, 단순함과 융통성을 지닌다. 전반적으로 셔츠나 블라우스로도 적합하고 겉옷으로도 적당하다. 검정색, 빨강색, 갈색 등과 배치하면 잘 어울린다.
- 보라색: 고귀한 느낌의 이미지로 신비, 영원, 환상적인 느낌과 함께 병적이고 우울한 분위기도 지니는 색상이다. 강렬한 느낌으로 공식

적인 회의나 정숙함이 요구되는 모임에서는 부담스럽게 느껴질 수도 있는 색상이지만 고급스러움도 지닌다. 보라색을 선호하는 사람은 주로 고상하고 예술적 표현력이 우수한 예술인, 종교 등의 활동을 하는 직업이 어울리는 성격이다.

- 흰색: 흰색은 순수함과 순결을 주로 상징하는 색상으로 깨끗함, 시작, 감정을 정리한 상태를 의미한다. 맑고 깔끔한 느낌의 흰색 셔츠나 블라우스는 면접이나 단정한 모임에 필수적으로 준비해야 하는 옷이지만 겉옷으로는 다소 부담스러운 색상이기도 하다. 주로 웨딩드레스, 간호사 유니폼, 눈, 이별 등을 연상하는 색으로 즐거움과 슬픔을 함께 느끼게 해주는 색상이다. 흰색을 좋아하는 사람들은 완벽함을 추구하고 지나치게 성실한 성격으로 순수한 정신과 냉혹한 면을 지니지만, 적극성이 부족하다는 단점도 있다. 주로 가정적이고 보수적인 성향이 강하며 감정 표현에 서툴기도 하다.
- 회색: 회색은 다소 경직되어 보이면서도 차분한 이미지로 모든 색상과 무난하게 어울리는 역할을 한다. 남녀 모두에게 어울리는 색상으로 안정감과 단정한 유니폼이나 교복에 적합한 색상이다. 진한 회색은 고급스러운 느낌이라면 옅은 회색은 온화한 이미지를 나타낸다. 회색은 무채색과 코디하면 세련된 느낌을 연출하고, 원색과 코디하면 활발한 느낌을 전달해준다. 회색을 좋아하는 사람들의 성격은 신중하며 세련된 성향이지만 다소 결단력이 부족하고 소극적인 부분이 있다.
- 검정색: 검정색은 어둠과 밤을 연상하지만 모든 행사나 일반적인 차림에 가장 무난하게 배치하기 좋은 색상이다. 권위적이고 세련되면서 다소 경직되고 무거운 느낌이지만 시각적으로 몸이 날씬해 보이고 체형의 결점을 보완해 주는 장점이 있는 색상이다. 주로 흰색, 베이지색, 회색 등과 조화를 이루지만 빨강이나 자주색과도 배치가 원만한 색상이다. 검정을 좋아하는 사람의 특징은 고귀하고 세련된 면

이 있지만, 감정 조절이 원만하지 못해 자기비하에 빠지거나 지나치게 의존하려는 경향도 있다.

(4) 컬러 이미지메이킹의 필요성

앞서 언급한 독일의 바우하우스 교수이자 스위스 화가였던 요하네스 이텐은 초상화에 특정 피부색과 머리카락색을 결합하여 특정 색들을 사용해 보았다. 그 결과 초상화가 기존보다 더 좋은 분위기로 시각적인 효과를 발휘한다는 사실을 발견했다. 현대사회로 들어서면서 외모에서 이미지가 차지하는 비중이 커져 이미지의 중요성이 더욱 부각되면서 퍼스널 컬러의 활용과 필요성은 더욱 중요한 도구가 되었다. 자신의 이미지를 타인에게 시각적으로 각인되는 사실이 중요한 만큼 컬러는 이미지 연출에 필수적인 도구가 되었기 때문이다.

컬러 이미지메이킹은 한 사람이 타고난 피부색을 기본으로 하여 머리카락색, 눈동자색 등 자신에게 가장 잘 어울리는 컬러를 분석해 시각적으로 보이는 효과를 최대한 극대화시켜 컬러가 가진 이미지를 통해 자신의 이미지를 발전시키는 역할로 활용하는 일을 말한다.

퍼스널 컬러 진단 요소는 얼굴색, 뒷머리 두피, 머리카락, 눈동자, 손목 안쪽 색 등이며 자신의 이미지에 어울리는 색을 찾아 퍼스널 컬러 진단 요소의 색과 조화를 이루도록 배치하는 것이다.

사람들은 자신이 좋아하는 색과 어울리는 색을 같다고 생각하는 경우가 많다. 하지만 좋아하는 색과 어울리는 색이 늘 일치하지는 않는다. 그러므로 우선 자신의 피부색을 제대로 알고 가장 잘 어울리는 컬러를 찾아야 한다.

(5) 퍼스널 컬러의 효과

자신에게 어울리는 색을 찾아 이미지를 연출하면 다음과 같은 효과를 얻을 수 있다. 첫째, 피부의 단점이 보완되고 맑고 화사한 피부로 표현할 수 있다. 둘째, 자신에게 가장 어울리는 스타일을 연출할 수 있다. 셋째, 패션, 메이크업 등에 활용해 자신감을 높이며 조화로운 이미지를 만들 수 있다. 넷째, 자신에게 어울리지 않은 불필요한 영역에 소비되는 비용을 막을 수 있다.

퍼스널 컬러를 알아보려면 우선 따뜻한 유형과 차가운 유형의 색상을 분석해 본다. 그 후 사계절 유형으로 분석하고 자신의 피부 톤을 분석해 본다. 마지막으로 가장 좋은 컬러를 선정해 연출하는 것이다.

자신에게 어울리는 색상을 스스로 찾아보기 위해 다음과 같은 방법을 응용해 보자. 지금 자신이 즐겨 입는 옷 중에서 어울리는 색과 어울리지 않는 색을 구분해 보고, 그에 맞춘 전체적인 색상을 연출해 보도록 한다.

첫째, 현재 자신이 보유한 옷을 계절별로 분류해 보고 오랫동안 그 옷을 착용하지 않았다면 과감하게 정리하도록 하자. 둘째, 평소 즐겨 입는 옷과 좋아하는 옷을 분류해 보자. 셋째, 색상별로 얼굴과 매치시켜 보자. 단색, 원색, 화려한 무늬가 있는 색 등을 비교하며 나의 얼굴형과 피부색, 체형의 단점을 더욱 부각시키는 옷과 장점으로 활용되는 옷을 분류하자. 넷째, 어울리게 분류한 옷의 색상의 톤을 정리한다. 마지막으로 옷의 색상에 맞춰 비교적 같은 계열의 메이크업과 액세서리를 연출하여 자신의 이미지를 표현하도록 하자.

3) 메이크업 이미지

메이크업은 '화장하다', '분장하다'라는 의미를 갖는다. 메이크업에 대한 일반적인 견해는 자신을 다른 사람과 비교해 더욱 아름답게 비쳐지도록 하는 하나의 미적 수단으로 인식되었다. 하지만 메이크업 제품은 본래 얼굴에 매력을 더해주는 것이지, 자신의 외형을 완전히 바꿔주는 역할을 하지는 않는다. 또한 자연스러운 메이크업은 전혀 메이크업을 하지 않은 것을 말하는 것이 아니다. 메이크업에 표현된 색조가 자신이 가진 본래 피부 톤과 조화를 이루고, 계절에 따라 피부 톤이 변화하는 것을 보완해 자연스러운 이미지로 연출하는 것을 뜻한다.

메이크업은 아름다움을 의미한다. 제품을 비싼 것을 선택해 많이 바르고 진하게 표현했느냐를 말하는 것이 아니다. 얼굴은 그저 가벼운 종이처럼 평면이 아니기에 입체적인 얼굴 위에 가장 주목받는 부분을 강조해 주어야 한다. 단순하게 색채를 입힌다는 의미보다는 전반적인 개성을 강조한다는 활기찬 이미지로 표현해야 한다.

4) 메이크업의 기능

좋은 첫인상을 남기는 일은 대인관계에 있어 그 관계의 지속성 여부를 판단하게 하는 가치 판단 기준이 되므로 무척 중요한 부분이다. 앞서 설명했듯이 첫인상에서 시각적으로 가장 높은 비중을 차지하는 부분이 외모이다. 그중 얼굴은 사람들로부터 제일 크게 시선이 주목되는 신체 부위인 만큼, 가장 신경을 기울이게 되는 곳이다. 얼굴은 메이크업을 통해 본래 자신의 모습보다 더 나은 이미지로 표현할 수 있으며, 여러 색상과 질감을 활용해 다양한 이미지로 연출이 가능하다.

메이크업이란 화장품을 이용하여 얼굴의 단점을 보완하고 장점을 살려 보다 더 좋은 이미지로 만드는 기능을 한다. 메이크업을 하는 목적이 과거에는 자신의 얼굴에 드러난 결점을 숨기기 위한 단편적인 이유였지만, 지금은 개인의 개성을 표현하고 적합한 상황에 따른 이미지 표현을 위해 다양한 방법으로 이루어지고 있다.

또한 메이크업은 개인의 개성을 표현하며 원만한 사회생활이 되도록 자신감을 심어주고, 각 직업군의 특성과 각종 모임에 따른 감정과 역할을 표현해 주는 사회적인 이미지를 대변해 준다.

그러므로 개인의 만족과 동시에 사회생활을 위해 TPO(Time, Place, Occasion)를 고려하여 제대로 메이크업을 연출해야 하며, 시대적 분위기나 사회적 가치관에 따라 다른 기준이 적용된다는 사실도 주의해야 한다.

여기서 메이크업의 기능을 좀 더 구체적으로 살펴보면 다음과 같이 세 가지로 분류할 수 있다. 첫째, 물리적 기능으로 메이크업을 통해 자신의 결점을 보완하여 외형의 아름다움을 표현한다. 둘째, 심리적 기능으로 메이크업을 통한 개인의 성격, 가치관, 취향 등을 분석할 수 있다. 셋째, 타인에게 전달되는 매너의 표현 및 신분과 직업 등을 나타내는 기능을 한다.

5) 메이크업을 잘 하기 위한 방법

첫째, 자연광에서 메이크업을 해야 한다. 만일 형광등 아래에서 메이크업을 하게 되면 화장이 두껍게 표현된다. 둘째, 보이는 부분인 앞면만 표현하지 않고 옆부분도 표현해야 한다. 모임이나 비즈니스 석상에서는 어디에 자리하는가에 따라 옆모습도 시선이 주목되기 때문이다. 셋째, 메이크업 도구는 늘 청결하게 세척하여 각 기능에 알맞게 사용한다. 넷째, 기초 화장품과 색조 화장품 모두 유통기한을 지켜서 사용한다. 오래된 메이크업 제품을 사용하면 피부조직의 손상을 가져온다. 특히 색조화장품 중 아이 메이크업 제품의 경우를 살펴보자. 아이섀도나 마스카라, 아이라인 등은 날짜를 지키지 않고 방치한 채 오랫동안 사용하면 눈의 결막염을 일으킬 수 있으니 주의해야 한다. 다섯째, 자신의 피부톤, 의상 컬러, 헤어 컬러 등에 맞춰 메이크업을 해야 한다. 여섯째, TPO (Time, Place, Occasion)를 고려하여 제대로 메이크업을 연출해야 한다. 마지막으로 그 시대의 분위기와 사회적인 통념 및 유행을 고려해 메이크업을 해야 한다. 메이크업의 방법이나 재료 및 효과도 시대별로 차이가 있다. 그러므로 시대별 유행을 고려해 제품의 선택 및 표현에 신경을 써야 한다.

쉬어가기

무엇이든 즐겁게 하는 5가지 원칙

1. 자신이 하는 일이 즐거워지도록 노력하라. 그렇게만 할 수 있다면 일이 힘든 것이 아니라 즐거운 것이 될 것이다. 따라서 그 일을 바꿀 필요가 없어질 것이다. 자신을 변화시켜라. 그렇게 하면 자신의 일이 새롭게 보일 것이다.
2. 자신이 하는 일이 쉬우냐 어려우냐 하는 것은 자신이 그 일을 어떻게 생각하느냐에 따라 결정된다. 그러므로 자신의 마음가짐을 바르게 가져야 한다. 일이란 어렵다고 생각하면 실제로 어려운 것이 되고 쉽다고 생각하면 실제로 쉬운 것이다.
3. 마음을 너그럽게 갖도록 노력하고 실행하라. 항상 홀가분한 마음으로 일을 대하라. 고민하지 말고 밀고 나가라.
4. 정리되지 않은 일이 쌓이면 점점 일이 어려워진다. 오늘 할 일은 오늘 끝내라.
5. 자신을 위해 기도하라. 효과적으로 마음에 여유를 갖게 될 것이다.

– 노만 V. 피일 –

Chapter 08

매너 이미지

이 장에서는 매너 이미지에 관해 기본적인 인사 예절, 전화 예절, 대화 예절 및 표정관리, 식사 예절 등에 관해 살펴보고자 한다. 우리는 가정에서 가족 간의 예절, 학교에서 교사와 학생 간의 도리 그리고 직장생활을 시작하면서 새로운 장소에서 낯선 사람과 만남을 통해 끊임없이 관계를 맺고 비즈니스를 원만하게 성공하기 위해 지속적인 노력을 기울인다. 그리고 늘 사람과의 관계 속에서 누군가 처음 대면했을 때 좋은 이미지를 전하고 싶어 한다. 또 어떤 장소나 어떤 만남에서나 좋은 이미지를 갖춘 사람과 일을 진행하면서 그 사람의 이미지를 통해 전반적인 요소를 분석하게 된다.

미국 컬럼비아 대학 MBA과정에서 미국 유수기업 CEO를 대상으로 한 "당신의 성공에 가장 큰 영향을 준 요인은 무엇인가?"라는 질문에 응답자의 93%가 '대인관계 매너'를 성공요인으로 꼽았다고 한다. 이것은 자신의 경쟁력으로나 성공하는 사회생활에서나 반드시 갖추어야 할 필요한 조건이자 중요한 요구사항이기 때문이다.

예를 들어 우수한 두뇌로 일찍 고시에 합격했어도, 좋은 성적으로 회사에 입사했어도, 반드시 학문적인 두뇌가 좋고 입사 성적이 훌륭하다고 하여 그 사람이 가장 일찍 성공의 문 앞에 서 있는 것은 아니다. 실력이 우수해도 무심하게 지나쳐 버린 그 사람의 잘못된 습관이나 불쾌한 행동에서 사람들에게 실망을 안겨주고 피하고 싶은 사람으로 보여진다면, 그 사람의 이미지에 손상을 남기는 치명적인 결과가 되기 때문이다. 즉 현대사회는 매너 이미지가 한 개인의 무기가 되고 실력을 뛰어넘어 권력이 되는 시대로 전환되었다.

이제는 돈이 많은 대기업 총수나 권력 있는 정치인이라 해도 예외가 아니다. 예를 들어 그들이 공식적인 석상이나 사적인 장소에서 매너 없이 던진 말 한 마디나 무심하게 한 작은 행동이 대중매체를 통해 사람들에게 전해지면 강력한 비판과 함께 엄격한 사과를 요구하는 시대가 되었다. 더 나아가 자신의 기업 이미지나 정치인 생명까지 내려놓아야 할 정도로 자유로운 비판과 언론의 개방화가 원활한 시대에 살고 있기에 매너 이미지의 중요성은 더욱 절실하게 요구되고 있다.

1) 매너의 개념과 정의

매너(manner)는 라틴어인 '마누아리우스(manuarius)'에서 유래된 말이다. 이것은 '마누스(manus)'와 '아리우스(arius)'의 복합어이다. 마누스는 '손(hand)'이라는 뜻으로, 사람의 행동이나 습관이란 뜻을 내포하고 있으며, 아리우스는 'more at manual', 'more by the manual'이란 뜻으로 방법, 방식(way)을 의미한다.

즉 매너란 사람마다 가지고 있는 독특한 습관의 표현방식(몸가짐)을 말하는 것으로, 매너의 기본개념은 상대방의 입장을 생각하여 존중해 주는 데 있으며, 이는 상대방이 불편하지 않도록 배려하고 폐를 끼치지 않게 하는 인간의 행동방식을 의미하기도 한다(변영희 외, 2016).

매너를 표현할 때 주로 사람들은 매너가 '있다', '나쁘다', '좋다' 등으로 표현하며 일을 진행하고 마무리할 때, 보다 더 세련되고 품위 있는 행동이나 습관을 갖춘 사람을 '매너가 좋은 사람'이라 칭찬한다. 즉 매너는 상대방에 대한 배려이자 경의를 나타내는 표현으로서 사람과의 관계 속의 기본적인 예의라 할 수 있다.

이러한 매너는 각 개인마다 지속된 오랜 습관과 행동양식의 표출로서 그 사람을 평가하는 인격의 한 요소로 작용한다. 좋은 매너는 단순해 보이지만 쉽게 이루어지지 않고, 긴 시간동안 모든 상황에 따른 올바른 판단과 상대방의 문화나 교육 수준과 가치관을 이해하고 배려하는 습관에서 형성되는 것이다.

2) 에티켓의 개념과 정의

에티켓(etiquette)의 어원은 프랑스의 베르사유 궁전 정원을 보호하기 위해 화원에 출입금지 'etiquette'라는 말뚝을 박아 둔 것에서 시작되었다고 한다. 이는 당시 화원에 말뚝을 박아 두고 출입하지 못하게 하여 나쁜 행동을 막고자 사용된 개념이다. 그 후 베르사유 궁전에 들어가는 사람에게 입장권을 주는 관례를 만들었다. 이 입장권에는 궁전에서 지켜야 할 예의나 질서 등을 적어 두었다. 여기서 전해진 의미가 지금의 에티겟이 되었다고 한다.

앞서 살펴본 매너나 에티켓은 현대사회를 살아가면서 지키지 않았을 경우 법적인 처벌을 받는 것은 아니다. 그러나 구속력을 지니지 않았어도 사람들과 일을 진행하고 행동할 때 한 사람이 가진 나쁜 습관이나 몸가짐으로 규범을 어지럽히고 피해를 준다면 옳지 못한 행위가 된다. 따라서 우리가 인간관계를 원만하게 만들고 사회활동을 정의롭게 이루기 위해서는 반드시 필요한 요소이다.

3) 매너와 에티켓의 차이점

매너와 에티켓은 모두 예절의 의미로 해석되지만 사람의 마음가짐이나 행동방식, 자세 등의 의미로도 해석할 수 있다. 특별한 차이점이 없어 보이긴 하지만, 에티켓의 기본은 상대방을 먼저 생각하는 친절한 마음에서 비롯된다. 친절한 감정이 솟아오르면 상대방의 기분을 편안하게 해주려는 생각이 들고, 그렇게 되면 남에게 불쾌한 감정을 주지 않아 주변에 있는 사람에게 예의에 벗어나는 일은 하지 않게 될 것이다. 에티켓은 공식석상에서 지켜야 할 행동에 대한 규범으로서 일반적으로 '지킨다', '지키지 않는다'는 표현과 함께 쓰인다(김영란 외, 2012).

매너 테스트 - 자신의 매너를 테스트해 보자 -

매너 테스트: 자신에게 해당되는 항목에 체크해 보시오.

1. 하고 싶은 말은 아끼며 한다.
2. 술자리 분위기를 잘 맞춘다.
3. 지루하거나 반복된 이야기를 해도 면박을 주지 않고 잘 들어준다.
4. 자존심을 강하게 내세우지 않는다.
5. 동료나 친구들의 생일을 잘 기억하는 편이다.
6. 자기주장은 강하게 하되, 결정은 상대방 의견을 존중한다.
7. 여자와 남자를 대하는 태도가 비슷하다.
8. 시간 약속을 잘 지키는 편이다.
9. 상대방의 외모보다는 성격을 더 중요하게 판단한다.
10. 모임이나 회식자리에서 힘든 일도 솔선수범해서 하는 편이다.

매너 테스트 결과 보기

매너 테스트: 체크한 항목의 개수를 세어 본다.

1. 독불장군형(5개 이하)
자신의 일은 잘 하지만, 무뚝뚝하고 한쪽으로 치우친 사고로 살아간다.
상대방에게 답답한 느낌과 자신만 아는 이기적인 사람으로 느껴져 미움을 받을 수 있다.
지금부터는 표현하는 노력을 기울이도록 하자.

2. 새침떼기형(6~7개)
감정에 따라 배려가 변하는 타입이다. 나쁜 사람은 아니지만 오해를 살 수도 있다.
계산적인 모습으로 보이지 않도록 노력하면 자신의 매력을 상승시킬 수 있다.

3. 매너형(8~10개)
대인관계가 원만하고 동료들에게 인기가 많다.
상대가 원하는 것을 빨리 눈치 채고 센스 있게 행동한다.
이성과의 만남에서도 타인을 배려하는 모습이 돋보여 매력적으로 보여진다.

4) 인사 매너

인사는 예절 가운데서도 가장 중요하며 기본적으로 드러나는 매너로, 인간관계를 결정짓는 중요한 역할을 한다. 또한 낯선 사람, 낯선 장소, 낯선 시간 속에서 사람들과 인간적인 관계를 맺고 교류를 시작하는 데 있어 인사는 자신의 이미지를 결정하는 시작이자 마지막 요소라 볼 수 있다.

인사(人事)란 '사람 인(人)'과 '일 또는 섬길 사(事)'가 합쳐진 말로서, 사람이 마땅히 해야 할 일, 사람을 섬기는 일을 뜻한다. 즉 인사란 '사람의 일의 시작이며 끝'이라고 할 수 있다. 인격의 표현이자 인간관계의 시작인 인사는 상대방을 존중하고 배려하는 마음과 감사의 마음, 원만한 인간관계 형성에 필요한 매너이다. 톨스토이도 "어떠한 경우라도 인사하는 것이 부족하기보다는 지나칠 정도로 하는 편이 좋다"고 설명하며, 인사가 그만큼 중요하고 필요하다는 사실을 언급했다.

단순해 보이고 당연해 보이는 인사도 사회생활을 위해 제대로 습득하고 예의를 갖춰 올바르게 전달되어야 한다. 올바른 인사 방법을 정리하면 다음과 같다. 첫째, 상대방에게 먼저 다가가 적극적으로 해야 한다. 둘째, 자세를 바르게 하고 웃는 얼굴로 상대방의 눈을 보며 밝고 건강한 소리로 인사한다. 셋째, 정면을 바라보고 보행 중일 때는 잠시 멈추어 인사한 후 다시 걷는다. 넷째, 그 상황에 적합한 자세와 목소리로 인사하고 가벼운 대화로 안부를 묻는다. 즉 내가 먼저 다가가서 인사하고, 눈을 바라보며, 밝은 표정으로 어울리는 인사말을 건네야 한다는 뜻이다.

방문 매너 - 방문 매너를 알아두자 -

1. 방문 전

전화나 이메일 등을 통해 먼저 방문목적, 인원, 시간 등을 전한 뒤 상대방의 형편에 맞춰 약속을 정한다.
상대방을 고려하여 사전에 여유 있게 정한다.
서신을 통해 약속을 제의했을 경우 추후 반드시 확인 전화를 한다.

2. 방문 중

일요일이나 공휴일은 방문하지 않는 것이 좋다.
이른 아침, 늦은 야간이나 취침시간, 식사시간 등은 피한다.
방문시간은 정확하게 지키고 오랜 시간 머물지 않도록 한다.
방문의 성격에 따라 옷차림을 달리 해야 한다.
장갑을 꼈을 경우 현관 앞에서 벗는다.

3. 작별 시

자신이 앉아 있던 의자나 방석을 제자리로 정리해 놓는다.
겉옷은 현관을 나온 후 입는 것이 좋다.
신발을 신고 나갈 때 등을 보이지 않도록 주의한다.

4. 방문 시 유의사항

매우 친한 사이라 하더라도 반드시 전화 연락 후 방문하는 것이 좋다.
안내하는 사람보다 먼저 집안으로 들어가지 않는다.
대화 도중 집안을 두리번거리거나 시계를 보지 않는다.
여건상 불시 방문 시 용건을 전하고 바로 돌아서 나오는 것이 좋다.

– 남혜원 외(2012). 기본매너와 이미지메이킹. 서울: 새로미. –

5) 전화 매너

전화는 상대방과 직접 대면하지 않은 상태에서 대화하는 것이기 때문에 전화를 받고 걸 때의 적합한 매너를 갖추고 대화해야 한다. 상대방의 표정이나 눈빛, 태도를 볼 수 없는 상황에서 오직 목소리와 대화로 상대방에게 나의 인격과 태도가 판단되기 때문이다. 전화 예절에 관한 올바른 매너를 갖추지 못하면 상대방에게 실수하거나 오해의 소지가 발생할 수 있고, 잘못하면 순간의 불쾌함으로 다시는 만나고 싶지 않은 사람으로 평가절하될 수도 있다. 특히 개인적인 통화가 아닌, 직장생활 중 비즈니스로 통화할 경우 소속된 전체의 이미지에 손상을 끼쳐 중요한 일을 성사시키지 못할 수도 있다.

전화는 음성을 통해서만 의사가 전달되기 때문에 명확한 언어 사용과 또렷한 음성으로 예의바르게 대화해야 한다. 전화로 응대하며 순간의 사소한 실수로 인한 부주의로 상대방에게 의사가 잘못 전해지거나 오해할 수 있는 상황을 만들지 않도록 주의해야 한다.

전화로 응대할 때 다음과 같은 기본적인 사항을 지키도록 하자. 첫째, 정확한 메시지를 수신하기 위해 메모하도록 한다. 둘째, 밝은 목소리로 인사하고 통화가 끝난 후에도 인사로 마무리한다. 공적인 공간에서는 자신의 소속과 이름을 정확히 밝힌다. 셋째, 간단하면서 정확하게 용건만 이야기한다. 상대방의 상황도 배려해 불필요한 용건은 피하도록 한다. 넷째, 정중하게 통화하고 상대방의 말에 민감하거나 지나친 반응으로 불쾌감을 주어서는 안 된다. 다섯째, 통화 용건이 끝난 후에 상대방이 끊는 것을 확인 후 수화기를 내려놓는다.

전화 매너 - 전화 응대 시 유의사항 -

1. 가능하면 시간을 지켜서 통화하자. 보편적으로 아침 9시 이전이나 저녁 10시 이후에는 전화하지 않는 것이 예의이며 특별한 경우라면 사과부터 하면서 시작한다.
2. 통화 중에 껌을 씹거나 음식물을 섭취하는 것을 금한다.
3. 상대방이 전화를 받으면 우선 통화가 가능한지 여부를 묻고 통화한다.
4. 무슨 통화든지 너무 길게 통화하거나 자신의 이야기만 하지 않도록 한다. 특히 자신의 힘든 상황, 고민, 푸념 등으로 계속 통화하면 상대방을 지치게 한다.
5. 용건이 끝났으면 확인하고 끝인사로 마무리한다.

6) 대화 예절 및 표정관리

앞서 설명했듯이 사람과의 관계에서 소통하고 그 소통으로 인한 예절을 지키는 일은 무척 중요한 일이다. 대화를 하면서 적절한 반응과 밝은 표정으로 임해야 하는 것은 기본적인 매너이다.

상대방이 대화를 지속하고 있는데 중간에서 계속 대화의 흐름을 끊고 말을 가로채기를 반복한다면 그 결과가 어떻게 될지는 누구나 짐작할 것이다. 대화 예절의 기본은 바로 경청하는 자세이다. 아무리 좋은 화제이고 유익한 정보라 해도 상대방이 흥미를 갖지 못하고 이해하기 힘든 부분을 독점해서 이야기하는 것은 상대를 화나게 하는 일이다. 상대방이 좋아하는 대화, 그 사람의 관심사를 교양 있고 조심성 있게 묻고 맞장구쳐주는 것이 좋다. 여러 사람과 대화하면서 비속어나 은어를 사용하고 상대방을 불쾌하게 하는 자세나 태도를 취하는 것은 자신의 이미지를 손상시키고 주변을 불편하게 하는 매너 없는 행동이란 사실을 명심해야 한다.

대화를 하거나 상대방과 대면할 때 말하는 태도와 함께 어떤 표정으로 상대를 대하는가도 중요한 요소이다. 얼굴의 어원은 '얼이 들어오고 나가는 글'이라는 뜻으로, 얼굴에서 드러나는 표정으로 인해 타인에게 호감을 줄 수 있다. 늘 밝게 웃고 미소를 지으면 상대방의 감정도 긍정적인 반응을 하도록 만든다. 또 우리 인간은 거울신경세포의 작용으로 인해 감정이입효과가 있어 나의 감정이 상대방에게도 전해진다고 한다. 이 신경세포는 다른 동물의 행동을 관찰하며 스스로 행동하듯이 느끼는 것으로, 밝은 표정을 지어보이면 상대방도 더불어 밝고 즐거워진다고 분석하였다.

사람의 얼굴에는 80여 개의 근육이 있으며, 이 근육으로 약 7,000여개의 표정을 만들 수 있다고 한다. 즉 사람이 노력하면 얼마든지 좋은 표정을 만들어 자기관리에 철저하게 대응할 수 있다는 뜻이다. 자신에게 어울리는 밝은 미소를 연출하여 그 미소로 인해 상대방에게 따뜻한 마음이 전달된다면 삶의 활력소가 될 수 있을 것이다.

상대방에게 자신의 인상을 각인시키는 표정관리 능력 중 하나인 미소는 훈련을 통해 호감 가는 인상으로 바꿀 수 있다. 바로 스마일 라인 기법인데, 이것은 큰 동작으로 웃으면서 최대한 입 꼬리를 위로 올리고 U자 라인의 웃는 입 모양을 만들며 미소를 연습하면 된다.

예를 들어 대중 앞에서 연기하거나 노래하는 연예인들의 경우도 이미지 연출을 위해 전문가를 두고 표정이나 말투, 자세 등을 수백 번 넘게 연습한 후에 그 이미지를 표현한다고 한다. 특히 서비스업에 종사하는 직업들은 입사 후 표정관리 및 미소 연습 등을 통해 손님을 응대하도록 훈련받는다.

대화 매너 - 경청하기 위한 10가지 방법 -

1. 개방형: 다른 사람을 설득하려 하지 말고 먼저 그의 생각을 받아들인다.
2. 너그러움: 당신이 옳다는 것을 증명하기보다는 함께 지식을 찾기 위해 노력한다.
3. 관용: 극단적인 표현은 삼가고 진위를 설명할 수 없는 진리를 근거로 주장하지 않는다.
4. 세분화: 허용될 수 없는 일반화와 확실하지 않은 지식은 사용하지 않는다.
5. 균형: 너무 많은 말을 오래 하지 말고 늘 대화 상대를 살핀다.
6. 현재성: 상대방과 교감 상태를 유지하며 상대의 말을 진심으로 경청한다.
7. 동감: 상대방의 입장과 처지를 이해하며 논리적으로 지적하며 추궁하지 않는다.
8. 구체화: 자신을 움직이는 동기에 대해 구체적으로 말한다. 비약하지 말고 차근차근 설명하며 전문적인 학술용어를 쓰지 않는다.
9. 동등권: 대화에서 다른 사람과 평등한 관계를 유지하며 상대방을 시험하는 태도를 취하지 않는다.
10. 공간과 시간의 허용: 상대의 말을 끊으며 자기주장을 강요하지 않는다.

– 카이롬하르트(2003). 지식형 인간. 서울: 넥서스. –

7) 식사 예절

식사 매너는 그 사람의 교양과 품위를 나타내며 함께 식사하는 사람과 음식을 먹으며 즐거운 시간을 보내기 위한 자리이므로, 반드시 기본적인 매너를 지켜야 한다. 자신이 손님을 초대해서 식사를 하거나 상대방으로부터 초대 받아 식사를 하게 되면 조금만 관심과 노력을 기울여 식사 매너를 익히도록 하자. 결국 식사하는 동안 상대방에 대한 작은 배려로 인해 내 자신의 이미지가 높아질 것이다.

올바른 식사 매너란 무엇인가? 우선 식사 속도는 주위 사람들보다 너무 빠르거나 느리지 않도록 조절해야 한다. 자신이 주문한 음식이 먼저 나왔다고 해서 무조건 급하게 먹지 않도록 하자. 식사 도중 대화를 하게 되면, 적절한 제스처를 취하고 웃으며 대화하되 음식을 넣은 상태로 많은 대화를 하지 않도록 한다. 잘못하면 상대방에게 불쾌감을 줄 수도 있기 때문이다.

식사할 때는 자세를 바르게 하고 손은 무릎 위나 테이블 가장 자리에 가볍게 올려놓는다. 테이블 위에 팔꿈치를 올리거나 턱을 받치지 않고 다리를 꼬고 앉거나 다리를 심하게 떠는 행동은 삼가야 한다. 식사를 함께 하면서 공감대를 형성하고 친밀한 관계를 유지하기도 하지만, 식사하는 동안 불쾌한 감정이 생기고 그 사람의 이미지가 나쁘게 변하는 경우도 있으니 주의해야 한다.

식사 매너 - 식사 약속을 정하기 전 지켜야 할 매너 -

1. 예약하기 전 일자, 시간, 인원 수, 성명, 연락처, 장소를 미리 알고 파악하자.
2. 착오를 방지하기 위해 확인 후에 정확하게 알려준다.
3. 상대방이 좋아하지 않는 메뉴를 정하지 않도록 한다.
4. 약속한 사람들이 참석하기에 너무 멀거나 불편한 장소로 예약하지 않도록 한다.
5. 예약은 보편적으로 7~10일 전에 한다.
6. 예약을 취소할 경우 최소 하루 전에는 알려주어야 한다.
7. 모임일 경우 장소의 분위기나 거리, 비용 등을 부담 없이 알려주는 것이 좋다.

Chapter 09

프레젠테이션 활용과 발표 매너

과거는 단순히 종이에 작성된 원고를 말로써 전달하는 기능으로 청중과 소통하던 시대였다. 하지만 현대사회는 컴퓨터를 비롯한 정보통신기술의 발달로 새로운 기능이 도입되어 청중과 소통하는 수단으로 작용하게 되었다. 즉 컴퓨터나 기타 멀티미디어를 이용하여 각종 정보를 청중에게 전달하게 된 것이다. 의사소통방식의 하나인 프레젠테이션은 일반적인 말하기와는 또 다른 차이점을 안고 있다. 프레젠테이션은 발표하는 대상자의 목소리와 몸짓을 포함하며 시청각 자료 및 청중을 참여시키는 기계적인 기술을 활용해 복합적으로 지식과 정보를 전달하게 되었다.

프레젠테이션 제작 도구에 따른 종류를 살펴보면 다음과 같다. 파워포인트 프레젠테이션, 동영상 프레젠테이션, 플래시 프레젠테이션, 디렉터 프레젠테이션, 3D 프레젠테이션, 캐릭터를 이용한 프레젠테이션, 실물모형 프레젠테이션 등으로 나누어진다.

이 중에서 가장 많이 이용하는 파워포인트 프레젠테이션은 발표 내용을 보다 더 간결하고 단순하게 전달하는 장점을 지니고 있다. 파워포인트 프레젠테이션은 마이크로소프트사에서 개발한 사무용 프로그램인 마이크로소프트 오피스에 포함되어 있다. 무엇보다 표나 차트 및 도형 등을 쉽게 활용할 수 있고, 직장인을 비롯한 학생들 대부분이 파워포인트 프레젠테이션을 사용하고 있다. 여기서는 프레젠테이션 활용 및 프레젠테이션을 통한 발표와 매너에 대해 자세히 살펴보고자 한다.

1) 프레젠테이션 정의

프레젠테이션(presentation)의 어원은 '발표하다, 소개하다, 내놓다'라는 의미의 '프리젠트(present)'이다. 여기서 출발한 프레젠테이션은 발표하는 사람이 자신이 청중에게 소개하고자 하는 목적을 성취하기 위해 고객, 학생, 일반인 등 대상자들에게 나름대로 내용을 구성해 체계적으로 정보를 전달하는 과정을 뜻한다.

프레젠테이션은 청중에게 자신의 목적을 전달하는 커뮤니케이션의 역할과 동시에 발표, 지식, 제품 소개, 설명 등 모든 영역을 포함한 연극무대라 할 수 있다. 즉 모든 지혜를 동원해 말과 동작으로 청중을 울고, 웃고, 설득하고 감화를 주면서 만족을 끌어안아야 하는 한 공간 속에서 펼쳐지는 예술행위라 볼 수 있기 때문이다.

무엇보다 멋진 프레젠테이션을 위해서는 정확한 목표가 설정되어야 하고, 정돈된 기획과 심플하면서 화려한 시각효과, 강력한 정보전달이 갖추어져 있어야 한다. 그러기 위해서는 사전에 자료를 수집하고, 청중에 대한 매너를 갖추고, 대상의 이해력을 높이기 위해 명확한 정보를 전달하는 데 의미를 두도록 해야 한다.

2) 프레젠테이션의 분류

프레젠테이션은 전달하고자 하는 목적과 내용에 따라 비즈니스, 학술회의, 교육 등으로 분류된다. 교육 또는 학술회의를 위한 프레젠테이션은 청중에게 학술적인 정보와 새로운 지식을 전달하는 것을 목적으로 이루어진다. 반면에 비즈니스 프레젠테이션은 개인이나 집단에 소속된 단체에게 사업성과나 제품소개, 정보전달 등을 목적으로 청중을 설득하고 소비하고자 하는 욕구를 일으키고, 사업의 목적을 달성하는 데 의미를 둔다.

3) 프레젠테이션 만들기 과정

프레젠테이션은 발표자, 대상자(청중), 발표내용과 목적으로 구성되어 있다. 프레젠테이션을 준비하기 위한 순서와 내용을 살펴보면 다음과 같다.

첫째, 청중에 대한 정확한 분석을 해야 한다. 이 부분에서는 대상자들이 어떤 사람들이며, 대상자들이 추구하는 것, 대상자들의 지적 · 학력 수준 및 연령대, 참석 대상자들의 인원 수 파악 및 이해와 만족도 등을 철저히 분석해야 한다.

둘째, 청중에 대한 정보를 수집해야 한다. 참여하는 청중의 기대 수준과 취향 및 요구사항을 파악해 내용을 구성하고 발표방법을 기획해야 한다.

셋째, 내용을 구성하는 단계이다. 여기서는 청중의 수준과 입장을 고려해 내용을 가능한 쉽고 흥미 있게 구성하고 명확하게 설명해야 한다.

넷째, 다양한 자료를 준비한다. 발표자가 준비한 내용을 말로만 전달하기보다는 적절한 자료를 활용하여 정보를 전달하는 것이 보다 더 효율적으로 관심을 끌 수 있는 방법이다. 다양한 시각적인 자료를 이용해 적극적으로 흥미를 유발해 보도록 하자. 대체적으로 시각자료를 활용하면 청중의 주의 집중 및 이해를 높이고, 슬라이드나 사진, 도표, 신문 기사, 관련 동영상을 함께 보여주면, 발표자에 대한 신뢰와 내용에 대한 집중력을 높이는 데 효과적이다. 이것은 심리학자들의 연구 결과에서도 확인된 사실이다.

다섯째, 사전에 충분히 연습해 본다. 모든 활동에 예습이 필요하듯이, 프레젠테이션의 성공을 위해서는 준비한 프로그램을 청중들이 참석할 장소에서 미리 연습해 보는 일이 필요하다. 정해진 시간에 청중들이 지루해 하지 않도록 내용 소개와 발음, 동작, 예상 질문 등을 미리 준비해 연습하면서 내용의 명확한 전달과 효과적인 발표 기술을 익히도록 하자.

마지막으로 프레젠테이션 성공을 위한 복장 및 자세를 점검하는 일이다. 프레젠테이션을 발표하는 발표자는 다양한 청중들의 시선을 주목받게 되어 있다. 발표를 위해 준비한 자료가 아무리 훌륭하고 발표 내용을 알차게 구성했어도, 발표하는 대상자의 이미지가 깔끔하지 못하다면 청중의 관심을 끌지 못한다. 그러므로 깔끔하고 단정하면서 청중의 마음을 움직일 수 있는 세련된 매너를 갖추고 있어야 한다. 발표하는 장소와 청중의 연령과 수준을 고려해 적합한 옷, 헤어스타일, 액세서리 등을 착용하도록 하자.

4) 프레젠테이션 태도

(1) 시선

대화를 하면서 아이 콘택트가 필요하듯이, 발표를 하면서도 청중과 하나가되어야 하는 시선 처리가 중요하다. 자연스럽고도 친밀하게 그리고 한 사람의 청중에게만 시선이 집중되지 않도록 적절하게 시선을 맞추어야 한다. 지속적으로 스크린만 보며 읽어나간다거나 시선을 청중이 아닌, 다른 곳을 두리번거리면서 산만하게 바라보지 않도록 한다. 이러한 잘못된 시선 처리를 하게 되면 청중들도 발표에 집중할 수가 없기 때문이다.

(2) 표정

청중을 바라보며 발표할 때, 단순히 무뚝뚝한 자세로 임하면 발표가 지루하게 느껴진다. 밝고 자신감 넘치는 표정과 온화한 미소, 발표 내용과 상황에 맞는 적합한 동작과 행동을 보여주고 필요한 질문을 던지는 등의 행동으로 청중의 관심을 유발하는 일이 필요하다.

(3) 자세

우선 머리를 똑바로 들고 시선은 청중을 바라보며, 허리와 어깨를 곧게 펴는 것이 좋다. 그리고 청중을 향해 정중한 자세로 인사한다. 발표를 하다 보면 자신도 모르게 다리를 한쪽으로 짚고 있거나 팔짱을 끼거나 무의식중에 주머니에 손을 넣거나 고개를 지나치게 올려 거만해 보일 수 있는데, 적합하지 않은 자세로 산만한 인상을 남기지 않도록 주의하자. 좋지 못한 자세를 취하면 청중으로부터 비난을 받거나 내용이 정확하게 전달되는 효과가 떨어지게 된다. 결국 청중에게 신뢰를 잃고 교만하다는 지적을 받을 수 있으니 잘못된 자세에서 오는 습관은 주의해야 한다.

(4) 스피치

자신이 발표하는 목소리를 제대로 분석해 보아야 한다. 발표자가 발표하는 공간의 규모, 마이크 사용여부, 청중의 숫자 등을 고려해 적합한 목소리의 크기, 속도를 조절해야 한다. 또한 억양에 사투리가 심하지는 않은지, 자신의 발음이 정확한지도 살펴보아야 한다.

목소리가 너무 작고 느려도 청중을 지루하게 하고, 목소리가 너무 크거나 말하는 속도가 빨라도 내용 전달이 힘들어 청중을 불편하게 할 수 있다. 발음을 정확하면서도 적합한 속도와 산만하지 않은 목소리로 표현하도록 신경을 써야 한다.

5) 프레젠테이션 방법

발표하고자 하는 분야 및 주제와 전반적인 내용을 파악하여 청중의 반응을 예측해 보아야 한다. 프레젠테이션을 하는 목적을 설정했다면, 각 준비단계에서 구성할 내용을 각각 구분하여 적합한 시간을 배분하고 단계별로 진행해 보도록 한다.

첫째, 서론 단계에서는 청중의 관심을 유발하기 위한 간략한 자기소개 및 가벼운 화제로 이야기를 시작하며 인사한다. 특히 흥미로운 자기소개 및 유행하는 명언이나 유머, 호기심을 자극하는 소재를 무겁지 않게 던져보는 것도 좋다. 우선 청중이 발표하고자 하는 주제를 인식하고 본론에 들어가기 전 시선을 주목하도록 집중시키자. 이때 시간을 너무 길지 않게 활용하도록 하자.

둘째, 본론 단계에서는 발표하고자 하는 핵심적인 부분을 공략한다. 전반적인 내용의 중요한 부분을 정리해서 설명하고 프레젠테이션이 부드럽고 집중력 있게 청중에게 전달되도록 이해하기 쉽도록 진행해 나가는 단계이다. 적절한 보디랭귀지와 제스처의 사용, 내용 전달을 가장 많이 투자하는 시간인 만큼 주의를 기우려야 하는 부분이다.

셋째, 결론 단계에서는 지금까지 발표 내용을 정리하고, 핵심적인 부분을 요약해 준다. 그리고 청중과 함께 질의응답 시간을 통해 마무리 하도록 한다.

스티브 잡스의 프레젠테이션 - 스티브 잡스의 성공적인 프레젠테이션 비결 파악 -

1. 오프닝부터 장악해서 들어가기 – 큰 그림으로 시작하라.
2. 모든 내용을 3–3–3의 구조로 만들어서 pt하라.
3. 발표자가 아닌 청중의 입장에서 pt하라.
4. 정확한 사실만을 지루하지 않게 발표하라.
5. 비교는 현명하게 하고, 시각적 자료를 활용하라.
6. 생략할 것은 과감히 생략하라. 많이 알려주려다 실패한다.
7. 다시 한 번 요약해서 집어주며, 핵심적인 내용은 마지막에 둔다.
8. 자료의 완벽한 숙지로 자신감과 넘치는 열정을 보여주어라.
9. 그 외 아이콘텍트, 제스처, 웃음 등을 보여준다.
10. 마지막으로 리허설을 한다.

단순하고 절제된 프레젠테이션을 만들기 위해서는 다음과 같은 질문을 던진다.
– 이 슬라이드에서 전달해야 할 핵심적인 내용은 무엇인가?
– 슬라이드 안에 불필요한 요소는 없는가?
– 이 슬라이드에서 청중에게 무엇을 남겨야 하는가?

– 김경태(2006). 스티브 잡스의 프레젠테이션. 서울: 멘토르. –

Chapter 10

이력서 및 자기소개서 작성법

1) 이력서 작성법

이력서란 자신의 지나온 일들을 기록한 문서로, 지원자가 자신을 선택해 주는 곳에 과거 행적을 요약해 제출하는 서류이다. 인사 담당자는 이력서를 통해 지원자를 처음 서류로 대면하게 된다. 즉 이력서는 지원자와 인사 담당자를 최초로 연결해 주는 매개체로서 역할한다. 그러므로 지원자는 기업에서 요구하는 조건에 맞추어 자신의 학력, 경력 등을 구체적이면서 정확하게 작성해야 한다.

무엇보다 제일 처음 합격을 결정하는 서류인 만큼 인사 담당자의 관심을 끌 수 있도록 깔끔하면서 체계적으로 작성되어야 한다. 가능한 깔끔한 글자체(바탕이나 신명조체)를 사용하여 이력서가 1~2장이 넘지 않도록 작성하고, 지원하고자 하는 곳에서 원하지 않는 경력은 기재하지 않는 것이 좋다.

2) 이력서 작성 시 기본사항

일반적인 이력서에는 주로 지원자의 인적사항과 신체 정보 및 학력, 경력, 기타 자격증 및 수상 내역 등을 작성한다. 이러한 이력서 작성 내용을 구체적으로 살펴보면 다음과 같다.

첫째 인적사항에서는 본인의 이름과 현재 거주하는 곳의 주소, 주민등록번호와 이메일(e-mail), 연락처와 증명사진을 붙인다. 사진은 최근 3개월 이내 사진으로, 너무 오래된 사진이나 변형이 많이 추가된 사진을 붙여서는 안 된다. 담당자가 검토했을 때, 사진으로도 호감을 주는 이미지가 되도록 단정하게 찍은 사진을 정해진 규격에 맞게 준비해야 한다.

둘째 신체사항은 신장, 체중, 혈액형 및 시력을 작성하는데, 면접에서 확인 가능한 부분이기에 허위로 기재하지 않도록 한다.

셋째, 학력사항은 졸업한 학교를 졸업연월일과 함께 기재하는데, 요즘은 특별한 경우가 아니고서는 주로 대학교부터 작성하는 것이 보편적이다. 하지만 지원하고자 하는 곳에서 초등학교부터 기재하기를 요구하면 순차적으로 정확하게 작성해야 한다.

넷째, 경력사항은 이전에 근무했던 근무처, 근무기간, 직위, 담당직무 등을 정확하게 작성해야 한다. 그 외 해외 연수 경력이나 외국어 능력시험 또는 수상 경력 등이 있으면 국가, 기간, 수상명 등도 함께 기재해야 한다.

현대사회는 지원하고자 하는 곳에서 적합한 양식을 제시하는 경우가 많은데, 이 같은 경우는 그 양식에 맞춰 작성하고, 최대한 간결하면서 필요한 부분만 작성하도록 한다. 이력서를 심사하는 담당자는 많은 지원자의 이력서를 검토해야 하므로 불필요한 내용이나 분량이 너무 긴 이력서를 끝까지 꼼꼼하게 검토할 여력이 부족하다. 가능한 담당자가 이력서를 읽고 판단하기 쉽게 깔끔하고 체계적으로 정돈해서 작성해야 한다.

3) 이력서 작성 시 유의사항

첫째, 지원하는 분야와 관련된 경력중심으로 작성해야 한다. 만일 지원하고자 하는 곳과 경쟁관계에 있는 곳에서 근무한 경력이나, 부정적인 사건이 있던 곳이라면 기재하지 않는 것이 좋다.

둘째, 글자의 크기가 너무 작거나 특이한 문자체로 색깔을 넣어 혼잡하게 작성하지 않아야 한다. 이력서의 분량이 적당한지, 오타나 맞춤법이 틀린 곳이 없는지 꼼꼼하게 검토한 후 제출한다.

셋째, 지원하고자 하는 곳에서 원하는 양식과 서류를 모두 갖추었는지 꼼꼼하게 확인하고 내용이나 분량이 적당한지 확인한다. 합격 후 정확한 전달을 받기 위해서 자신의 연락처와 이메일을 제대로 기입했는지 검토한다.

4) 자기소개서 구성

자기소개서란 학교에 지원하거나 회사 면접이나 단체에 가입할 때 자신의 이름과 직업 경력을 비롯해 성격, 경험, 포부 등을 상대방에게 전달하기 위한 서식을 말한다. 현대사회는 대학이나 대학원 진학 및 기업체 취업을 위해서 소개서를 작성하고, 그것을 점수에 반영해 합격 유무를 결정하는 곳도 볼 수 있다. 지원하고자 하는 곳마다 정해진 양식과 규격이 다르지만, 일반적으로 성장배경 및 성격 소개와 학교생활, 지원동기 등이 보편적인 양식이다. 그러므로 양식을 잘 지키되, 자신의 가치관 및 합격 후 포부 등을 주로 논리적이면서 정직하게 작성해야 한다.

5) 자기소개서 작성법

(1) 정해진 규칙을 지키자

자기소개서를 깔끔하고 논리적으로 작성해야 한다. 문어체로 작성하고 표현은 간단하면서 명료하되, 문장이 너무 길거나 식상한 표현이 들어가지 않도록 주의해야 한다. 맞춤법이 정확하고 오타가 없는지 꼼꼼하게 검토한다. 소개서 분량 1~2장 정도가 적당하며 지원하고자 하는 곳에서 분량을 제시해 주었다면 그 원칙을 반드시 지키도록 해야 한다.

(2) 자신만의 독창성을 유지하자

지원 분야와 관련된 수상 경력이나 자격증을 반드시 기재한다. 자신의 경험을 토대로 정직하고 담백하게 작성하되, 합격을 위해 허위나 가식적인 표현은 삼가야 한다. 추후에 확인할 수 있고, 거짓이 드러나면 합격이 취소될 수도 있기 때문이다.

지원 동기와 합격한 후 목표와 비전을 현실성 있게 제시한다. 남들과 차별화되면서 나를 채용해주고 싶은 마음이 들도록 개성 있게 작성해야 한다.

(3) 소개서 작성 시 유의사항

지원동기를 명확하게 서술한다. 경험은 실제 있었던 경험을 중심으로 구체적인 사례를 예로 들어 작성한다. 지원하고자 하는 곳에 필요한 자격증을 강조하고 수상경력을 부각시키도록 한다. 합격 후 꿈을 실현하기 위해 어떤 자세로 일할 것이며, 어떤 목표를 정립하고 성과를 이룰 것인지 구체적으로 서술한다.

가능한 담당 채용자의 이목을 끌 수 있도록 개성 넘치는 문구를 사용하여 작성해야 한다. 예를 들어 성실하고 근면한 자세와 열정적인 성향이 반영된 문구, 최선을 다해 팀을 이끌어 갈 수 있는 문구 등을 반영하는 것이 좋다. 그리고 흔히 많이 사용하는 식상한 표현을 삼가는 것이 좋다. 예를 들어 '몇 남 몇 녀의 몇 째로 태어나~', '좋은 가정에서 성장한~', '○○년 ○○월 ○일 출생했으며~', '합격만 시켜주신다면~', '약속합니다~' 등의 진부하고 추상적인 표현은 삼가도록 한다.

또한 내용이 지원하고자 하는 분야와 관련성이 모호하고, 복잡한 문장을 기술한다거나 똑같은 단어와 문장이 지속적으로 반복되지 않도록 주의해야 한다. 자신에 대한 단점을 비약하거나 부정적이고 우울해 보이는 소개서나 지나치게 자신의 자랑이 많이 들어간 표현도 식상함을 느끼게 해주는 것이니 유의해야 한다.

참고문헌

김경호(1998). 타고난 생김새는 어쩔 수 없다. 그러나. 서울: 문화마당.

______(2000). 이미지 형성 이론. 연세대학교 경영대학원 자료집.

______(2005). 리더십을 키우는 참 좋은 이미지. 서울: 연출판사.

______(2010). 이미지메이킹의 이론과실제. 서울: 높은오름.

김경태(2006). 스티브 잡스의 프레젠테이션. 서울: 멘토르.

김달국(2005). (나를 다스리고 세상과 친해지는) 유쾌한 인간관계. 서울: 새로운 제안.

김민수 · 최진영(2019). (서비스인을 위한) 이미지메이킹 실무. 서울: 새로미.

김보배(2006). 이미지컨설팅. 경기: 교문사.

김영란(2012). 프로패셔널 이미지메이킹. 서울: 경춘사.

김은주(2013). 1cm+. 서울: 허밍버드.

김재영 · 서혜경 · 정연자(2012). 이미지메이킹. 서울: 예림.

김종구(2017). 당신의 성격 5분이면 알 수 있다. 서울: 평단문화사.

김창옥(2005). 목소리가 인생을 바꾼다. 서울: 다산북스.

마크리보스키(2012). 스티비 원더 이야기. 서울: 명진.

마크 마이어스(2011). 행운이 항상 따르는 사람들의 7가지 비밀. 서울: 페이퍼 스토리.

박형근 · 김명숙 · 은예린(2017). (4차 산업혁명 시대를 대비한) 창의 · 인성 직업 윤리. 경기: 양서원.

____________________(2018). (4차 산업혁명에 대비한) 창의 · 인성 중심의 리더십. 경기: 양서원.

발타자르 그라시안(2010). 살아갈 날들을 위한 지혜. 서울: 끌레마.

변영희 · 김은경 · 김지연((2016). 퍼스널 이미지메이킹. 서울: 청람.

법정, 류시화(2006). 살아 있는 것은 다 행복 하라. 서울: 조화로운 삶.

법정(2010). 물소리 바람소리. 서울: 샘터.

손일락 · 김영식(2009). 성공적인 면접과 취업의 길라잡이. 서울: 한올.

서요한(2017). 의사소통과 대인관계의 이해. 서울: 해진.

서정윤(2007). 홀로서기. 서울: 한국문학도서관.

쑤지엔쥔(2010). 워싱턴 대통령에게 배우는 성공하는 사람들의 인간관계. 서울: 새론.

유정화 · 이나영 · 곽봉화(2016). 이미지메이킹에서 면접까지. 서울: 새로미.

유철수(2005). 명품인재 짝퉁인재. 서울: 이지북.

은예린 · 김명숙 · 박형근(2019). 창의적 사고와 표현. 서울: 동문사.

이기주(2013). 적도 내편으로 만드는 대화법. 서울: 황소북스.

이민규(2005). 끌리는 사람은 1%가 다르다. 서울: 더난.

이성옥(2002). 이미지메이킹. 서울: 수문사.

이장우(2001). 마케팅 잘하는 사람, 잘 하는 회사. 서울: 더난.

이철환(2006). 못난이만두 이야기. 서울: 가이드 포스트.

이현주 · 전수미 · 강석임 · 오봉욱 · 김한나 · 전동일(2014). 정신건강의 이해. 경기: 공동체.

이현주(2016). 관계의 99%는 소통이다. 서울: 원앤원북스.

이희진(2017). 운명을 가른 선택. 서울: 아름다운날.

임진이 · 양종국(2012). (성공적인 취업을 위한) 진로지도와 이미지메이킹. 서울: 학지사.

자오위핑(2015). 사람을 품는 능굴능신의 귀재 유비. 서울: 위즈덤하우스.

장은주 · 송현정(2016). 의사소통의 이해와 실제. 서울: 청람.

정미영 · 김상희 · 하성이 · 임은진(2011). 이미지메이킹과 서비스매너. 서울: 청람.

조경덕 · 장성화(2013). 대인관계와 커뮤니케이션. 서울: 동문사.

차영섭(2007). 하늘을 닮은 사람. 서울: 아트컴앤기획.

창송(2011). 데일 카네기와의 티타임. 서울: 글로북스.

최기종(2006). 매너와 이미지메이킹. 서울: 백산출판사.

최인호(2011). 인연. 서울: 랜덤하우스.

최일수(2015). NCS기반의 커리어 개발과 취업전략. 서울: 청람.

최세영 · 한주빈 · 오봉욱(2017). 대인관계기술 향상을 위한 인간관계론. 경기: 정민사.

카이롬하르트(2003). 지식형 인간. 서울: 넥서스.

하지현(2007). 소통의 기술. 서울: 미루나무.

한희숙(2017). 길을 묻는 그대에게. 서울: 한강.

홍경자(2007). 의사소통의 심리학. 서울: 학지사.
휴먼스토리(2011). 스티브잡스의 세상을 바꾼 말 한마디. 서울: 미르북스.
휴 캘서러스(2007). 초고속 승진자들의 9가지 습관. 서울: 스마트비즈니스.
현대성공과학연구원(2007). 빌게이츠의 인생충고 10가지. 서울: 텐북.

저자소개

은예린

중앙대학교 문과대학 철학 박사 수료
유한대학교, 방송통신대학교, 경민대학교 등 강의
사람과 마음 연구소 소장
현 아름다운 날(출판사) 편집 실장
　이미지컨설턴트, CS 강사 1급 자격증

<주요 저서 및 논문>

현상윤의 민족의식 형성과 3·1운동(2012)
그들은 어떻게 시대를 넘어 전설이 되었나(2014)
강우규 평전(2015)
유교와 페미니즘(2016)
운명을 가른 선택(2017)
4차 산업혁명시대를 대비한 창의·인성 직업윤리(2017)
4차 산업혁명에 대비한 창의·인성 중심의 리더십(2018)
율곡 이이의 이상적 인간론의 특징(2017)
철학적 사유에 내재하는 교정코드의 의미(2018)
창의적 사고와 표현(2019)
독립기념관 간행물 집필 : 펄벅 여사, 유진 벨, 김귀남 등 독립운동가 소개

박형근

홍익대학교 교육대학원 졸업 교육학 석사
홍익대학교 대학원 졸업 교육학 박사
서울예일여자고등학교 연구부장 및 교무부장 역임
유한대학교 교양과 교수 역임
현 부천대학교 유아교육과 교수

<주요 저서 및 논문>

동기요인과 자기주도학습의 관계에서 학습몰입의 매개효과 분석(2009)
자기주도학습 교육방법론(2012)
나는 교육에 미친 선생이었다(2012)

교육학개론(2013)
귀인성향과 감성지능이 자기주도학습에 미치는 영향(2014)
내적귀인성향, 본질동기, 학습노력이 자기주도학습에 미치는 영향(2015)
창의·인성 교육방법 및 교육공학(2015)
문화예술 교육사를 위한 교육심리학(2016)
4차 산업혁명시대를 대비한 창의·인성 직업윤리(2017)
4차 산업혁명에 대비한 창의·인성 중심의 리더십(2018)
거꾸로 배우는 교육철학 및 교육사(2018)
창의적 사고와 표현(2019)

김명숙

홍익대학교 대학원 교육학 박사(상담심리전공)
한국상담심리학회 상담심리전문가 1급
현 부천대학교 유아교육과 교수
　심리상담 연구소 <사람과 미래> 소장 – www.mirae4u.kr
　서울가정법원 상담위원 및 자녀교육위원

<주요 저서 및 논문>

Marriage Encounter 프로그램의 효과에 관한 연구(1999)
성인애착유형에 따른 이성교제커플들의 관계만족(2008)
성인애착유형조합에 따른 이성교제행동과 이성관계만족간 관계(2008)
상담사례연구 I–좋은 부모 되는길–(2017)
상담사례연구 II–좋은 부부 되는길–(2017)
4차 산업혁명시대를 대비한 창의·인성 직업윤리(2017)
4차 산업혁명에 대비한 창의·인성 중심의 리더십(2018)
창의적 사고와 표현(2019)

자기계발을 위한

소통과 이미지컨설턴트

초판 1쇄 인쇄 / 2019년 8월 15일
초판 1쇄 발행 / 2019년 8월 20일

공저자 / 은예린 · 박형근 · 김명숙
발행인 / 이　중　수
발행처 / **동　문　사**

서울특별시 서대문구 홍제원 1길 12
(홍제동 137-8)
Tel : 02)736-3718(대), 736-3710, 3720
Fax : 02)736-3719
등록번호 : 1974.4.27. 제9-17호
가격 : 21,000원

ISBN : 979-11-6328-105-4 (93370)
E-mail : dong736@naver.com
www.dongmunsa.com